广视角·全方位·多品种

权威·前沿·原创

皮书系列为
"十二五"国家重点图书出版规划项目

广州蓝皮书

BLUE BOOK OF
GUANGZHOU

广州市社会科学院/编

广州商贸业发展报告
(2014)

ANNUAL REPORT ON COMMERCIAL AND TRADE INDUSTRY
DEVELOPMENT OF GUANGZHOU (2014)

主　　编/李江涛　　王旭东　　荀振英
副 主 编/杨再高　　杨　勇　　孙保平
执行主编/欧开培

社会科学文献出版社
SOCIAL SCIENCES ACADEMIC PRESS (CHINA)

图书在版编目（CIP）数据

广州商贸业发展报告. 2014/李江涛，王旭东，荀振英主编.
—北京：社会科学文献出版社，2014.6
（广州蓝皮书）
ISBN 978 - 7 - 5097 - 6063 - 5

Ⅰ.①广…　Ⅱ.①李…②王…③荀…　Ⅲ.①贸易发展 - 研究
报告 - 广州市 - 2014　Ⅳ.①F727.651

中国版本图书馆 CIP 数据核字（2014）第 106179 号

广州蓝皮书
广州商贸业发展报告（2014）

主　　编 / 李江涛　王旭东　荀振英
副 主 编 / 杨再高　杨　勇　孙保平
执行主编 / 欧开培

出 版 人 / 谢寿光
出 版 者 / 社会科学文献出版社
地　　址 / 北京市西城区北三环中路甲 29 号院 3 号楼华龙大厦
邮政编码 / 100029

责任部门 / 皮书出版分社　（010）59367127　　　　责任编辑 / 丁　凡
电子信箱 / pishubu@ ssap. cn　　　　　　　　　　责任校对 / 朱润锋
项目统筹 / 丁　凡　　　　　　　　　　　　　　　责任印制 / 岳　阳
经　　销 / 社会科学文献出版社市场营销中心　（010）59367081　59367089
读者服务 / 读者服务中心（010）59367028

印　　装 / 北京季蜂印刷有限公司
开　　本 / 787mm×1092mm　1/16　　　　　　　印　张 / 20. 25
版　　次 / 2014 年 6 月第 1 版　　　　　　　　　字　数 / 328 千字
印　　次 / 2014 年 6 月第 1 次印刷
书　　号 / ISBN 978 - 7 - 5097 - 6063 - 5
定　　价 / 69. 00 元

广州商贸业蓝皮书编辑委员会

主要编撰者简介

李江涛 男，1954 年生，河北滦南人。现任广州市社会科学院党组书记、研究员。广东省政府决策咨询顾问委员会专家委员，广东省社会学会副会长，广州市政府决策咨询专家。出版专著《变革社会中的人际关系》《民主的根基》等 8 本；发表论文 200 余篇。先后获得"享受国务院政府特殊津贴专家""广州市优秀专家"和"广州市优秀哲学社会科学家"等荣誉称号。

王旭东 经济学博士、高级会计师，暨南大学硕士研究生导师。现任广州市经济贸易委员会党委书记、主任，市委十届候补委员、市十四届人大代表。曾在英国牛津大学进修行政管理，在新加坡南洋理工大学学习公共管理。公开发表学术论文 50 多篇，专著三部，组织撰写的《金融风暴对广州经济的影响评析》《广州服务业构成的比较分析》等多项研究报告获广州市优秀论文奖和软科学成果优胜奖，主持编撰的《常用经济名词通俗解释二百条》获得社会各界好评。

荀振英 广州商业总会会长，原广百集团董事长、总经理，高级经济师、高级政工师，中国社会科学院社会责任研究所中心副理事长、特聘导师，暨南大学商管学院学位委员，广东商学院客座教授。广州商贸业的领军人物，先后获得"广州市劳动模范""广东省五一劳动奖章""广州新闻人物""广东省企业文化建设十大风云人物""中国零售业年度人物""中国广州最具社会责任感企业家"等殊荣。

欧开培 经济学研究员，广州市社会科学院现代市场所所长，广州市现代服务业研究中心副主任，广州市商业经济学会副会长。主要从事商贸流通业和现代服务业发展研究。曾主持和参与完成多项省、市级社科规划重点课题和软科学研究课题，主持和参与各级政府委托决策研究课题 60 多项，出版专著、合著 4 部，在国内核心期刊公开发表论文 20 多篇。

摘　要

2013 年，在世界经济复苏艰难、国际市场需求持续低迷和国内经济下行压力增大的背景下，广州以推进新型城市化发展为引领，围绕建设国际商贸中心的战略目标，大力推进商贸业发展，继续取得了较好的成就。商贸业总量规模继续平稳增长，社会消费品零售总额达 6882.85 亿元，比上年增长 15.2%，增速居五大国家中心城市之首；商品销售总额突破 4 万亿元大关，达 41334.9 亿元，增长 30%。营商环境进一步优化，再次荣登福布斯"中国大陆最佳商业城市"榜首。新兴业态业种、电子商务和商务会展继续保持较快的发展态势。商贸业基础设施日趋完善，聚集辐射功能不断增强。转型发展效应凸显，商贸业的高端化、集聚化和国际化特征更加明显，国际商贸中心地位进一步提升。

《广州商贸业发展报告》作为广州蓝皮书系列之一，是由广州市社会科学院、广州市经济贸易委员会、广州商业总会联合组织编撰，由社会科学文献出版社出版，列入"中国皮书系列"并在全国公开发行，每年编辑出版一册。本书是政府工作人员、广大科研工作者以及社会公众了解广州商贸业发展基本情况、特点和趋势的重要参考读物，也是专家学者、业界行家探讨广州商贸业发展、总结经验、相互交流的重要平台。

《广州商贸业发展报告（2014）》由七部分组成，分别为总报告、战略篇、专题篇、行业篇、区域篇、大事记、历年广州商贸业指标。从多个视角探讨了广州建设国际商贸中心的发展战略，多角度展现了 2013 年广州商贸业发展的基本情况、特点、亮点，并在多维度分析影响因素的基础上展望 2014 年广州商贸业的发展趋势。

本书所指的"商贸业"是现代"大商贸"概念，不仅包括传统意义上的零售商业、餐饮业和批发贸易业，还涵盖了与商品贸易直接相关的产业，包括商务会展、电子商务、对外贸易、物流等，以及新兴的业态业种和贸易方式。

Abstract

In 2013, Guangzhou continued developing commerce and trade industry under the strategy of New-type of Urbanization and constructing the International Commerce & Trade Center against the unfavorable background of slow-recovery of world economy, low demands of global market and downward pressure of domestic economy. The total volume of commerce and trade industry in Guangzhou kept on increasing steadily: retail sales of commodity reached 688. 285 billion Yuan with an increasing rate of 15. 2%, top among the five national center cities; total sales of commodities increased by 30% breaking the 4000-billion line to 4133. 49 billion yuan. The business environment is future optimized and Guangzhou is ranked top for the second time as the Best Business City in Mainland China. New industries, E-Commerce and commercial conference & exhibition industry continue to develop with fast speed. Infrastructures for commerce and trade industry are being perfected and the function of aggregation and radiation is strengthened. As a conclusion, the effect of transition and upgrade strategy is obvious as commerce and trade industry in Guangzhou shows more features of high-end development, centralization and internationalization, and the status of Guangzhou as the international commerce & trade center has been further enhanced.

As one of the Guangzhou Blue Book series, the *Annual Report on Commercial and Trade Industry Development of Guangzhou* is co-edited by Guangzhou Academy of Social Sciences, the Economy & Trade Commission of Guangzhou, and Guangzhou General Chamber of Commerce, and published by Social Science Academic Press. It is published annually and issued nation-wide. The Annual Report provides valuable references for government officials, researchers and the public to understand the general information, features and trends in the development of commerce and trade industry in Guangzhou, and it is also an important platform for specialists and experts to discuss and exchange ideas about Guangzhou's commerce and trade industry.

Annual Report on Commercial and Trade Industry Development of Guangzhou (2014) includes seven chapters: General Report, Strategy Reports, Special Reports, Industry Reports, Regional Reports, Major Events and Indicators. The Annual Report discusses the development strategy for Guangzhou to build up the International Commerce & Trade Center, analyzes the current status, features and highlights of commerce and trade industry development in Guangzhou in 2013, and predicts the trend for 2014 based on multi-dimensional analysis of various determinant factors.

The term commerce and trade industry in this book refers to the concept of modern comprehensive commerce and trade industry. It not only includes the traditional retail business, cater industry and wholesale trade industry, but also involves industries directly related to merchandise trade which include business conference and exhibition, E-commerce, foreign trade, logistics and other newly emerging industries and trade modes as well.

目录

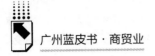
B Ⅲ 专题篇

B Ⅳ 行业篇

B Ⅴ 区域篇

B Ⅵ 大事记

B Ⅶ 附录

皮书数据库阅读**使用指南**

CONTENTS

B I   General Report

B II   Strategy Reprots

ßV   Regional Reports

ßVI   Major Events

ßVII   Appendix

总 报 告

General Report

B.1

2013 年广州市商贸业发展形势
分析与 2014 年展望

欧开培 李雪琪 魏 颖*

摘 要：

2013 年，在世界经济复苏艰难、国际市场需求持续低迷和国内经济下行压力增大的背景下，广州以推进新型城市化发展为引领，围绕建设国际商贸中心的战略目标，大力推进商贸业发展，取得了较好的成就。商贸业总量规模继续平稳增长，社会消费品零售总额达 6882.85 亿元，比上年增长 15.2%，增速居五大国家中心城市之首；商品销售总额突破 4 万亿元大关，达41334.9 亿元，增长 30%。营商环境进一步优化，再次荣登"福布斯中国大陆最佳商业城市排行榜"榜首。新兴业态业种、电子商务和商务会展继续保持较快的发展态势。商贸业基础设

* 欧开培，广州市社会科学院现代市场所所长、研究员；李雪琪，广州市社会科学院现代市场所助理研究员、博士；魏颖，广州市社会科学院现代市场所副研究员。

施日趋完善，聚集辐射功能不断增强。转型发展效应凸显，商贸业的高端化、集聚化和国际化特征更加明显，国际商贸中心地位进一步提升。2014 年，广州商贸业发展将面临国内外复杂的市场环境和一系列不确定因素，也存在诸多发展机遇和内在有利条件，特别是在国家扩大内需政策、广州着力推进国际商贸中心建设、广州及整个经济腹地经济和居民收入持续快速增长、日益完善的营商环境和硬件设施、探索建立粤港澳自由贸易园区等有利因素的共同作用下，广州商贸业仍将保持平稳增长态势，商贸中心的聚集辐射影响力将得到进一步增强。

关键词：

广州市　商贸业　形势分析　展望

一　2013 年广州市商贸业发展情况与特点

2013 年，广州以推进新型城市化发展为引领，围绕建设国际商贸中心的战略目标，在世界经济复苏艰难、国际市场需求低迷和国内经济下行压力增大的背景下，大力推进商贸业发展，继续取得了较好的成就。总体呈现以下特点：总量规模继续平稳增长，转型发展效应凸显；消费市场稳步增长，市场消费亮点不断；商品销售额首次突破 4 万亿元，国际采购中心功能不断提升；会展业综合实力不断提高，会展模式进一步创新；电子商务发展迅猛，集聚示范效应明显；商品进出口总值稳中有升，服务贸易增长强劲；餐饮业增速整体放缓，餐饮集聚区建设取得新进展；物流业总量规模持续快速增长，成功创建国家城市共同配送试点城市；商业布局集聚态势明显，天河区优势更加突出。

（一）总量规模平稳增长，转型发展效应凸显

1. 总量规模平稳增长，商贸业综合实力不断提高

2013 年，广州市以新型城市化为引领，大力推进国际商贸中心建设，着力促进商贸业转型发展，提升商贸业高端化、集聚化和国际化水平，商贸业总

体基本保持平稳快速增长态势,主要商贸指标实现了新的跨越,商贸业综合实力不断提高。商贸业实现增加值 2705.31 亿元,比上年增长 15.4%,增速比 GDP 增速高 3.8 个百分点,比第三产业增加值增速高 2.1 个百分点;社会消费品零售总额 6882.85 亿元,比上年增长 15.2%,增速与上年持平(见图 1),比广东省(12.2%)高 3.0 个百分点,比全国(14.3%)高 0.9 个百分点;商品销售总额突破 4 万亿元大关,达 41334.9 亿元,增长 30%,增速比上年高 3.4 个百分点(见图 2)。完成商品进出口总值 1188.88 亿美元,同比增长 1.5%,增速比上年提高 0.6 个百分点。

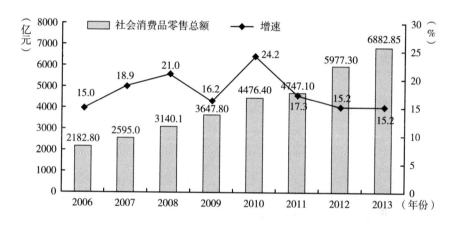

图 1 2006～2013 年广州市社会消费品零售总额及增速情况

资料来源:《广州统计年鉴》(2006～2013 年)、《广州市 2013 年国民经济和社会发展统计公报》。

2. 增速位居五大国家中心城市之首,商贸中心城市地位更加突出

同其他四个国家中心城市对比,广州商贸业主要指标增速位居首位。2013年广州社会消费品零售总额 6882.85 亿元,比上年增长 15.2%,增速比北京(8.7%)高 6.5 个百分点、比上海(8.6%)高 6.6 个百分点、比天津(14.0%)和重庆(14.0%)均高 1.2 个百分点。

广州商贸流通业规模连续二十多年稳居全国第三,并且与领头羊北京、上海的差距逐步缩小,与天津和重庆的差距逐渐拉大。2013 年广州社会消费品零售总额的规模相当于北京的 82.2%,比上年提高 4.6 个百分点;相当于上海的 85.8%,比上年提高 4.8 个百分点。可见广州与北京和上海的差距逐步

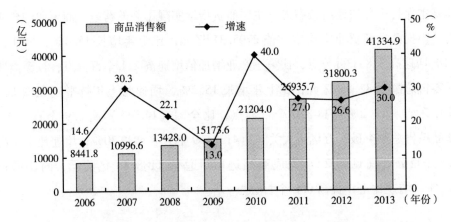

图2 2006～2013年广州市商品销售额及增速情况

资料来源：《广州统计年鉴》（2006～2013年）、《广州市2013年国民经济和社会发展统计公报》。

接近（见图3）。此外，2013年广州社会消费品零售总额是天津的1.54倍、重庆的1.53倍，分别比上年提高1.6个和1.7个百分点，与天津、重庆的差距愈加明显。

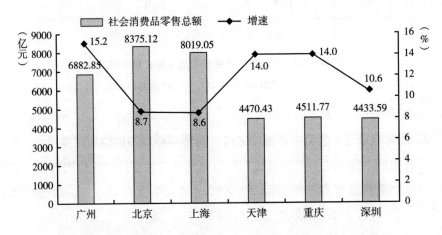

图3 2013年国内主要城市社会消费品零售总额及增速情况

资料来源：北京、上海、天津、重庆、深圳、广州统计信息网整理。

从广州市主要商贸指标占广东省的比例来看，2013年广州市社会消费品零售总额占广东省的27.0%，比上年提高0.6个百分点；商贸业增加值占广东省的 32.1%，比上年提高 2.3 个百分点。显示出广州商贸业在广东的优势更加突出。

3. 商贸业对经济增长的贡献率进一步提高，支柱产业地位持续增强

增加值方面，2013 年广州商贸业实现增加值 2705.31 亿元，占 GDP 的 17.5%，占第三产业增加值的 27.2%，对全市经济增长的贡献率为 21.6%，拉动 GDP 增长 2.5 个百分点。商贸业增加值占 GDP 的比例由 2006 年的 12.3% 增长到 2013 年的 17.5%，占第三产业增加值的比例由 2006 年的 21.3% 增长到 2013 年的 27.2%（见表1）；商贸业对国民经济增长的贡献率在第三产业中远超房地产业和金融业居首位。这表明商贸业支柱产业地位不断增强，成为经济增长的主要推动力。税收方面，2013 年广州商贸业实现税收总额 397.57 亿元，比上年增长 10.5%，占全市税收总额的 10.36%。就业方面，截至 2012 年底，广州市商业从业人员超过 199.3 万人，分别占全市和第三产业从业人数的 26.5% 和 49.2%，是第三产业中提供就业岗位最多的行业，为社会和谐稳定、居民家庭收入提升作出了积极贡献。可见，商贸业对广州经济发展贡献日益突出。

表1 2006~2013 年广州市商贸业主要指标统计情况

年份	增加值 （亿元）	增长速度	增加值占 GDP 比重（%）	增加值占 第三产业 比重（%）	从业人员数量 （万人）	从业人员数量占 全社会从业人员 比例（%）
2006	744.5	6.5	12.3	21.3	116.8	19.2
2007	873.5	12.8	12.3	21.0	132	19.9
2008	1182.7	9.1	14.3	24.2	148.7	20.8
2009	1387.1	16.5	15.2	24.9	157.5	21.3
2010	1755.1	22.5	16.6	27.1	172.6	21.9
2011	1916	13.0	15.6	25.3	195.6	26.3
2012	2274.38	12.1	16.8	26.4	199.3	26.5
2013	2705.31	15.4	17.5	27.2	—	—

资料来源：《广州统计年鉴》（2006~2013 年）。

4. 转型发展效应凸显，高端化、集聚化发展态势明显

2013 年，广州商贸业在快速发展的同时，不断加大转型升级步伐，内部结构更趋优化，高端化、集聚化发展态势明显。一是向高端化转型，现代商贸业、新型商贸业呈现良好的发展态势。电子商务交易额超万亿元，交易规模全国领先。国家级电子商务示范企业5家、省级示范企业32家，分别占全省的45%、44%；新认定内资总部企业63家。广州重点展馆展览面积逾800万平方米，展览规模居亚洲或世界第一的展会5个，展览规模超10万平方米展会达16个。A级、5A级物流企业总数分别达80家、7家，位居全国主要城市前列。20多家餐饮企业入选中国饭店金马奖餐饮百强榜，新增10家国家五钻（白金五钻）级酒家。二是向集群化转型。零售业方面，天河路商圈成为全国最大的商业集聚区。电子商务方面，黄埔国家电子商务示范基地集聚了亚马逊（中国）广州营运中心、苏宁易购、广州腾迅等一批知名企业，唯品会、梦芭莎、绿瘦等电子商务企业落户花地河电子商务园区，广州南中轴电子商务产业园吸引了汇美服装、三优教育等30多家电子商务龙头企业入园发展。此外，供应链管理服务、节能环保服务、检验检测服务等一批新业态功能区集聚水平不断提升。

5. 营商环境进一步优化，再次荣登福布斯大陆最佳商业城市榜首

近年来，广州着力加大发展基础设施建设，改善城市环境面貌，优化营商环境，为商贸业辐射影响力的提升提供了有力支撑。在2013年12月发布的《福布斯大陆十佳商业城市》排行榜中，广州重回榜首，已连续三年被评为福布斯中国大陆最佳商业城市，2011年和2013年两年度居榜首位置。从主要指标贡献来看，主要与广州经营成本排名相对降低以及在货运、客运方面的绝对优势有直接关联。显示出广州在铁路、公路、航运和航空等交通基础设施和营商环境等方面具有很大优势。

（二）消费市场平稳增长，市场消费亮点不断

1. 消费市场平稳运行，扩内需稳增长成效显著

2013年，广州市消费市场整体呈平稳较快增长的发展态势。2013年实现社会消费品零售总额6882.85亿元，同比增长15.2%。从社会消费品总额月度运行指标来看，一季度消费市场波动较大，从二季度起，呈平稳较快增长态势，全年增速在14.5%到15.9%之间窄幅波动（见图4）。在国内经济下行压

力增大、消费需求不足的不利背景下，广州市超额完成年初定下的目标，与广州采取的一系列扩内需、促消费政策密切相关。广州认真贯彻实施国家搞活流通、扩大消费战略以及省"稳增长、扩内需、调结构、促改革、惠民生、保稳定"部署，联动各区县、行业协会通过开展系列扩内需促消费活动和措施，积极营造繁荣畅旺的市场环境。通过开展 2013 广州美食购物嘉年华、2013 广东省消费促进月、国际美食节、时尚购物节和一系列节庆促销活动，不断增强消费集聚影响力，努力化解外需疲软和内需收缩带来的不利影响。拉动内需的多项政策取得明显成效。

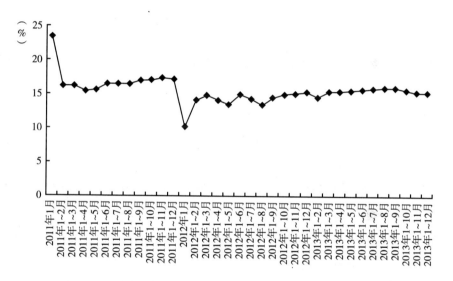

图 4　2011 年 1 月至 2013 年 12 月广州市社会消费品零售总额增长情况

资料来源：广州统计信息网。

2. 消费亮点不断，消费升级加快

随着经济发展水平和居民收入水平的不断提高，广州进入新一轮消费升级阶段。从消费水平看，居民的消费能级正从日常生活消费品向金银首饰、汽车等更高层次跨越；从消费结构看，消费需求由实物消费为主进入实物消费与服务消费并重的阶段。2013 年汽车类零售额同比增长 30.2%，增速比上年提高 19.8 个百分点；移动互联时代智能手机继续热销，通信器材类零售额同比增长 61.4%，增速比上年提高 11.3 个百分点；穿戴类商品保持较快增长，服装鞋帽针纺织品类、金银珠宝类、化妆品类商品零售额同比分别增长 46.4%、32.5% 和 22.6%。此外，互联网、节能环保等新技术对消费结构升级的推动作用有所显现。消费水平的提高与消费结构的变化，大大促进了广州高端消费的强劲增长。

3. 购物中心快速扩张，商业模式不断创新

2013 年，广州购物中心呈现销售增长放缓趋势，但商业面积仍保持较快增加，同时向郊区扩展态势明显、商业模式不断创新。首先，2013 年限额以上百货店业态实现零售额 290.53 亿元，同比仅增长 7.6%，比限额以上零售企业增速（22.0%）低 14.4 个百分点，也比全市社会消费品零售总额增速低 7.6 个百分点。其次，2013 年广州新开业购物中心 11 家，购物中心新增面积是 2012 年的 3 倍。再次，在交通网络日趋成熟、城市扩展及成熟商圈土地紧张等因素的推动下，购物中心正由老城区逐渐转移到番禺、花都、金沙洲等郊区。最后，为抗衡电商行业快速发展带来的冲击和提高商场人气，购物中心纷纷打造新的特色区域，创新商业模式。通过跨界合作，为消费者提供个性化服务，逐渐成为购物中心新的营销尝试和选择方向。

4. 传统零售业加快转型变革步伐，百货业与电子商务融合发展趋势明显

面对成本上升、网购分流、赢利萎缩、业绩下滑等多重困境，广州传统零售商在积极开辟网上渠道的同时，还在深耕精细化管理、优化供应链、加快服务创新、提升消费体验等方面进行改变。随着网购消费群体越来越庞大，为了避免沦为电商线下的"试衣间"，广州市百货企业前两年开始纷纷触网。多数百货企业套用线下联营模式，自建网络平台，但与专业网购平台相比，无论是品类还是价格均无优势。百货企业不约而同地采取新的触网模式，打通线上线下，开启 O2O 模式（Online to Offline）。广州友谊、广州王府井、新光百货纷纷推出微信平台或 APP，有查询最近商场的折扣、停车位情况、免费 WIFI 密码等信息功能；正佳广场、百信广场开通了微信会员卡特权，与场内餐饮、服饰、个人护理、家电等商家联动；摩登百货的网上商城"摩登网"于圣诞前夕上线，推出 2 万余件低价商品，消费者可以享受线上下单、线下配送的免运费服务，并在北京路店开设 100 多平方米的网上商城线下体验店，促进线上与线下的融合。

5. 天河路商圈改造提升效果显著，建成全国最大的商业集聚区

依托《天河路商圈整体策划》《天河路商圈立体步行廊道系统规划、交通组织规划及重点地段城市设计》，按照现代化和高端化的要求，朝着国际一流商圈的战略目标，广州积极推进天河路商圈升级改造工作，通过开展整体策划、优化商圈环境、调整功能业态，力促国际时尚商业与文化、旅游、休闲、体验功能有机结合，取得显著成效。尤其是随着 CHANEL、DIOR、LOUIS VUITTON、PRADA、BURBERRY、FERRAGAMO、ARMANI 等国际顶级品牌的进驻，太古汇商业项目带动了商圈内奢侈品市场的发展。至此，天河路商圈以天河路为核心轴线，全长约 2.8 公里，总面积约 4.5 平方公里。其中，商业面积达 140 万平方米、酒店面积 75.6 万平方米、写字楼面积 340.7 万平方米，集聚了近万家商户，其中国际一线和著名品牌 200 多个，每天客流量超过 150 万人，节假日高峰期日客流量超过 400 万人，已成为华南第一大商圈，国内规模最大的高端商业集聚区之一，也是广州建设国际商贸中心的重要品牌和亮丽名片。

（三）商品销售额首破 4 万亿元，国际采购中心功能不断提升

1. 商品销售额首破 4 万亿元大关，商品辐射能力进一步增强

2013 年，广州商品销售总额首次突破 4 万亿元大关，达 41334.9 亿元，比上年增长 30.0%，增速比上年（26.6%）高 3.4 个百分点，比上海（12.5%）高 17.5 个百分点。广州商品销售额 2010 年以来的平均增速为 30.9%，不仅高于同期社会消费品零售总额的增速，也高于北京、上海主要国家中心城市的增速，反映出广州采购中心辐射能力的进一步增强。从月度运行指标来看，6 月达到最高点，下半年略有下滑（见图 5）。

2. 大宗商品平台建设取得积极成效，大宗商品定价话语权有所提升

广州现已形成一个门类齐全、配套完善的商品市场体系。广州的大宗商品市场正逐步向有形市场与无形市场并重建设的方向转变，大宗商品贸易平台建设取得积极成效。一是重要大宗商品定价话语权得到提升。随着先后建立的广东塑料交易所、广东浆纸交易所、广州钢铁交易中心、广州华南煤炭交易中心等大宗商品交易平台运营和发展，塑料、浆纸、钢材、煤炭、石化、化工、木

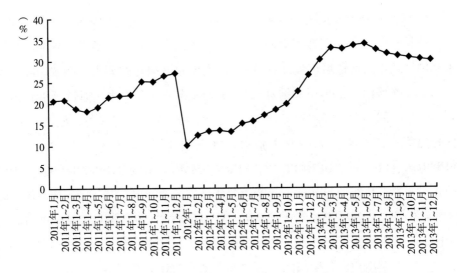

图5 2011年1月~2013年12月广州市商品销售额增长情况

资料来源：广州统计信息网。

材、机械等大宗商品交易得到规范化建设，大宗商品交易价格指数编制与发布机制基本建立，并形成具有国内外广泛影响力、辐射力的广州价格，大大增强了国际采购中心的辐射影响力。二是物流、金融、信息等配套服务功能得以拓展，为大宗商品提供即时在线物流、融资担保等服务，大大提高了大宗商品的流通效率。

3. 批发市场改造提升成效显著，专业化、国际化、现代化水平不断提高

2013年，广州研究出台《广州市人民政府关于推动专业批发市场转型升级的实施意见》，依照"市区联动、属地管理、试点推进、典型示范、规范提升、整合转型"的原则，推动批发市场改造升级。重点强化规划指引和"一场一策"，以荔湾区、白云区为试点，支持一批专业批发市场向现代展贸中心原地转型，引导一批专业批发市场向零售、商业街等业态转营，推动一批专业批发市场园区和快消品市场建设网上交易平台，提升塑料、木材、服装、皮革等一批"广州价格"的影响力，培育了10个成交额超百亿元、158个成交额超亿元的专业批发市场。此外，批发市场积极引入电子商务、现代物流、会展经济、国际贸易等新的交易方式和新经营模式，不断完善批发市场物流配送、金融服务、质量检测等功能，批发市场逐步向现代化、国际化、展贸化、电子化方向转型发展。2013 年，广州批发市场从空间调整、功能创新、经营模式、交易方式等方面进行升级改造，成效显著，为做大广州国际商流、带动国际物流、资金流、信息流和人流规模的扩大、加快广州国际商贸中心建设作出了较大贡献。

（四）会展业综合实力不断提高，会展模式进一步创新

1. 会展业规模快速增长，展会数量和规模位居全国前列

2013 年，广州重点场馆举办展览 480 场次，较上年增长 27.3%；展览面积 832 万平方米，较上年增长 0.3%（锦汉展览中心 2012 年底拆除不再办展，如果扣除其 2012 年同期基数，则展览面积实际增长 4.9%），展览平均面积达 1.73 万平方米/场。广州市拥有面积超过 10 万平方米的展会 16 个，超过 2 万平方米的品牌展览达 50 个，其中展览规模世界第一或亚洲第一的展会 5 个，大型规模展会的数量位居全国前列。举办会议 7919 场次，同比增长 18.5%；接待会展活动人员 1405.93 万人次，同比增长 7.7%。琶洲国际商务会展核心功能区共举办展会 180 场，展览面积达 761 万平方米，分别比上年增长 30.4% 和 12.9%，成为华南地区会展商务活动最集中最活跃的区域之一，广州与北京、上海并列成为国内三大会展中心城市。

2. 受外围环境影响明显，广交会成交金额和到会采购商略有下降

2013 年第 114 届广交会展览面积 116 万平方米，展位总数 59539 个，境内外参展企业 24517 家，出口成交 1946.1 亿元人民币（折合 316.9 亿美元），环比下降 10.9%（扣除汇率波动因素，同比下降 3.0%）。广交会境外采购商与会 189646 人，来自 212 个国家（地区），到会人数比第 113 届减少 6.5%。2006 年以来，到会采购商数量保持平稳，并没有显著的增长，这与全球贸易呈低速增长状态、国际市场竞争加剧、贸易摩擦形势依然严峻的大环境有很大关系。

3. 专业展与品牌展日益增多，展会结构不断优化

广交会单展面积达 116 万平方米，展览规模世界第一。广州国际照明展展览面积达 22 万平方米，位居世界同类展会第一。汽车、照明、塑料橡胶、设计、机械装备、美容美发化妆用品、家具、建筑装饰、酒店用品、鞋类皮革等

题材的品牌专业商务展会在海内外已经具有较强的影响力和辐射力，中国（广州）国际汽车展览会、中国广州国际家具博览会、广东国际美博会、广州酒店用品展等大型展会也在原有基础上进一步做大做强。同时，广州专业展总体比例不断上升、综合展比例则持续下降，专业性展会数目已超过九成。家具展、建材展、橡塑展等大型专业展会面积占总展览面积的30%左右，代表广州产业转型升级发展方向的自动化展、口腔医疗器材展、模具展等展会不断发展壮大，涌现出国际健康产业博览会、国际绿色创新博览会、国际节能展览会等一系列新兴专业展会。

4. 会展模式进一步创新

一是通过"线上＋线下"，推动有形展会与无形展会相结合。广州光亚展览贸易有限公司推出"阿拉丁会展电子商务"新模式并首创"行业展览＋行业网站＋行业电子商务平台"的"三位一体"系统化运营方法，目前已成功创建了10多个行业门户平台和垂直电商平台。阿里巴巴集团已成功举办了4届"网货交易会"，吸引了全国数万淘宝网卖家和"广货"供应商参展。二是通过"展览＋峰会"，推动展会与招商相结合。以"UCLG世界城市和地方政府联合组织会议"等为代表的一批在国内具有较大影响力的会议（论坛），以会引展，以展引商，吸引总部企业落地发展。三是通过"展览＋奖项"，推动展会与示范性专业奖项相结合，以广州国际设计周设立的"CDA中国设计奖（红棉奖）"为代表，通过提升业界对奖项的关注度，大幅提升企业参展的积极性和展会的知名度。

（五）电子商务发展迅猛，集聚示范效应明显

1. 电子商务增长迅猛，总体发展水平位居全国前列

2013年，广州电子商务整体呈现蓬勃发展的良好态势，电子商务交易总量规模增长迅猛，应用的覆盖面和渗透率不断提高，总体发展水平居全国前列。据初步统计，2013年广州市电子商务交易额在上年突破万亿的基础上，增长20%以上。广州先后被评为国家电子商务示范城市、中国电子商务应用示范城市、中国电子商务最具创新活力城市。

2. 电子商务企业数量快速增长，产业体系不断壮大

广州电子商务服务企业数量快速增长，产业体系不断壮大，成为战略性新兴产业的新亮点。2013 年广州电子商务服务企业达 1800 多家，共有 49 家电子商务上市企业。唯品会、梦芭莎、中经汇通、环球市场、环球汽车用品网等 5 家企业被认定为 2013～2014 年度国家电子商务示范企业，数量均居全省第一；动景、汇美等 32 家企业被认定为广东省 2013～2014 电子商务示范企业，占全省四成，数量均居全省第一；广交会电商、移盟科技等 11 家企业被认定为首批广州市电子商务示范企业。

3. 电子商务集聚区建设成果显著，集聚示范效应明显

2013 年广州市财政安排 1.18 亿元扶持了黄埔区电子商务产业集聚区、荔湾花地河电子商务园等电子商务示范集聚区及梦芭莎、中经汇通等示范平台，打造了黄埔国家电子商务示范基地，成功创建国家电子商务示范城市、跨境贸易电子商务服务试点城市，培育出黄埔、荔湾 2 个省市共建电子商务战略性新兴产业基地。同时，加强电子商务产业园分类规划，黄埔、荔湾、海珠区分别制定了《电子商务产业发展扶持办法》《花地河电子商务集聚区产业发展规划》《电子商务产业园园区认定办法》等政策和规划，推动建设各具特色的"有形和无形"电子商务产业集聚区。电子商务产业园区集聚效应初显，黄埔国家电子商务示范基地集聚了亚马逊（中国）广州营运中心、苏宁易购、广州腾迅等一批知名企业，梦芭莎、绿瘦、哎呀呀等电子商务龙头企业落户花地河电子商务园区，广州南中轴电子商务产业园吸引了汇美服装、三优教育等30 多家电子商务特色企业入园发展。

4. 广州电子商务行业协会成立

2013 年 4 月 28 日，召开广州电子商务行业协会成立大会。目前，协会已发展会员单位 300 余家。协会自成立以来，积极整合社会资源，开展网上认证、诚信评估、信息查询和披露等工作；通过建立行业协会网站、编制协会会刊，举办二十多场次展会、讲座、座谈、培训、联谊等活动，开展多种形式信息交流工作，推动行业健康有序发展。引导协会与南方人才市场合作，于2013 年 11 月 30 日举办电子商务高校人才万人专场招聘会，满足电子商务企业的人才需求。

（六）商品进出口总值稳中有升，服务贸易增长强劲

1. 商品进出口总值增长缓慢，外贸恢复增长困难较大

2013 年，广州实现商品进出口总值 1188.88 亿美元，同比增长 1.50%，增速比上年（0.83%）提升了 0.67 个百分点。其中，出口贸易总值 628.06 亿美元，比上年增长 6.61%，增速比上年（4.33%）提高了 2.28 个百分点；进口总值 560.82 亿美元，比上年下降 3.67%，降幅比上年（-2.47%）扩大 1.2 个百分点（见表 2）。

从横向对比来看，2013 年广州进出口增速比全国（7.6%）低 6.1 个百分点，比广东省（10.9%）低 9.4 个百分点。与国内主要城市对比，全年广州进出口增速比上海（1.1%）和苏州（1.2%）略高，低于深圳（15.1%）和天津（11.2%）（见表 3）。

从月度运行情况看，进出口总值月度累计增速一直在低位波动，最高为 2013 年 1～2 月的 2.6%、最低为 3 月的 -2.6%，四季度以来缓慢回升。月度累计增速自 2010 年以来整体呈下降的趋势（见图 6），说明广州外贸恢复困境重重。

表 2　2007～2013 年广州市商品进出口变化情况

单位：亿美元，%

年份	进出口		出　口		进　口		顺差
	金额	增速	金额	增速	金额	增速	
2007	734.94	15.26	379.02	17.06	355.91	13.40	23.11
2008	819.14	11.46	429.78	13.39	389.36	9.40	40.42
2009	768.02	-6.24	373.98	-12.98	394.04	1.20	-20.06
2010	1037.76	35.12	483.80	29.37	553.96	40.58	-70.16
2011	1161.72	11.94	564.73	16.73	596.98	7.78	-32.25
2012	1171.31	0.83	589.12	4.33	582.19	-2.47	6.93
2013	1188.88	1.50	628.06	6.61	560.82	-3.67	67.24

资料来源：《广州外经贸白皮书》（2007～2013 年）、广州市对外贸易经济合作局《广州进出口统计简报》（月报）等资料整理。

表3 2013 年广州市对外贸易对比情况

单位：亿美元，%

地 区	进出口		出 口		进 口	
	金额	增速	金额	同比（%）	金额	同比
广　州	1188.88	1.5	628.06	6.6	560.82	-3.7
全　国	41600	7.6	22096	7.9	19504	7.3
广东省	10915.70	10.9	6364.04	10.9	4551.66	11.0
上　海	4413.98	1.1	2042.44	-1.2	2371.54	3.1
深　圳	5373.59	15.1	3057.18	12.7	2316.41	18.5
天　津	1285.28	11.2	490.25	1.5	795.03	18.1
苏　州	3093.48	1.2	1757.06	0.6	1336.42	2

资料来源：中国统计局网站、广东省统计局、各市统计信息网整理。

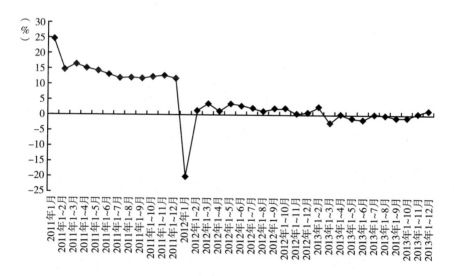

图6 2011 年 1 月～2013 年 12 月广州市进出口总值增长情况

资料来源：广州统计信息网。

2. 进出口产品结构出现逆向调整，高新技术产品出口略有下降

在外需缓慢恢复的过程中，广州进出口产品结构出现逆向调整。2013 年，农产品增速不大，仅增长 0.52%，占比下降 0.1 个百分点；机电产品出口 311.48 亿美元，同比增长 0.67%，占比下降 2.9 个百分点；高新技术产品出口 107.2 亿美元，同比下降 4.91%，占比下降 2.1 个百分点（见表4）。从商

品进口看，农产品进口金额减少，2013 年同比降低 3.92%，其占比下降 0.02
个百分点；机电产品减速为 8.88%，其占比下降 2.4 个百分点；高新技术产
品进口下降了 11.83%，其占比重下降约 2.4 个百分点（见表 5）。

表 4　2011～2013 年广州市出口产品结构变化情况

单位：亿美元，%

| 年份 | 出口总额 | 农产品 | | 机电产品 | | 高新技术产品 | |
		金额	比重	金额	比重	金额	比重
2011	564.73	7.54	1.34	295.66	52.35	105.80	18.73
2012	589.12	7.64	1.30	309.42	52.52	112.73	19.14
2013	628.07	7.68	1.22	311.48	49.59	107.2	17.07
2013 年增长率	6.61	0.52	—	0.67	—	-4.91	—

资料来源：根据广州海关广州地区历年进出口简报数据整理。

表 5　2011～2013 年广州市进口产品结构变化情况

单位：亿美元，%

| 年份 | 进口总额 | 农产品 | | 机电产品 | | 高新技术产品 | |
		金额	比重	金额	比重	金额	比重
2011	596.98	39.75	6.66	259.07	43.40	149.61	25.06
2012	582.19	45.12	7.75	259.32	44.54	161.91	27.81
2013	560.82	43.35	7.73	236.30	42.13	142.76	25.46
2013 年增长率	-3.67	-3.92	—	-8.88	—	-11.83	—

资料来源：根据广州海关广州地区历年进出口简报数据整理。

3. 外贸市场多元化继续深化，东盟占比上升明显

2013 年，广州继续贯彻市场多元化建设的政策，贸易伙伴多元化继续优
化。2013 年美国超过欧盟跃居第一大贸易伙伴，广州前五大贸易伙伴及占比
依次为：美国（14.5%）、欧盟（13.2%）、东盟（11.9%）、中国香港
（11.8%）和日本（10.8%）。其中东盟由 2012 年的第五位上升至 2013 年的
第三位，中国香港和日本分别退居第四位和第五位。韩国保持第六大贸易伙
伴，但比重有所下降，比上年下降 0.8 个百分点。相对而言，2013 年广州与
非洲的贸易额上升，占比 5.26%，比上年提升 1.1 个百分点；但广州与拉美
的贸易额下降，占比为 5.11%，比上年下降 0.7 个百分点。这说明对广州贸

易而言，非洲市场有较大潜力（见图7）。

出口市场发展变化明显。2010 年，对中国香港、美国、欧盟三大市场出口比重共占 61.14%，2011 年和 2012 年分别下降为 57.14% 和 55.95%，2013 年继续下降为 53.4%。第四大出口市场东盟占比 10.92%，上升 2 个百分点，日本、澳大利亚、印度市场占比略有下降，马来西亚、非洲、中东地区市场占比上升。

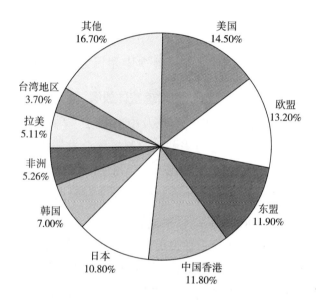

图 7　2013 年广州市对外贸易市场结构

资料来源：据广州海关 2013 年 1～12 月广州地区进出口简报（贸易伙伴部分）数据整理。

4. 服务贸易增长强劲，实现跨越式发展

近年来，广州服务贸易一直保持高速增长态势，实现跨越式发展。2013 年广州服务贸易总额 567.0 亿美元，比上年增长 40.06%（见表6），2007～2013 年间平均增速为 34.54%，比全国平均增速（12.91%）高 21.63 个百分点。广州服务贸易占全国的比例不断提升，地位和作用不断增强。广州国际服务贸易占全国的比重从 2010 年的 4.5% 升高到 2013 年的 10.5%。广州服务贸易对全国服务贸易的贡献程度进一步提升。此外，广州服务贸易一直保持顺差，显示出广州服务贸易具有较强的国际竞争力。

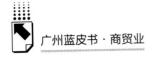
表6 2010～2013年广州市服务贸易收支情况

单位：亿美元，%

年份	贸易总额	贸易收入	贸易支出	差额	贸易总额增长率
2010	164.75	87.63	77.13	10.5	30.8
2011	239.59	125.63	113.92	11.71	45.43
2012	403.28	206.48	196.79	9.69	68.32
2013	567.0	—			40.06

资料来源：据国家外汇管理局、广州市对外贸易经济合作局、广州市政府报告数据整理。

（七）餐饮业增速整体放缓，餐饮集聚区建设取得新进展

1. 受外围因素影响严重，餐饮业增速整体放缓

2013年，由于成本压力、物价上涨及中央下达"八项规定"与"六条禁令"倡导厉行节约、严格管理等影响，广州餐饮业发展速度呈现出"三低"的态势。一是增速低于上年增速，2013年广州住宿餐饮业实现零售额896.97亿元，同比增长10.9%，增速比上年降低6.6个百分点。二是低于全市消费品零售额增速，比社会消费品零售额增速（15.2%）低4.3个百分点。三是2013年住宿餐饮业零售额占全市社会消费品零售总额的比重为13.03%，比上年低了0.5个百分点。餐饮业实现增加值430.35亿元，比上年增长6.9%。从月度运行情况来看，广州2013年住宿餐饮业销售额月度累计增速在4月达到最高点后一直呈回落趋势，到12月达全年最低点（见图8）。

2. 餐饮业面临微利时代，倒逼转型升级

在原材料价格、店铺租金以及人工成本不断上涨的影响下，广州餐饮行业进入微利时代，企业纷纷转型应对，主要有三方面。一是强化餐饮业中央大厨房建设。建立中央大厨房，实行统一的原料采购、加工、配送，有利于提高餐饮业标准化、规模化程度，有利于餐饮业实现产品创新和经营转型。二是创新营销方式。网络信息丰富、快捷，成为餐饮业重要营销平台和树立品牌、提高销售的重要途径。三是推进餐饮业信息化建设。为行业积极引进餐饮信息化管理手段，在多方面实现信息化、现代化管理。

3. 餐饮集聚区建设取得新进展，整体发展水平得到大幅提升

"食在广州"源远流长，是广州最亮丽的城市名片之一。近年来，广州餐

饮业在集聚发展的同时，整体水平取得长足进步。广州坚持因势利导、突出特色、分区建设的原则，加强规划引导，重点推动商旅文融合的番禺大道地标式美食集聚区，完善提升兴盛路国际美食街、沙面欧陆风情美食街、广州美食园、惠福美食花街等集聚区，初步形成东西南北中"食在广州"特色美食集聚区发展格局，成为弘扬"食在广州"饮食文化的主要窗口和重要载体。在发展方式上，与以往自发形成集聚的发展模式不同，出现了以中森食博汇、中华美食城等为代表，以平台公司整合餐饮资源形成餐饮综合体项目的新模式。目前，广州市餐饮业经营网点约 4.3 万家。全市年人均餐饮消费额是全国平均水平的 4 倍以上，始终保持国内大城市第一位。广州餐饮业已形成投资主体多元化、经营业态多样化、经营方式连锁化、品牌建设特色化、市场需求大众化、从传统产业向现代产业转型的全新发展新格局。

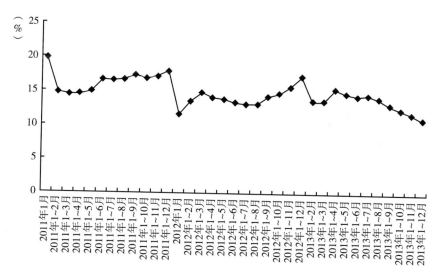

图 8 2011 年 1 月至 2013 年 12 月广州市住宿餐饮业零售额增长情况

资料来源：广州市统计信息网。

（八）物流业总量规模持续快速增长，成功创建国家城市共同配送试点城市

1. 货运量和周转量持续快速增长，商品流通活跃

2013 年，广州市全年货运量为 89252.56 万吨，比上年增长 19.6%（见表

7），增速较上年上升2.6个百分点，是2006年以来的最高增速（见图9），增速比广东省（14.8%）高4.8个百分点、比北京（3.1%）高16.5个百分点、比上海（－3.0%）高22.6个百分点。全年货运周转量为6662.52亿吨公里，比上年猛增41.2%（见图10）。物流业增加值996.25亿元，比上年增长6.8%。机场货邮吞吐量172.77万吨，比上年增长5.7%；港口货物吞吐量47266.86万吨，比上年增长4.8%。在物流业规模指标中，尤其货运量和货物周转量增长最为迅猛，显示出广州市的商品流通依然活跃，商品辐射范围进一步扩大。

2. 物流企业综合实力不断增强，服务能级日益提升

广州已经建成一批区域性物流基地，涌现了一批具有现代物流意识、有一定规模、各具特色的物流企业，成为广州市现代物流业发展的主体。截至2013年底，广州共有80家物流企业获得认证，其中5A级企业7家，居国内前列。已形成了宝供物流、南方物流、新邦物流等一批第三方物流龙头企业及以林安物流集团为代表的第四方物流企业，已有FEDEX（联邦快递）、UPS（联合包裹递）、DHL（敦豪快递）、TNT（天地速递）、日通国际物流等大型外资物流企业在广州设立分部或亚太转运中心。广州物流企业的服务能级日益提升。

3. 物流配送规模增长迅猛，物流配送业成为物流业发展新亮点

随着城市社会经济和现代流通方式的迅猛发展，城市物流配送需求也呈快速增长态势，并对满足小批量、多批次、多样化、个性化、安全便捷的现代城市配送提出了更高的要求。广州在加快推进传统城市物流配送模式向基于共同配送制基础上的现代城市配送模式转型方面，取得不菲成效。据广州物流与供应链协会估算，2013年广州市共完成城市物流配送量4449.06万吨，是2008年城市物流配送量的2倍多，增长127.42%。2008~2013年广州市城市物流配送量平均每年以415.46万吨的规模增长，平均年增长率达到21.24%。2013年，广州参与物流、仓储、运输的公司及分支机构约有33249家，比2008年增加6894家，增长26.16%。

4. 城市共同配送体系建设取得实质性进展，成功创建国家城市共同配送试点城市

2013年，广州出台《关于开展新型城市化物流配送试点工作实施方案》和《关于构建新型城市化物流配送体系工作方案》，对城市物流配送工作进行全面部署。通过不断探索，广州市依托嘉城物流、新华物流等企业，努力发展物流"无缝服务"，并将其与其他行业结合，为实现城市共同配送体系建立了三种新模式。依托城市共同配送节点的布局，建设改造商贸物流区、标准化配送中心、流通末端共同配送点，优化"综合物流园区、大型分拨配送中心、社区末端配送节点"三级城市商贸配送网络，有效解决城市配送"最后一公里"问题。广州被商务部认定为第一批现代物流技术应用和共同配送试点城市，并给予国家财政专项补助资金。

表 7　2013 年广州市主要物流指标对比情况

指标	绝对值	比上年增长(%)
物流业增加值(亿元)	996.26	6.8
货物运输量(亿吨)	8.93	19.6
公路(亿吨)	0.63	4.8
水运(亿吨)	5.91	15.2
铁路(亿吨)	2.29	40.2
机场(万吨)	99	9.1
货运周转量(亿吨公里)	6662.52	41.2
港口货物吞吐量(亿吨)	4.73	4.8
港口标准集装箱吞吐量(万箱)	1550.45	5.2
机场货邮吞吐量(万吨)	172.77	5.7

资料来源：广州统计信息网。

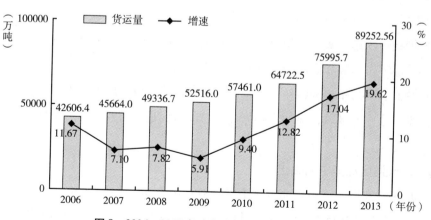

图 9　2006～2013 年广州市货运量及增速情况

资料来源：《广州统计年鉴》（2006～2013 年）、《广州市 2013 年国民经济和社会发展统计公报》。

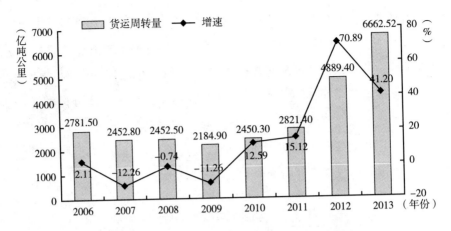

图10　2006～2013年广州市货运周转量及增速情况

资料来源:《广州统计年鉴》(2006～2013年)、《广州市2013年国民经济和社会发展统计公报》。

(九)商业布局集聚态势明显,天河区优势更加突出

1. 中心城区集聚发展态势明显

从广州商贸业区域分布来看,集聚态势十分明显,高度集中在越秀、天河、白云、荔湾、海珠、番禺六区,形成了一批重要的商业商务区,体现了高端商业与高端商务融合的综合效应。2013年六区社会消费品零售总额占全市的82.2%,六区商品销售额占全市的86.6%。其中又以天河、越秀两区商贸业发展最为发达,属于广州市商贸业发展的第一梯队,两区合计分别占全市社会消费品零售总额和商品销售额的37.4%和56.3%,其中天河区社会消费品零售总额、商品销售额绝对值和增速均居全市第一位。此外,天河区是广州商贸总部最集中的区域,显示出集聚商贸总部对促进商贸业的综合发展具有十分重要的意义。

2. 天河区优势更加突出

从区域来看,城镇消费品零售额6819.70亿元,同比增长15.3%;乡村消费品零售额63.15亿元,同比增长3.6%。受益于电子商务的高速发展,萝岗区和荔湾区增速较快,其中萝岗区社会消费品零售总额同比增长达18.1%,居各区(县级市)首位。天河路商圈引入太古汇、时尚天河、万菱汇等时尚

业态，实现第二次扩容后，形成面对中高端消费群体的地标性商圈，带动天河区零售总额占全市比重持续提升，达 21.8%，比上年提高 2.8 个百分点，总量保持各区（县级市）之首；商品销售额天河区占全市的 37.0%，比上年提高 1.8 个百分点。越秀区、海珠区、番禺区等主要居民聚集区增速保持 15% 左右；从化市和增城市两个副中心同比增长 16% 以上（见表 8）。白云区、花都区、黄埔区、南沙区商业氛围尚未培育成熟，支柱限额以上企业占比较低，增速较慢。

表 8   2013 年广州市各区市商贸主要指标对比情况

区 域	社会消费品零售总额			商品销售总额		
	绝对值	占全市（%）	同比增长（%）	绝对值	占全市（%）	同比增长（%）
越 秀 区	1070.72	15.6	15.2	7992.88	19.3	22.9
海 珠 区	731.31	10.6	15.2	3620.93	8.8	36.3
荔 湾 区	612.42	8.9	16.1	4124.52	10.0	24.6
天 河 区	1499.79	21.8	15.3	15310.84	37.0	34.3
白 云 区	855.10	12.4	13.7	2546.94	6.2	22.9
黄 埔 区	107.46	1.6	13.0	1091.18	2.6	30.8
花 都 区	337.82	4.9	14.0	849.89	2.1	57.7
番 禺 区	886.72	12.9	15.3	2195.95	5.3	30.1
南 沙 区	147.31	2.1	13.0	418.31	1.0	26.4
萝 岗 区	256.24	3.7	18.1	2348.01	5.7	27.0
从 化 市	105.05	1.5	16.5	318.41	0.8	34.8
增 城 市	272.90	4.0	16.1	517.03	1.3	38.7
全市总计	6882.85	100.0	15.2	41334.90	100.0	30.0

资料来源：广州市统计局。

二   2014 年广州市商贸业发展环境分析与展望

（一）影响广州市商贸业发展的因素分析

1. 国际环境

2014 年，全球经济有望保持温和复苏态势，主要发达经济体进入经济回升期，但前景仍然充满不确定性。国际货币基金组织在 2014 年 1 月发布的《2014 世界经济展望》中预测，全球增长将缓步加强，全球 GDP 增长率将从 2013 年的 2.8% 小幅度提升至 3.1%。一是美国私人消费逐渐增加，家庭资产负债有所修复，投资结构进一步优化，传统产业技术改造完成，宏观经济基础逐渐垒实，在新能源、新技术的推动下，进入持续复苏轨道。二是欧元区危机总体有所缓解，欧盟经济可能会呈现逐步企稳回升并摆脱负增长的态势，但复苏过程仍然缓慢。三是日本货币和财政刺激"猛药"起效，经济复苏加快，但其量化宽松政策的边际效应正在递减。四是新兴市场国家和发展中经济体依然能够保持较高的增长率，但其增长势头明显放缓，且局部波动性增大。五是 2014 年世界主要经济体仍面临许多问题，例如结构性缺陷、投资的政策限制和生产率增长率低等。因此，2014 年世界经济有望保持温和复苏态势，但不确定和不稳定因素依然突出。

随着 2014 年世界经济保持复苏，全球贸易增长的预期正在好转。国际货币基金组织 1 月份预测，2014 年世界贸易量将增长 4.5%，比上年加快 1.8 个百分点；世界银行 1 月份预测，2014 年全球贸易量将增长 4.6%，比上年加快 1.5 个百分点。这些将改善广州商贸的外部环境，出口有望延续企稳增长的势头。从国家和地区来看，欧盟、美国和日本是广州外贸出口最主要的贸易伙伴，也是广州传统出口市场，欧盟经济可能会呈现逐步企稳回升并摆脱负增长，美国温和复苏的势头明显，日本经济复苏加快，发达经济体的有效需求将比 2013 年有所增长；东盟、拉美、非洲、东欧是广州外贸出口的新兴市场，虽然这些国家和地区受全球性蔓延通货膨胀影响经济增速普遍下滑，但多数国家采取的经济改革措施已初见成效。在这些主要贸易伙伴经济形势好转带来的有效需求缓慢增长的情况下，对外贸易的一系列新政策、新举措，有助于广州外贸"稳增长、调结构"目标的实现。因此，2014 年广州的进出口贸易将出现持续增长的势头，同时，出口商品结构、外贸经营主体结构和贸易方式结构将会更加合理，国际市场布局也会继续优化。另外，国际经济形势有所好转，也将增强国内消费信心，对扩大内需、扩大消费需求带来积极的影响。

2. 国内环境

从国内环境看，支撑我国经济发展的要素条件发生了深刻变化，宏观经济正处于增长速度的换挡期、结构调整阵痛期，经济下行的压力较大，这可能将对广州商贸业的发展带来一定程度的负面影响。但是，国家深化经济体制改革和继续扩大内需政策仍将为广州商贸业带来发展机遇。

首先，经济下行的压力较大可能带来一定的负面影响。伴随着外贸红利、人口红利的逐步减弱，中国经济已告别 10% 左右的高速增长阶段，开始结构性减速，经济下行的压力较大。2013 年全国共实现 GDP 56.88 万亿元，比上年增长 7.7%，增速与上年持平，创 14 年来最低。2014 年 2 月，中国制造业采购经理指数（PMI）为 50.2%，比上月回落 0.3 个百分点，连续四个月下滑，工业活动呈放缓趋势。与此同时，部分地方政府负债较高并对土地财政依赖加深；影子银行产品规模较快增长的同时流动性风险管控能力却不足；实体经济中企业的要素综合成本上升较快，部分企业经营压力增大；部分地区房地产供需严重不匹配；环境问题凸显，影响居民健康等等。未来一段时期，我国经济发展中的"不平衡、不协调、不可持续"问题依然存在，宏观经济下行的压力较大。宏观经济形势的弱势一方面影响就业和收入产生，另一方面也将降低消费者的信心和消费意愿，这将对广州商贸的内贸部分产生不利影响。

其次，国家深化经济体制改革释放改革红利对广州商贸业发展带来积极影响。为贯彻落实党的十八大关于全面深化改革的战略部署，十八届三中全会通过了《中共中央关于全面深化改革若干重大问题的决定》，对改革事业作出了全面部署。坚持以转变政府职能为突破口，正确处理政府和市场的关系，努力释放改革红利，激发市场活力、内生动力和社会创造力，统筹稳增长、调结构、促改革，实施一系列既利当前更惠长远的政策措施。具体影响有：民营投资的壁垒在许多领域逐渐被打破，为民营经济和中小企业提供良好的市场环境；消除各种行政障碍，减少"有形之手"对市场经济的干预，降低商贸服务行业市场准入门槛，对于扩大商贸服务业的市场供给具有重大意义；"营改增"范围进一步扩大有望改善商贸企业的经营环境，推动产业转型不断深入；改革将带来法制化国际化的营商环境。总体来看，国内经济体制改革释放的改革红利和发展热情，对广州商贸业产生积极的影响。

最后，国家继续实施扩大内需战略为广州商贸业带来机遇。党的十八大报告和李克强总理《2014 年政府工作报告》均强调，扩大内需是经济增长的主要动力，也是重大的结构调整。要发挥好消费的基础作用和投资的关键作用，打造新的区域经济支撑带，从需求方面施策，从供给方面发力，构建扩大内需长效机制。随着深化收入分配制度改革，实现居民收入增长和经济发展同步，进一步完善社会保障体系，完善消费政策，改善消费环境，居民消费能力将不断增强，将为广州商贸业稳定增长带来良好的市场机遇。

3. 广州市域环境

2014年，从广州自身的发展环境看，商贸业存在一系列内在的发展机遇和有利条件。

（1）广州稳步推进国际商贸中心建设必将有力促进商贸业的大发展。从政府政策层面看，2012年9月出台的《广州市委市政府关于建设国际商贸中心的实施意见》，对国际商贸中心建设作出更加明确的全面部署。随着广州建设国际商贸中心发展战略部署的全面实施，商贸业的功能载体和市场体系必将更加完善，营商环境也将更加优化，商贸业的现代化、高端化和国际化发展水平将进一步提升，国际商务会展中心、国际采购中心、国际购物天堂、亚洲物流中心和国际美食之都等功能将不断增强，国际商贸中心的综合服务业和聚集辐射影响力将大大提升，这些都将有力促进广州市商贸服务业迎来一轮大的发展高潮。

（2）广州及整个经济腹地经济和居民收入持续快速增长提供了巨大的市场需求。2013年广州市实现地区生产总值15420.14亿元，同比增长11.6%；城市居民人均可支配收入为42066元，同比增长10.5%；农村居民人均纯收入18887元，同比增长12.5%。广州经济和居民收入的持续高增长为自身商贸业的大发展提供了强大的内部需求。此外，从广州经济发展的最核心的腹地支撑来看，2013年广东实现地区生产总值62163.97亿元，同比增长8.5%；城镇居民人均可支配收入33090.05元，比上年增长9.5%。广东及周边地区居民收入和生活水平不断提高，消费需求不断扩大、消费水平不断提升、消费结构发生变化，这为广州商贸业的持续增长提供了更大的市场空间。

（3）营商环境硬件支撑的进一步改善为商贸业的大发展提供有力支持。从营商发展环境来看，广州相比其他城市更具优势。2013年，广州市再次荣登福布斯大陆最佳商业城市排行榜榜首。相比于其他大城市，作为"千年商都",广州有着深厚的商业文化底蕴、更宽容的商业环境、相对偏低的经营成本、新生业态良好的生存发展机会以及一贯较强的经济活力。从基础设施硬件条件看,作为华南门户,广州拥有海运、铁路、航空、公路方面强大的物流能力,在货运、客运方面具有绝对优势。首先,全方位立体化的交通优势日益明显。随着辐射全国的高速铁路、城际铁路、高速公路的建设,以及新白云国际机场的扩建、广州港出海航道三期、广州港南沙港区三期工程的建设,广州已具备全方位、立体化、现代化的海陆空交通体系的交通优势。其次,高端商务服务资源更加集聚,商务服务能力不断增强。这些枢纽性设施和商贸发展环境的不断改善,为商贸业辐射影响力的提升提供了有力支撑。

(4)探索建立粤港澳自由贸易园区,为广州商贸业发展带来新契机。党的十八届三中全会《中共中央关于全面深化改革若干重大问题的决定》提出,在推进现有试点基础上,选择若干具备条件的地方发展自由贸易园(港)区。广东省突出了对接港澳的特色,已向国家申请建立粤港澳自由贸易园区。粤港澳建立区域自由贸易园区,实质上属于 CEPA 之上的更高层次的优惠贸易安排,它将粤港澳经济贸易活动引入更大的区域整合,同时也是在一个主权国家之内建立区域性自由贸易区、开创自由贸易园区模式的先例。广州纳入粤港澳自由贸易园区的范围包括白云空港保税区和南沙新区。依照国际惯例,自由贸易园区实行"境内关外"的管理模式,适应比保税区等海关特殊监管区域更为优惠的政策。一方面是功能上的拓展,将在外汇管理、离岸服务、物流监管等方面实现突破,将有利于提高广州国际贸易便利化水平、加快集聚总部机构,促进贸易与金融、航运、物流、会展等产业加快融合发展。另一方面是制度的创新,或将在发展离岸金融方面获得突破。一旦获中央批复,围绕自由贸易园区建设的一系列政策突破、制度创新将成为广州发展的新引擎,为商贸业发展带来重大机遇。

(二)2014 年广州商贸业发展展望

1. 商贸业总体继续保持稳定增长态势

2014 年,广州市以推进新型城市化发展为引领,着力推进国际商贸中心建设,贯彻搞活流通、扩大内需方针、增加居民收入、加大民生投入等多种积极因素，广州商贸业发展的外部环境和内在动力将经历深刻而复杂的变化。2014年广州商贸业仍将保持平稳快速增长态势，商贸各行业在变革中实现突破和提升，预计社会消费品零售总额将突破7600亿元，增速达13%以上；商品销售额将突破5万亿元，增速达25%以上。

2. 消费市场总体增速稳中趋缓

受经济增速放缓、企业效益不佳、资本市场低迷等因素影响，广州市居民工资性收入、经营性收入以及财产性收入增长放缓。随着房地产调控政策延续，与此相关的家电、床品、家具、建材等商品零售额同比增长30%以上的高速增势可能减弱。随着近两年通信技术快速升级带动的市民通信器材等更新换代，预计新技术应用进入稳定期的2014年，消费升级步伐将会减缓。汽车限牌政策调整，将降低市民"贪大求贵，一步到位"的心理预期，汽车档次可能趋降，汽车类商品零售额在高基数的情况下增速有所减缓。2014年，广州市社会消费品零售总额预期增长13%，较2013年增速减缓2个百分点左右。

3. 电子商务将继续保持快速发展

从产业的发展态势看，中国电子商务当前正处于快速发展期，市场交易额规模持续快速增长，预计未来3~5年内电子商务将继续保持高增长态势。从广州的发展实际看，成功创建电子商务示范城市，使得电子商务的发展具有良好的产业支撑和环境条件，电子商务示范集聚区、示范平台进展顺利，网店数量多，网商发展指数居全国百强之首。随着"智慧城市"和"网络商都"发展战略的确立和实施，相继出台了多个支持鼓励政策，效应作用将不断显现，对电子商务未来的发展将起到极大的助推作用。同时，随着电子商务支撑服务体系的进一步建立完善，未来广州电子商务将继续保持快速的发展势头。

4. 物流配送业将迎来快速发展

其一，需求方面，随着电子商务、连锁经营等新型流通业态的发展，多样化、个性化的配送需求不断增加，城市居民对配送的时效性、便捷性的期待日益提高，城市物流配送需求也将大大提高。其二，供给方面，物流配送模式将不断创新，商贸物流企业将以联盟、共同持股等多种形式开展共同配送；各类批发市场完善和提升物流服务功能，形成集展示、交易、仓储、加工、配送等功能于一体的集约式商贸物流园区。其三，广州已出台《关于开展新型城市化物流配送试点工作实施方案》和《关于构建新型城市化物流配送体系工作方案》，对城市物流配送工作进行全面部署，依托城市共同配送节点的布局，建设改造商贸物流区、标准化配送中心、流通末端共同配送点，优化"综合物流园区、大型分拨配送中心、社区末端配送节点"三级城市商贸配送网络，能有效解决城市配送"最后一公里"问题。可见，广州的城市物流配送也将迎来大发展。

5. 餐饮业结构分化态势愈加明显

首先，高端餐饮转型进入中端市场。面对商务消费萎缩、公务宴请减少，高端餐饮将加快调整，重新定位，以新的方式适应市场的需求。其次，白领午餐、大众化餐饮稳步发展。居民外出就餐持续增加，大众化餐饮市场空间将不断延伸，大众餐饮品种开发将更新提速，商务区白领午餐、郊区和社区大众化餐饮网点将持续增长。再次，标准化后台建设加快。餐饮企业连锁化、组织化程度不断提高，中央大厨房、统一配送将成为大企业经营模式转变发展的方向。2014 年，广州餐饮业将继续保持稳步增长的势头，增速比前些年将所有放缓。

6. 外贸增长将有所回升

展望 2014 年，虽然国际经济环境异常复杂，但欧盟经济可能会逐步企稳回升并摆脱负增长，美国温和复苏的势头明显，日本经济复苏加快，发达经济体的有效需求将比 2013 年有所增长。再加上我国的外贸政策利好和广州的外贸促进政策利好将在 2014 年逐步显现，以及广州服务贸易的持续迅猛发展。总体来看，2014 年广州外贸发展面临的形势比 2013 年将有所好转，进出口增速将可能出现一定程度的恢复增长。

三 对策建议

（一）扩大和培育消费新热点，进一步强化促消费扩需求工作

党的十八届三中全会报告和李克强总理《2014 年政府工作报告》强调，

扩大内需特别是消费需求是中国经济长期平稳较快发展的根本立足点，要坚定不移地把扩大内需作为经济发展的长期战略方针。2014 年，随着深化收入分配制度改革、实现居民收入增长和经济发展同步、进一步完善社会保障体系，消费政策和消费环境的改善，必将有利于提高居民消费能力、激发消费需求，为零售商业的增长提供有力的市场支持。广州应充分发挥商贸中心聚集辐射能力强和商业体系发达的综合优势，紧抓国家扩大内需政策带来的市场机遇，使国家扩大内需政策效应在广州得到放大，促进广州商贸业平稳较快发展。

一是提升商业网点规划效力，优化商业发展布局。依托《广州市大型零售商业网点发展规划（2011 - 2020 年）》，规范城市商业网点建设。深入推进社区商业发展，加快完善大型居住社区商业配套，出台广州市生活性服务业发展指导意见，重点建设完善便利店、生鲜超市、标准化菜市场、社区菜店、再生资源回收站点、大众化餐饮、家政服务、家电维修网点等居民生活必备商业网点。加快构建郊区新城、新市镇和居民新村的商业布局，继续推进市、区两级商业中心调整结构、拓展功能、提升能级，形成多中心、集聚型、超广域、网络状的都市商业新格局。二是积极研究消费政策，培育和扩大消费新热点。发布广州市零售商业发展指导意见，制定有针对性的消费促进政策措施。支持无店铺销售、体验式消费、定制化消费等新业态新模式。积极拓展文化娱乐、教育培训、休闲健康等服务性消费。三是着力推进美食集聚区建设，加快美食之都建设。充分发挥"食在广州""国际美食之都"的品牌优势，继续推动餐饮聚集区建设，加强规划引导，推动番禺美食大道餐饮集聚区整体规划的实施；进一步加强重点项目建设和引进，引导知名餐饮企业进驻发展；全面推进建设番禺美食网，线上线下联动，构建"全国点菜、广州吃饭"的餐饮业模式。在越秀、荔湾、天河等区研究建设夜宵集聚区，发展广州夜宵餐饮文化。同时，加大对广州餐饮业的宣传推广力度，进一步提高广州美食的知名度、美誉度和影响力，扩大餐饮业的消费规模。四是继续大力推动节庆消费。结合传统节庆，"做节"与"造节"相结合，通过"政府搭台、协会组织、企业唱戏、市场运作"的方式，继续组织本市百货、超市、餐饮、汽车销售、网络购物等行业企业，联动推出各类特色促消费活动，积极培育消费热点，营造良好消费市场氛围。五是聚焦特色提升老字号。在荔湾、越秀加快推动老字号一条街建设，结合"三旧"改造建设老字号集聚平台，打造成为展示广州名牌产品、工商业发展成果、传统商贸文化的窗口和载体。继续认定一批"广州老字号"，通过联展联销、集中推介等方式进一步扩大"广州手信"的品牌影响力。六是加快文商旅融合发展。充分发挥广州旅游资源、文化资源和商务会展资源丰富的优势，进一步推动商贸业与文化、旅游的融合发展，促进商旅互动、商文互动、商展互动，扩大旅游购物消费、文化特色购物消费和商务购物消费规模。

（二）加快商贸业转型升级，着力提升高端化、集聚化和国际化水平

一是加快专业批发市场转型升级。实施专业批发市场"五化"（展贸化、国际化、电子化、园区化、价格指数化）转型提升，推进市场价值链从低端向高端发展、辐射面从国内向国际延伸、交易和结算手段从传统向现代转变。分类摸查具有国际影响力、华南地区影响力、市内影响力等的三大类专业批发市场现状，通过试点推进、分类指导、政策扶持，循序渐进推动市场转型升级。抓住"三旧改造"契机，统筹推进市场转型与城镇扩容提质相结合，对花都狮岭皮具、增城牛仔服装两大市场园区，拓展市场综合服务功能，鼓励建成集仓储、物流配送、旅游购物、流行趋势发布于一体的专业批发市场综合体。对农副产品集散地进行市场与城市一体化改造，高标准、高起点规划建设和改造提升大型农副产品批发市场，实行商流和物流分离，以市场的繁荣提升区域发展水平。积极推动专业批发市场接轨电子商务、现代物流、现代会展、跨境电子商务等新业态。二是加快餐饮业转型升级。组织餐饮企业按照国家标准改造提升硬件设施、提升服务水平，力争新培育 6 ~ 8 家国家五钻级酒家，打造 15 个具有区域影响力的连锁餐饮服务品牌。打造 2 ~ 3 家中央大厨房和配送体系示范企业。推广餐饮业电子商务，发展网络预订、在线购买、跨店电子点菜等新模式，逐步实现"全球点菜、广州吃饭、尝遍美食"。三是推动会展业转型升级。推动"线上＋线下"会展模式，鼓励发展网上会展。打造一批与市十大重点产业相衔接的专业会展，着重培育和壮大规模可突破 5 万平方米的品牌专业展。加大营造城市会展氛围，鼓励品牌展览、会展领军企业走

出去开拓市场。四是推动物流业转型升级。选择医药、快消品等行业龙头企业为试点，推进标准化托盘循环共用系统的企业应用，争取培育一批国家级应用试点。以国家城市共同配送试点为契机，指导 26 个试点项目承载企业开展模式创新，畅通物流配送"最后一公里"。编制冷链物流发展规划。五是加快百货零售业转型升级。鼓励传统零售业与 O2O 等新型电子商务联动发展，强化消费体验。支持大型零售企业探索发展奥特莱斯、主题百货、高端超市、社区生活中心、工厂店和信用消费等新模式。支持大型商贸企业探索与金融机构联动发展消费金融，扶持 1~2 家示范企业。力争新创 3~5 家金鼎和达标百货店。

（三）着力推动电子商务集聚发展，整体提升电子商务发展水平

紧紧抓住电子商务快速发展趋势带来的机遇，充分发挥广州的综合优势，大力推进电子商务发展。一是大力推动电子商务加快集聚发展。继续支持黄埔国家电子商务示范基地建设，加大扶持荔湾打造千亿级电子商务集聚发展区，为申报国家电子商务示范基地奠定基础，大力推动越秀、番禺、白云等其他各区电子商务集聚区加快建设。加紧规划建设示范性电子商务产业园，示范带动广州电商集聚发展。二是着力打造电子商务平台。重点发展行业电子商务平台、大宗商品电子商务交易平台、综合性电子商务平台等三大类电子商务平台，不断创新行业的电子商务发展模式。积极推进黄埔国家电子商务产业示范基地、广州电子商务产业园天河园区、荔湾花地河电子商务园区等九大电子商务产业集聚区建设。加快发展网络零售平台，创新发展移动电子商务。三是积极培育电子商务示范龙头企业。支持龙头企业创新服务、创新技术、创新商业模式。着力培育具有国际竞争力的龙头企业，壮大一批综合性电子商务企业集团。四是推进商贸企业电子商务应用。鼓励传统商贸流通企业建立网络购物平台，发展线上线下联动的新型营销模式。把发展电子商务作为各类专业批发市场转型升级的重要手段，以专业市场为实体依托，建立第三方电子商务平台，引导市场商户开展在线洽谈、网上贸易，推进商品交付标准化、交易透明化和监管规范化。五是积极推动移动电子商务应用。利用新一代移动通信、物联网、云计算技术拓展电子商务应用。鼓励企业建立移动电子商务服

务平台，提供移动电子商务服务。鼓励应用手机、平板电脑、手提电脑等智能移动终端，面向公共事业、交通旅游、就业家政、休闲娱乐、市场商情等领域，发展移动支付服务、便民服务和商务信息服务。完善移动电子商务技术体系、标准和业务规范。六是加快发展跨境电子商务。创新监管模式，优化通关流程及配套政策；政府主导，建设各监管部门执法联动的"广州跨境电子商务公共政务服务平台"；制定产业引导扶持政策，全面打造跨境电子商务产业生态圈。

（四）加快会展业科学发展，进一步增强广州国际会展中心的辐射影响力

紧紧抓住国际会展东移趋势和广州建设国际商贸中心带来的机遇，发挥广州会展综合实力强、基础好的优势，加快会展业的科学发展，提升专业化、品牌化、市场化、国际化水平，不断完善会展业发展的环境和功能布局，进一步增强广州国际会展中心的辐射影响力。

一是发挥广交会龙头带动作用，强化货物贸易主体地位，加快发展服务、技术类会展，形成货物、服务、技术全方位展贸格局。鼓励发展进口商品展，形成进口和出口并重的展贸平衡格局。拓展国际新兴市场，推动外贸企业开拓内销市场，形成内外贸结合、外贸带动国内消费的格局。二是加大会展业公共服务平台建设，建立国际营销和宣传网络，建设与国际行业规范接轨的营商环境。引进来和"走出去"相结合，加强国际交流与合作，着力引进和培育一批产业特色鲜明、具有国际竞争力的专业会展品牌，打造具有国际竞争力的会展领军企业舰队，进一步扩大广州会展国际影响力和国际话语权。三是加强会展与专业市场群、制造业基地的对接，利用会展项目的品牌影响力和国际采购资源，采用"专业展＋常年展"的模式运营，加快电子商务推广应用，搭建国际展示与交易平台，形成展贸联动、以展带销，提高企业与市场对接的商务效率，推动产品集散、技术创新、信息发布和价格形成，建设"全球采购、广州集散、辐射全国"的大宗商品采购与价格形成中心。四是加快推动会展产业融合与业态创新，实现展览与会议、节事活动综合运作发展。借助电子商务平台创新会展业发展模式，推动"线上＋线下"联动发展。

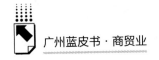

（五）加快现代城市物流配送体系建设，推动广州城市配送共同化、智能化、规模化、集约化发展

借助广州被认定为国家城市共同配送试点城市的契机，积极推进现代物流技术的应用，加快广州现代城市物流配送体系建设，为提高流通效率、降低流通成本、促进电子商务和现代商贸业发展提供支撑。

一是依托《关于开展新型城市化物流配送试点工作实施方案》和《关于构建新型城市化物流配送体系工作方案》，鼓励有条件的重点物流企业建立合作关系，推动城市配送共同化、智能化、规模化、集约化发展。尽快完善共同配送试点方案，确定全市共同配送示范试点企业，并尽快全面推开共同配送的试点工作，积极探索创建城市共同配送模式以及运作管理机制、配送企业与商贸企业对接协助模式与机制和城市专业配送企业通行、停靠、装卸新政策与管理机制等，为形成共同配送模式提供经验和示范。二是在试点企业、重点企业大力推进现代物流技术的应用，示范和带动现代物流配送技术的普及推广。同时，鼓励和支持有条件的城市配送企业广泛采用现代物流配送技术，促进城市配送企业全面提高其信息化、自动化、智能化水平。三是加快城市配送平台体系建设，为构建现代城市物流配送体系提供载体支撑。不仅要加快大型综合城市配送基地类平台的建设，还要加强专业城市配送中心和社区配送集散点类的平台建设，使之形成三级节点结合有序、分工明确、布局合理的城市配送平台体系。四是加强城市配送标准规范体系建设，重点加强城市配送车辆标准规范、城市配送服务标准规范、城市配送信息技术标准规范和托盘标准规范等建设。五是大力培育第三方专业城市配送企业。依托各类城市配送平台载体，结合共同配送试点工作的推进，通过"培育一批、引进一批、改造一批"等多种方式，大力培育第三方专业城市配送企业。同时，积极引导工商企业剥离自办配送业务和功能，为第三方专业配送企业发展壮大提供足够的有效需求，从而加快第三方专业配送企业的发展。六是积极推广应用供应链管理理念和技术。促进物流企业和商贸企业融合互动发展，促进供应链各环节有机结合，推动供应链一体化，带动产业转型升级。

（六）加快推动外贸转型，实现外贸平稳快速发展

进出口贸易是拉动经济增长的"三驾马车"之一。保持外贸平稳增长，对稳定内部宏观经济形势和就业至关重要，只能加强，不能削弱。针对严峻的外贸形势，需要进一步强化忧患意识和危机意识，将稳增长、调结构、促转型的各项政策落实到位，不断增强产业的核心竞争力，全面提升企业在全球产业链中的功能定位，加快转变外贸发展方式，促进广州外贸持续平稳较快发展。一是推动外贸产业转型升级，提高出口产品的国际竞争力。加快转变外贸发展方式，强化需求导向，针对国际市场的新变化，培育以技术、品牌、质量和服务为核心的外贸竞争新优势，扩大自主品牌和高附加值产品出口，巩固传统市场出口份额，增强外贸长远发展后劲。二是积极培育外贸竞争新优势。围绕形成以技术、品牌、服务、质量为核心的外贸竞争新优势，积极探索推进新型贸易方式。鼓励外贸企业进行商业模式、营销方式和生产技术创新。巩固传统市场，大力开拓新兴市场。办好广州商品海外展，拓展广交会功能。三是突出广州优势，大力发展货物贸易和服务贸易，深挖外贸增长潜力。支持软件、文化和中医药等重点领域的服务出口，在航空、运输、金融、旅游等优势行业，培育一批有国际竞争力的服务贸易企业，鼓励中小型服务企业开展对外交流和合作，培育服务贸易品牌。四要深入实施企业"走出去"战略。鼓励企业加快海外扩张的步伐，收购、兼并海外企业，积极开展跨国经营，向本土跨国公司发展，在全球范围内进行资源整合，建立全球化生产贸易体系。

战 略 篇

Strategy Reports

B.2
新流通变革趋势下广州
商业可持续发展战略

徐印州 *

摘 要：

2013 年流通领域的变革突出表现为绿色营销和去"三公消费"两大因素改变消费结构、流通成本不断上升颠覆传统商业模式、零售业态演化出现变局、电子商务催生新一轮流通变革、大型零售企业并购重组势头凶猛、商业地产主导商业难以为继等六方面。2014 年，广州商业企业需要直面流通变革趋势，以模式创新突破传统束缚，以培育消费热点扩大商机，以企业并购取代"跑马圈地"，以社区商业完善商业布局，以管理创新适应微利时代，以共同配送优化城市商业供应链，从而可持续地促进广州商业发展。

* 徐印州，教授，中国商业经济学会副会长、广东省商业经济学会会长、广东省综合改革发展研究院院长。

关键词：

　　流通　变革　商业　创新　发展

　　2013 年，广州市社会消费品总额继续保持 15% 以上的增速。这一年，广州第三次获得"福布斯中国大陆最佳商业城市排行榜"第一的殊荣，体现了广州商贸业发展的雄厚实力。为什么广州屡登福布斯中国大陆最佳商业城市排行榜榜首？有人以为是因为广州千年商都的商业传统、浓郁的商业文化气息、现代化的商业设施和巨量规模的商业交易，其实这样的解读都不全面。福布斯的这项排名并不考虑一个城市的商业传统和硬件设施，其指标体系包括一个城市的人才、城市规模、消费力、客运、货运、私营经济活力、经营成本和创新等 8 项指标，观察的是一个城市在过去的一年里所取得的进步，更看重城市的商业竞争力和发展潜力。在市场起决定性作用的时代，商业竞争力决定一个城市的前途。广州之所以第三次获得中国大陆最佳商业城市排名首位的殊荣，不是因为广州是千年商都，而是因为广州面对不断发展多变的市场而展现出的与日俱增的商业活力。只有直面流通领域的深刻变革，才能可持续地促进广州商业发展。

一　流通领域的变革趋势

　　2013 年流通领域的变革突出表现在以下几方面。

（一）两大因素改变消费结构

　　绿色消费和去"三公消费"两大因素在一定程度上改变消费结构，商业应对措施必须随之改变。

　　绿色消费的概念很广泛，属于有利于生态环境和可持续的消费理念。当今，绿色消费已经深入人心，发展绿色消费不仅符合中国转变经济增长方式的需求，而且在世界经济增长动力不足、外贸形势依然不容乐观的情况下，绿色消费也能有效激发经济增长内生动力。倡导和扩大绿色消费有利于调整中国产业结构向绿色产业结构转型，有利于走可持续发展道路。目前，消费者已经较普遍地接受为绿色消费付出额外的代价。一项对中国消费者的调查显示，73%的市民愿意为绿色消费负担额外的支出，57.2%的市民在购物时优先购买有绿色产品标准的商品。绿色消费已经成为消费时尚和消费结构转型升级的标志，与此相适应，绿色营销已经成为企业开展市场营销的卖点，甚至成为主调。

受不合理"三公消费"的影响，我国消费市场一度出现畸形的结构膨胀。中共十八大以后，加大了反腐倡廉的力度，出台了一系列限制"三公消费"和约束公务员行为的政策措施。一系列大得民心的廉政措施，对消费市场产生了明显的传递作用，直接冲击了具有奢侈腐败性质的高端消费，包括高档餐饮、酒类和旅游行业，局部影响消费增长。去不合理"三公消费"后，消费结构会发生良性变化，将回归正常的消费需求和消费水平。

（二）流通成本不断上升颠覆传统商业模式

流通成本不断上升，给商业企业造成严重压力。在商品最终销售价格中，流通成本绝对超过生产成本，例如坑口煤成本低于后续的运输成本、蔬菜生产成本低于运输成本等。高附加值商品的生产成本虽然相对下降，但是流通成本在最终销售价格中的比重相对上升；在流通成本中，商流成本比重虽有下降，但是物流成本比重明显上升；在物流成本中，仓储和管理成本虽有下降，但运输成本比重上升。随着城镇化步伐加快，房地产价格、租金上涨，商品采购、存储、销售的经营成本、人工成本和生活成本随之大幅上升，经商门槛大为提高，传统商业模式遭遇严重挑战，甚至难以为继。以商业企业的主流业态超市和百货店为代表，其销售额虽然保持增长态势，但净利润却普遍下降。

在流通成本不断上升的情势之下，传统商业模式面临颠覆性的严峻挑战。2013年各类成本高企、利润走低，不少商业企业不得不采取收缩之势，一些商超类企业被迫关店或采取并购等应对措施。零售专业网站联商网发布的2013年《主要连锁零售企业关店统计报告》显示，2013年主要外资零售商关店数同比增长72.2%。2012年沃尔玛曾在一周内关店4家，Tesco乐购、家乐福也一度陷入关店风波，而沃尔玛已明确表示2014年还将关闭25家店。

（三）零售业态演化出现变局

实体零售业态创新基本处于停滞状态，零售行业中的百货店、购物中心和大型超市等主流业态纷纷出现变异，不得不寻求"跨界突围"，酿成业态演化的变局甚至乱局。

百货店近年来一直在艰难前行，自营和买手制的瓶颈仍没有实质突破。一些高端百货店的自营率早已降到5%甚至以下，近来又受到电商的四面夹击，"模仿品牌"使百货店首当其冲地成为牺牲品，不得不考虑放弃高端路线。起初，一些百货店不断扩大超市空间，或者向"超市化"演变，但是百货店"超市化"的经营成本始终无法和大型超市抗衡。继而，更多传统的百货店开始朝着奥特莱斯的方向转型，或者整体转型，或者在卖场内开辟名牌折扣场。但是由于国内名牌产品缺乏，高端国际品牌引进困难，以至于低端杂牌商品充斥奥特莱斯卖场，百货店"奥特莱斯化"陷于尴尬地步。为避免同质化，还有一些主流百货店进入向购物中心转型的过程。

目前中国的购物中心数量有3100家，购物中心同质化率已达60%，商业模式千篇一律，难脱"主题百货店＋大卖场＋影院＋餐饮店"的窠臼。2013年6月正佳广场为了"突围"，耗费巨资在其六楼建设"正佳海洋世界"，在购物中心的构成中加入了大型游乐场这一新的组合元素，而一些比较低端的购物中心似乎变成了服装鞋类的专业市场。

大型超市的活力相对稳定。但是面对竞争压力，超市在继续压榨供应商的"通道费""进场费"的同时，不得不学习批发市场的经营模式，在卖场周边扩大出租营业空间。面对电商的冲击，不少大型连锁超市又在电商平台和O2O模式之间徘徊。

（四）电子商务催生新一轮流通变革

移动互联网时代已经到来，2013年中国大陆互联网上网人数为6.18亿人，其中手机上网人数5.0亿人，互联网普及率达到45.8%。根据艾瑞咨询的数据，2013年中国网络购物市场交易规模达到1.85万亿元，增长42.0%，与2012年相比，增速有所回落。2013年网络购物交易额占社会消费品零售总额的比重达 7.8%，比上年提高 1.6 个百分点。电子商务从 EDI 开始，起初不过是从网络营销脱颖而出的一种商业模式，随着网络消费的勃兴，电子商务模式不断创新发展。电子商务既是网络消费的推手，又强力推进网络消费并喷式发展。

电子商务是截至目前人类智慧在商业上最成功的体现，其划时代的意义不仅是开启了网络消费的新纪元，更重要的是催生流通变革。新技术催生智慧商业，智慧商业引领流通产业创新。电子商务已经不再是一种单纯的电子交易方式或一种新的商业模式，而正逐渐成为一种新的生产方式，甚至是一种新的生活方式，成为一种全新的生产力。

电子商务虽然可以缩短商流时间和过程，降低商流成本，但是由于物流不能虚拟，电子商务遭遇物流瓶颈，难以降低物流成本，更难以抵挡人工成本、能源成本、低碳成本等刚性上升的势头。所以，电子商务本身也在不断地寻求模式创新。目前实体商业正寻求通过移动技术全力突围，基于云计算的大数据分析预测软件已经进入商业应用，而订制个性化电商方案能够更精准的满足消费需求，通过从"私人订制"到物流配送的一体化解决方案，将电子商务推向新的阶段。

（五）大型零售企业并购重组势头凶猛

零售业经过"遍地开花"式的高速发展，具有一定竞争力的商家在全国各地抢占了市场。近几年，经济速度开始放缓，不少行业发展遭遇逆境，零售业进入了新一轮调整期。根据"汤森路透并购交易历史数据"不完全统计，2013 年，中国传统购物中心零售业并购交易共计 36 起，交易总额同比增长至少 44%，接近 2012 年总额的 4 倍。百货店、连锁超市的并购交易尤为明显。2013 年，大型零售频现重磅重组，王府井百货收购中国春天百货 39.53% 的股权，翠微股份斥资收购北京当代商城和北京甘家口大厦 100% 股权，华润创业与英国零售集团 Tesco 成立合资公司等。

目前，国内商业的集中度还比较低，商业领域的竞争尚处在"春秋"向"战国"演变的阶段。以购物中心为例，中国连锁经营协会数据显示，我国购物中心行业集中度偏低，品牌购物中心旗下单店数量总和为 216 家，仅占全国购物中心总数的 7%。大型购物中心、百货店、超市零售企业期望通过并购提高市场份额，而中小型企业也需要寻求大企业的品牌和资金庇护。

广州在 2013 年发生两宗大规模的商业并购：一是凯德商用收购广州白云绿地中心零售部分二期项目，交易额达 26.5 亿元；二是基汇资本全资子公司 GCREF 收购长江实业与和记黄埔的广州西城都荟广场，交易额超过 30 亿元。广州 2013 年零售业并购势头虽然未涉及主导企业，但是 2014 年春节刚过就传出红星美凯龙收购吉盛伟邦的消息，引发市场诸多关注。不善于资本运营的广州商业，不可能与全国性大规模商业资本的异动绝缘，需要拭目以待。

（六）商业地产主导商业难以为继

商业地产曾因 2008 年全球金融危机一度陷于低谷。国家调控楼市的政策出台后，不少地产商为寻求新的增长点，把投资方向转向商业地产，涌现出万达广场、深圳万象城等一批成功案例。城市综合体等商业地产项目的出现，在一定程度上改造提升了传统商业格局，但是大量同质化商业地产项目被闲置的现象相当普遍，导致明显的投资泡沫。有专家预测认为，始于 2010 年的商业地产投资开发热潮，有可能止步于 2013 年，而在 2014 年遭遇最严重的商业地产泡沫化。根据国信证券的样本测算，2012 ~ 2015 年，国内商业地产面积的年复合增长可达 18%，消费需求的增长已赶不上商业面积的增长，导致商场平均效益每年降低 6%。"第一太平戴维斯"发布的研究报告显示，2013 年广州购物中心整体空置率较 2012 年末提高了 1.1 个百分点，达到 10.8%，远超 6% 的空置警戒线，而 2014 年广州购物中心的新增供应面积将达 61 万平方米，创历史新高。

2014 年新年伊始，一些地方相继出台专门针对商业地产的调控政策，应引起足够警惕。例如，苏州市政府最新规定，对于可分割出售类的商业房地产项目在预售前需划出一部分房产作为风险防范资产予以冻结，三年内不得销售、抵押和转让，以便这些项目运营不善时，可以将资产用来抵押，从而降低开发风险。

另外，电子商务这种新的商业模式，已经打破了商业对商业地产的行业依赖，为追求规模和速度而简单复制的、以超市服装鞋类为主打业态、以租售方式回笼资金获取赢利的商业地产模式将不可持续。商业发展究竟应该被商业地产主导,还是应该以消费为主导?在扼制"三公消费"政策压力下,去"三公消费"的真实消费力将逐步通过市场"无形的手"展示其对商业的真实拉动,商业地产主导并扭曲商业发展的格局将逐步淡化。

二 不断创新,促进广州商业可持续发展

2014年,广州以及全国的市场需求将展现去"三公消费"后的真实水平,商业各行业都必须继续在微利时代面对新的挑战。广州的商业企业唯有靠不断创新,才能保持不竭的市场活力,从而促进其永续发展。

(一)以模式创新突破传统束缚

商业模式创新起源于20世纪90年代中期计算机互联网在商业的普及应用,当前,电子信息技术已经把社会推进移动互联网时代,商业模式创新越来越得到企业的重视。商业模式创新能为企业带来战略性的竞争优势,成为决定企业成败的最重要因素,是新时期企业应该具备的关键能力。

电子商务极大地拉动了网络消费,使网络消费成为当代消费的主导形式之一,严重冲击原有的商业秩序,改变商业的组织管理。2004年商务部发布的《零售业态分类标准》中,网上商店仅仅是5种无店铺零售业态之一,可见当时的网络消费需求水平很低。经过十多年的迅猛发展,网上商店无论是数量规模还是发展水平都已经今非昔比。当初在2004年版《零售业态分类标准》的引导下,广州市做商业网点规划时,网络消费和电子商务还没有进入主管部门的视野。目前,商业网点规划工作遇到新的挑战:实体空间的商业网点布局如何适应虚拟空间的商业发展?实体店和虚拟店如何协调发展?传统的商业组织管理模式应如何创新?如何规管网上的无序竞争?电子商务和网络消费所带来的这一系列问题,都敦促曾经领零售业态创新先河的广州商业,尽快改变传统的商业组织管理模式。

网络销售与传统销售相比,节约60%运输成本、30%运输时间、55%营销成本和47%渠道成本,客观上大大缩短了生产与消费的距离,对生产、流

通和消费都产生巨大的促进作用。那种流通环节和生产环节对立、通过"通道费""促销活动费"等手段挤压生产环节和供应商利润空间的传统模式，在一定程度上影响了商业创新和实体经济良性发展，难以为继。广州商业不能固守传统模式，必须以新一轮的商业模式创新谋求竞争优势。

（二）以培育消费热点扩大商机

只有在扩大消费的基础上，商业规模才能扩大，商业才能繁荣。培育新的消费热点，促生新的商机，既符合扩大内需的国策，又可培育城市商业新的增长点，是广州商业义不容辞的义务。扩大消费是一项系统工程，包括消费能力、消费环境、消费预期和消费意愿等多方面。商业企业扩大消费，就是要面对正当和正常的消费需求，不追逐暴利，通过高尚的商业服务和市场营销改善炫耀、攀比的消费行为，引导消费者树立科学、文明的消费观念，为消费者提供实惠便利、诚信规范、绿色循环的消费环境，从而实现即期消费、释放潜在消费、创造未来消费。

广州市场与全国市场一样，相对于产品供给过剩来说，服务供给不足，特别是新兴服务供给明显不足。从商品市场看，虽然汽车、住房等传统消费热点受到一定的制约，增长放缓，但新型电子产品、智能型家电、节能型汽车、环保家居建材增长迅速，智能手机、平板电脑、节能家电销量，以及3G和4G用户都将持续大幅增长。家政服务、休闲旅游、文化产业等服务消费仍将有较大增长空间。按照国际上通用的人口老龄化标准衡量，广州市从2005年老年人口比重就已超过7%的人口老龄界限；目前在常住人口中，60岁以上的老人估计超过百万，老龄化程度为全国的3~4倍，老年消费及养老服务市场规模可观。要把可持续发展的绿色消费理念融入商品流通的各个环节，推动绿色低碳采购，培育绿色低碳市场，引导绿色低碳消费，并带动绿色产品开发和节能环保产业发展。党的十八届三中全会决定放开"单独二胎"，这将会带动对月嫂、婴幼儿看护服务等的极大需求，为家庭提供维修、保洁、烹饪等生活消费服务也将成为消费的增长点。健康产业和健康产品具有巨大的市场潜力，包括医疗产品、保健用品、营养食品、医疗器械、保健器具、休闲健身、健康管理、健康咨询等多个与人类健康紧密相关的领域，具有拉动内需增长和改善民生的重要功能，是不容忽视的消费增长热点。

（三）以企业并购取代"跑马圈地"

2014 年，商业人力成本和租金水平还将保持递增的态势，而消费需求的变化依然扑朔迷离，持续下滑的行业平均利润率和行业融资约束促使商业企业寻求新的发展途径。近年来，广州一些主力商业企业一直注重内部积累式扩张。"跑马圈地"虽然有新建扩张和租赁扩张两种形式，但是都需要"招兵买马"另组团队、从零开始，企业仍是在低水平、小规模的重复建设，显效周期过长，其中还往往深藏盲目扩张的风险。

无数成功的企业并购案例说明，企业的发展壮大，无不是一系列并购和重组的过程，进入新行业或新市场一般都是从并购关联企业开始。并购可以消除行业内部的竞争消耗，通过并购把竞争对手转换成合作伙伴，减少竞争对手，增强对企业经营环境的控制，扩大对市场范围的控制，获得范围经济，达到"借鸡生蛋"的效果。近年来零售业并购的成功案例基本上是相同业态的横向并购，强强联合居多。并购重组应该成为广州主力商业企业做强做大的一项重要的基本功，通过并购整合，快速实现资源优化配置、扩大企业规模、提高市场占有率、抓住成长机会，以求在激烈的竞争中处于优势。中小企业也应摆脱粤商文化中"宁做鸡头不做凤尾"的偏见，寻求"大树"庇荫，通过兼并迅速获得品牌优势，谋求在更大商业平台上的实际发展。

（四）以社区商业完善商业布局

总体来看，社区商业是城市化的产物，对于广州来说是城市扩大化的产物。随着广州市区的不断扩大，新的社区不断形成，社区商业成为城市商业发展的重点领域。广州市目前的状况是，城市中心商圈竞争过度，而社区商业竞争不足，从而使整个城市的商业布局失去平衡。广州市城市商圈布局的当务之急是以社区商业来完善全市的商业布局。

受居民传统消费观念和消费习惯的影响，相当多数的广州市民具有到城市商业中心购物的倾向，社区商业的市场需求还有待培育，交易规模还有待扩大。但是，越忽视社区商业，越是沿袭传统的经营模式，社区商业发展越是阻碍重重。社区商业的潜在需求非常大，必须提高对社区商业重要性的认识。社区商业不仅为城市商业提供了很大的发展空间，更可成为整个城市经济新的增长点，提高城市活力。布局合理、功能完备的社区商业是现代化城市必不可少的元素，是城市有效运行的重要环节。离开社区商业，建设现代化城市就是纸上谈兵。

社区商业的布局和设置应按小区建筑、分布形态、消费水平等进行组合，力争达到与居住环境相适应，体现以人为本的服务理念，兼备购物、休闲和综合服务功能，成为社区内综合消费的有效载体。社区商业要因地制宜，采用中心组团、多点散布、会所聚合等多种形式，尽可能包含多业种和多业态。社区商业还要延伸 O2O 电子商务模式，借助现代化的物流手段，实现 D2D 配送服务。

（五）以管理创新适应微利时代

零售业早已进入"高成本＋微利润"的时代，产品的同质化增加了商业企业差异化经营的难度，制造成本和人力成本的增长压缩商业利润空间，而电子商务相对的低成本却展现出强大的竞争优势。当此严峻局面，商业企业只有通过管理创新才能谋求在微利时代的生存和发展。

现代商业是高技术商业，商业企业要积极顺应信息化和大数据时代的要求，善于利用现代信息技术，更好地发挥信息对企业经营的引导作用，大力发展智慧商业。要建立或充分利用大数据，更加全面、准确地掌握消费市场信息，并以大数据为基础，关注消费市场分析和预测预警，将大数据信息作为制定营销策略的根本依据。要学会利用微博、微信等新兴媒体，积极采集市场信息，扩大信息覆盖面，拓宽营销渠道，并根据市场信息强化细节管理，降低采购成本、物流成本及营销成本。

电子商务使传统商业发生深刻变化，趋向分为线上和线下两大类型；同时，实体商店加速转型，线上线下又出现融合趋势，O2O 模式崭露头角。唯品会、梦芭莎等广州本土电商要注意吸收体验式消费的优势，认真对待与传统模式的融合；而依然是广州商业主力的广百、友谊等传统龙头企业更要精确定位，扬长避短，加速转型。

物流配送已经成为传统商业模式和新兴电子商务共同的发展瓶颈，如何创新与网络消费相适应的城市配送模式，为消费者提供"快捷、便利、精确、安全"的商品配送服务，是管理创新的重要课题，已经成为商业企业在微利时代寻求新的竞争优势必须思考的问题。具有城市商业活力的广州商业，应该在城市配送模式创新方面尽快实现突破。

（六）以共同配送优化城市商业供应链

网络消费的普遍化和个性化消费的增长，倒逼商品生产、销售和配送必须充分应对不断变化的消费趋势，在恰当的时间、恰当的地点、以恰当的价格将恰当的商品送到恰当的顾客手中。建立城市共同配送体系，优化城市商业供应链的任务已经迫在眉睫。

对现代化城市来说，城市共同配送体系已经成为完整的城市功能体系中不可或缺的一环。建立覆盖全广州市的城市共同配送体系，得益的不是某个企业或部分企业，也不仅是全行业，而是城市功能整体提升，全社会受益。中小型的商业企业由于自身规模小，面临成本上升和竞争激烈的巨大压力，一般都不具备商品即时配送的能力，自身难以建立相应的物流系统；一些商业企业由于经验不足、缺乏资源的积累以及不具备物流服务所必需的技术等各种原因，难以适应多频次小批量配送的要求；而一些规模相对较大的企业虽具有一定的配送能力，但商品配送总量不一定都能达到规模经济的要求，又不能将物流成本转嫁给终端消费者；城市配送要求缩短配送时间、降低配送成本，必须选择汽车运输，从而加重城市交通负担，凸显交通堵塞和大气污染等各种严重的社会和环境问题。面对上述情况，必须对城市物流活动进行统一管理，并强化企业间的合作，以城市共同配送的社会效益带动企业效益，并对客户的需求做出快速反应，满足日益增长的消费需求。

目前，广州市城市共同配送整体需求大、存量资源丰富，但布局分散、技术力量薄弱、管理落后，资源利用率不高，运行方式陈旧，服务对象单一，覆盖力和竞争力不强。在广州市城市配送体系的建立和运行的过程中，一方面要提高对城市商业供应链的认识，注重整体规划，制定行业规范，强化统一管理，克服配送节点建设的自发性，力避重复性建设造成资源浪费；另一方面，由于一些企业借口保护商业机密而消极对待城市共同配送，还需大力克服由此所造成的对建立城市共同配送体系的障碍。

参考文献

夏少敏等：《我国居民绿色消费理念的调查研究》，《北华大学学报》（社会科学版）2012 年第 12 期。

该项调查由凯维营销（Cohn & Wolfe）、朗涛设计（Landor）和 Penn, Schoen & Berland Associates（PSB）共同展开。

宋则：《论商品流通成本的绝对上升和相对上升》，《北京财贸职业学院学报》2012 年第 4 期。

http：//www. linkshop. com. cn/web/archives/2013/265759. shtml.

洪银兴：《消费需求、消费力、消费经济和经济增长》，《中国经济问题》2013 年第 1 期。

《中华人民共和国 2013 年国民经济和社会发展统计公报》。

廖英敏：《我国网络零售业的发展趋势与影响》，《中国市场》2012 年第 1 期。

徐印州：《论网络消费及其对商业的影响》，《商业时代》2013 年第 30 期。

中国互联网信息中心：《2012 年中国网络购物市场研究报告》，2013 年 3 月。

B.3

加快推进广州批发市场转型
升级的路径与策略研究

王先庆 毛 应*

摘 要:

本文开篇以广州中心城区专业市场仓储的安全隐患问题为引子，首先介绍了专业市场生命周期与传统专业市场变革历程，在此基础上，剖析了广州中心城区传统专业市场存在的问题，并强调了其转型升级的紧迫性，接着比较了专业市场转型升级的三种模式与路径，最后提出以商流物流分离为突破口，推进专业市场转型升级的八大对策建议。

关键词:

广州市 专业市场 商流物流分离 对策

2013年岁末，越秀区一德路德宝广场仓库和起义路建业大厦仓库相继发生大火，加上近年来部分专业市场暴露出的其他问题，广州中心城区专业市场因为货物存放等问题带来的各种隐患需引起更多的重视。因此，应尽快破解商流与物流长期难以分离的难题，并以此为突破口，全面推进专业市场转型升级。广州专业市场的转型升级已经到了不得不转的关键时期。

---

* 王先庆，广东财经大学流通经济研究所所长、广东现代专业市场研究院执行院长、广州现代物流与电子商务发展研究基地主任；毛应，广东财经大学研究生。

一　专业市场生命周期与传统专业市场变革

广州有近700个大大小小不同类型的专业市场，是"千年商都"商贸生态链中最具特色和灵魂性的核心组成部分，是广州能成为国际商业大都市的标志性城市品牌元素。在电子、通信、计算机等信息技术的不断创新和发展过程中，专业市场历经几场变革，从露天逐渐转移到商场式环境。随着专业市场的不断成长和成熟、环境和技术的日益更新，现在的专业市场产业发展又处在了生命周期的变革性阶段，布局与发展逐渐形成模块化和分立化，并成为推动产业结构调整和升级的革命性力量。我们需要认识并进行变革，才能保证专业市场持续良好的发展。专业市场商流物流伴随着几代专业市场一起成长，具体情况如表1所示。

表1　几代专业市场的发展演变情况

第一代	以露天为市和沿街为场的主要经营	手工	无序	露天	小型	三现
第二代	以"大棚"基本设施加上粗放式管理	↓	↓	↓	↓	↓
第三代	以手扶梯升堂入室为主	电子 信息化	较完备 的管理	较舒适 的环境	大宗 交易	网络化
第四代	以较完备设施的商场式环境和服务为主					
第五代	以构筑产业综合服务平台为主					

伴随环境的变化，专业市场经历了从手工到现在的电子信息化，从无序到较完备的管理，从露天到较舒适的商场环境，从小型的交易到结合大宗交易，从以前的"三现"交易到网络时代。① 目前大部分的专业市场停留在第四代向第五代迈进的阶段，当然也还有部分的专业市场因为一直没有得到改进，还停留在简陋的第三代。有些专业市场已经开始试验第五代，对于这一次的跨越变革，需要更谨慎地把握好方向，这关乎成熟专业市场生命周期的延续。

专业市场的产业生命周期如同其他产业周期一样，主要包括四个发展阶段，即幼稚期、成长期、成熟期和衰退期。

---

① 陈志平、余国杨：《专业市场经济学》，中国经济出版社，2006，第6~8页。

表2　专业市场的各生命周期的特点及策略情况

周期	特点	策略
幼稚期	行业利润率较低,市场增长率较高,需求增长较快	跟踪对手、参与或观望
成长期	市场增长率很高,需求高速增长,技术渐趋定型	增加投入、增加市场占有率
成熟期	市场增长率不高,需求增长率不高,技术上已经成熟	提高效率、成本控制、研发新途径
衰退期	生产能力会出现过剩现象,市场增长率严重下降,需求下降	及时退出或蜕变

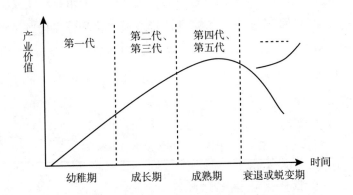

图1　专业市场的生命周期的产业价值曲线图

（一）幼稚期

专业市场的幼稚期也就是第一代专业市场的露天期,在这个萌芽阶段,专业市场主要用价格吸引顾客。在露天市场里,价格优惠且具有较多的品种是此刻市场唯一的优势,并使其得到延续的发展、有较高的增长率。

（二）成长期

随着露天市场的扩大和技术的进步,顾客对专业市场的需求也逐渐提高,需要较有序的管理和交易环境,于是出现了专业市场的第二代和第三代。交易需求越来越大,专业市场也得到不断扩张,继续利用价格和环境优势吸引顾客,并增加投入使其进一步发展。

（三）成熟期

电子信息化、网络化极大地影响了人们的生活方式和消费方式，同样深刻的影响了专业市场的发展。随着生活水平的提高，消费者对购物环境的需求越来越多，越来越注重服务，专业市场又进一步变革到第四代商场式的环境，目前大部分专业市场也停留在第四代。第四代专业市场以价格、技术、服务为先，且已经引用一些技术，大部分专业市场因为位置的延续建立在城市中心。第四代专业市场已走向成熟。

据初步统计，截至目前，广州共有专业市场近 700 家，这些专业市场60% 以上是 2000 年以前建成开业的，是与当时的市场化进程与城市化进程分不开的。当时的城市规划、市政设施配套、专业市场经营模式等多种因素都难以实现商流与物流的分离，既没有可能性，也没有可行性，因此这样的状态一直延续下来。从建筑形态上看，广州中心城区专业市场大多改造于城市居民住宅，且以城中村形式大量存在，货物与经营场所常常混乱在一起，从而也就埋下了隐患。典型的如中大布匹市场、十三行服装市场、岗顶 IT 市场、沙河服装市场、一德路玩具市场等。

表3　广州专业市场形成阶段情况

形成阶段	比例（%）	代表市场
1980～2000 年	60.6	黄沙水产交易市场、清平中药材专业市场、南方茶叶市场、广州岭南花卉批发市场、谊园文具玩具精品批发中心、荔湾广场、广州眼镜城、广东装饰材料市场、裕景国际鞋业广场、广东省图书批发中心、白马服装市场、万佳服装批发市场、永福中心汽车用品广场、海印电器总汇、天平水果批发市场、百脑汇、广州电脑城、颐高数码广场、粤景五金交电批发市场、华南汽贸广场、江南纺织城、旭高纺织城、华岭纺织城、黄石家私大广场、南源水果批发市场、江南果菜批发市场
2001～2010 年	39.0	华林玉器广场、天富鞋材广场、万通鞋城、永福国际汽车用品商城、广园致友汽配城、新濠畔商贸特殊鞋材批发广场、地一大道服装商业街、壹马服装广场、以太饰品总汇、新潮都专业童装批发广场、益民服装批发城、广州长江轻纺城、广州国际轻纺城、明珠家居广场、佳杨时装商贸城、丰鑫装饰材料市场、亿发皮具城
2011 年至今	0.4	广州轻纺交易园、海印国际展贸城、日之泉皮草皮革总汇、广州财富天地广场、广州国际茶叶交易中心有限公司

广州专业市场是广州"千年商都"商业发展历程中浓墨重彩的一笔，对于繁荣广州商业、支持工业化进程、促进城市化发展起到了重要的作用。然而，经过30余年的发展，广州专业市场与新兴消费方式和消费结构逐渐不相适应，与广州城市化发展要求之间的矛盾更加突出，与广州建设国际商贸中心的要求不一致，已到了转型升级的关键阶段。

二 广州中心城区传统专业市场存在的问题与转型升级的紧迫性

专业市场是广州商贸服务业繁荣的标志，也承载着广州千年商都的历史和荣耀。然而，在过去若干年中，不少专业市场急于扩张、疏于治理，错过了转型升级的最佳时间，尤其是中心城区传统专业市场转型升级的进展缓慢，导致大量问题不断累积，这些专业市场转型升级已到了刻不容缓的地步。

（一）设施老化、商住混杂导致消防隐患

从目前的情形看，消防隐患是广州中心城区传统专业市场最主要的隐患。这主要是由于两方面的原因，一是传统专业市场的交易功能和物流节点的职能使得大量货物集中在交易现场，商流与物流长期得不到分离处理，现场、现货、现金"三现"等传统交易方式一直没有得到有效提升。二是由于中心城区不少专业市场年代久远，建筑及配套电线、开关、消防设施老化严重；再加之广州专业市场典型的自发性特征，消防设施配套也不完备；更有甚者，还有大量的"住改商""民改仓"现象存在，原本不具备市场建设基础的民宅改造成了专业市场，使得消防隐患进一步升级（见表4）。上述消防隐患存在于大量传统专业市场中。据广东现代专业市场研究院初步统计，目前荔湾、越秀、海珠、天河、白云五个中心城区存在消防安全隐患的专业市场占全部市场总额的87%，其中典型的如新中国大厦、益民服装城等。在十三行商圈内，大量建筑是老式骑楼住宅改造而成的，房屋及设施陈旧，消防设施不足，消防隐患严重。

表4　广州专业市场存在的主要消防隐患

安全隐患类型	主要特征
建筑老化	承重能力严重下降,配套电线、开关老化
规划不足	市政配套不足,消防设施不完善,消防功能不齐全
功能转换	住改商、民改仓,高层设仓库
交易落后	现货交易,货物堆积在市场档口,物流占道

（二）物流分工滞后，装卸、搬运等临时工密集导致治安隐患

专业市场是外来人口及流动人口极为密集的地区，加上市场人流巨大、鱼龙混杂，各种治安问题层出不穷。由于外来人口聚集现象突出，面对各种矛盾纠纷，容易出现以地域为基础的群体性事件。尤其是大量的从事低端手工劳动的外来工，长期处于社会底层，文化素质及社会责任意识较差，出现不满情绪不能采取合适手段解决，容易出现各种极端事件。

广州流动人口登记部门的数据显示，统计的流动人口从2004年的315万已增至2012年的666万，加上未纳入统计的流动人口，数量更为巨大。这些流动人口大多从事第三产业，服务专业市场产业链的外来流动人口数量可能达到500余万。大量的外来流动人口聚集，产生巨大的治安隐患。以海珠区为例，海珠区130余家专业市场带来了大约100万流动人口，甚至超过了全区户籍人口规模。而这些流动人口中，多数是与货物搬运、分拣有关的临时工。这些从业人员长期处于"灰色地带"，造成市场社会环境极其复杂，各类交易摩擦、劳资纠纷、入室盗窃、车辆盗窃、抢劫、诈骗等问题频发，耗费了海珠区政府一半的行政治安力量。

（三）物流设施及工具落后导致交通隐患

广州中心城区的大多数专业市场交易活跃、交易量巨大，带来的大量仓储和运输物流却在交易现场完成，加上物流设施和能力规划不足，拥挤到一堆的物流运输占据了周边交通要道，造成了交通混乱的现状。例如，在中大布匹商圈内，日均货运量达到3000吨，电动车总数约4万辆、人力三轮车总数约5万辆、小型面包车总数3万辆，商圈内每天数万辆车、十几万人次进出。巨大

的交通流量与人车混流局面造成堵车现象严重，每天从上午 11 点开始，一直到晚上 9 点钟，始终处于拥堵状态，给人民群众的生活带来了极大不便。如果出现火灾等安全问题，消防救护车辆难以通行，造成了潜在隐患。

表5　广州几个大型专业市场商圈"五类车"状况

单位：万辆/日

主要商圈名称	"五类车"数量	拥堵道路
中大布匹市场商圈	12	瑞康路、逸景路、立新街等
流花服装商圈	23	站前路、站南路
站西鞋城商圈	18	广场路、站西路
十三行服装商圈	10	十三行路、和平东路、桨栏路、长乐路等
沙河服装商圈	20	濂泉路、先烈路等
一德路精品商圈	8	一德路

（四）临建危房遍存导致安全隐患

目前，广州专业市场中存在着大量临建商场，还有一些危房，状况堪忧。其中临时建筑主要是在政府对中心城区开办市场严加管控后，大量的开发商出于经济利益的驱动，自发建设的专业市场；危房的存在主要是由市场周边许多老式住宅经初步改造而成，也有历史久远的专业市场年久失修造成的。截至目前，广州专业市场经营面积约 1000 万平方米，危房面积约为 100 万平方米。其中荔湾区状况最为严重，全区共有专业市场 280 万平方米，危房面积达 60 万平方米，占广州危房面积的 60% 以上。

表6　广州重点专业市场商圈危房情况

重点专业市场商圈	危房位置	临建危房数量
中大布匹市场商圈	立新街、晓鸿大街、兴隆新街等	260 户
十三行服装商圈	故衣街、豆栏上街、和平东路	200 户
沙河服装商圈	濂泉路东侧	50 户
一德路精品商圈	一德路及周边	130 户

上述系列隐患的存在，在专业市场的早期，问题并不太明显。由于开发商和经营者大多考虑短期利益，缺少治理和提升，使得问题越积越严重，进入集

中爆发期。

总之，网络购物时代的到来、第三方物流的到来、城市交通压力的出现、市中心仓存成本压力的出现、陈旧专业市场火灾隐患等，使得专业市场急需新一轮变革来适应环境。虽然广州专业市场大部分处于第四代，但多数形成于20世纪90年代，成长于广州工业化和城市化进程的初中期，其建筑、业态、功能等普遍老化，且八成左右集中在一环以内的中心城区，交通、环境、治安、经营等问题越来越突出，与现代城市建设与管理的冲突日趋加剧，与广州建设国家中心城市和国际商贸中心及国际采购中心的形象定位也日显差距，其转型升级与关停并转的压力越来越大。

三 专业市场转型升级的三种模式与路径比较

商流和物流是产品流通过程中的两大关键环节，其中商流实现了产品所有权的转移，而物流最终实现物权的转移。在如今的电子商务时代，商流和物流不再作为统一的机体紧密结合在一起。商流可以通过交易平台实现，而物流则可借助日渐发达的物流管理系统实现，这就为专业市场商流和物流分离奠定了基础。

那么，专业市场转型升级及商流物流分离过程中，有哪些原则或基本依据，以及应考虑哪些因素呢？从客观需求看，中心城区的专业市场要注重品牌的保护，发挥市场多年累积的品牌效应、区位优势及人脉条件，改造提升为具有展示、洽谈、交易功能的平台，从而进一步扩大"商流"的功能。与此同时，物流、仓储、售后服务等职能则不必在市场中实现，可迁移到专业市场物流园区，通过专业化、集约化管理，发展现代物流配送，降低物流成本。这样就实现了商流和物流两方面的效率最大化，提升了经营绩效。

基于以上因素考虑，广州专业市场转型升级的路径主要有三种模式。

（一）原地转型升级模式

对行业影响力大、辐射范围广的市场，狠抓硬件升级，提升服务功能，积极引进现代交易方式。对标国际先进和国内一流水平，重点提升市场交易、信息化应用、产业联动、展示与国际化经营功能和物流服务水平，引导向现代展贸交易中心发展。引导市场推广应用总代理、总经销、远期合约、拍卖制、竞买制、电子交易等新型批发交易方式，推动场内经营业户向公司化发展，提高专业化、组织化水平，增强商品集聚能力和影响力。

这种模式的优势是可以减少一定的阻力，获得商户信任，从一定程度上满足升级改造。但不足之处是不能解决根本问题，城市中心无法承受过多的专业市场占地，长期来看，专业市场的业务综合发展不论是成本还是效率都不能得到根本解决。

（二）低端市场搬迁关闭模式

梳理出范围内用地不符合土地利用规划和城市规划要求、与城市规划强制性内容相矛盾、不符合规划且处于交通阻塞点的市场，以及全市所有临建类市场（含市场中的临时建筑物）。严把市场准入关，不在中心城区安排建设批发市场的储备用地，不再批准在中心城区规划建设批发市场（包括新批临建和续批到期临建），对于中心城区内的新建批发市场项目不予立项等。

这种模式的优势是可以从整体上重新进行城市规划，更好的促进转型升级。但缺陷是难以实施计划，被关闭的商户抵触较大，庞大的就业人口也是一方面压力。

（三）商流物流分离模式

结合城市交通系统改善工作，加快中心城区货运站场的调整和清理，进一步优化全市货运站场布局规划，并与专业批发市场布局规划合理衔接，发挥城区外围物流园区、货运站场在商品批发环节中的仓储、分拣、包装、配送等功能，推动专业市场的仓储和物流配送功能向主城区外围转移，在现有货运站场中选择若干区位条件好、符合用地规划的地块用于建设仓储物流园区，积极推动市场商流、物流有序分离。加强新建展贸市场与物流园区融合对接。举办新建展贸中心和专业物流园区对接会，对于原地升级改造的批发市场，引导其物流分离到专业物流园区发展，最大限度地减少市场物流对城市环境和消防隐患等负面影响。

这种模式的优势在于：城区外节约成本，符合现代物流业发展，效率高，减少城市交通压力，符合城市新城规划，根本上符合专业市场的现代化发展，适应现代高度的电子信息化、网络化环境。

其劣势在于：商物流对接存在一定的风险，商户有一定的抵触心理。

综合而言，这几条路径都有一定的风险和优势，但从分析上可以看出，商物流分离目前更有效。这种模式既满足目前转型升级的需求，符合现代化的长远发展，也可以不触及商户原本的利益格局，降低商户的阻力。仓储、物流外移到城区外，替商户减少成本压力，也解决城市中心的交通拥挤，避免仓促安全隐患。商物流成功分离成为这次专业市场转型升级的突破口，也是主要途径、主流方向，是蓬勃发展的专业市场规模化和模块化发展的必然趋势。

四 以商流物流分离为突破口，推进专业市场转型升级的对策建议

（一）重新认识专业市场转型升级的必要性，加速推动转型升级工作开展

在深入认识的基础上，站在城市化发展前途的高度上加速推进转型升级工作的开展。首先是结合国内外专业市场发展及转型升级道路，结合理论研究和现状分析，加深对广州专业市场转型升级的研究。其次要加快广州专业市场转型升级政策制定，研究切实有效的转型升级思路、路径、方向及手段。最后要加强转型升级工作的组织、领导、监督和考核，确保转型升级工作有效开展，并通过不断的经验总结吸取教训、不断进步。

（二）以功能分割与转移为主要突破口，全面落实专业市场转型升级

现阶段，广州专业市场出现问题的根源在于交易方式的落后，主要表现为商物混流及"四现交易"现象严重。因此，广州专业市场转移的工作重点，就是要促进交易方式的升级和改进，这可通过专业市场功能分割和转移来实

现。所为功能分割，就是将专业市场功能分为前台和后台，前台功能主要包括展示、洽谈、签约、宣传、品牌等，后台功能主要包括仓储、物流、售后服务、信息支持等。在这一分割基础之上，可通过功能转移实现价值最大化，其中前台功能可在原有市场实现，借助其原有的口碑优势，继续扩大交易规模；而后台功能则可实现区外转移，通过物流承接园区发挥集约化优势。这种功能分割和转移，可促使广州专业市场更大地发挥各自优势，同时也较好地解决了目前普遍存在的交通、消防、安全等问题。

（三）制定专业市场标准，引导专业市场转型升级

标准化的制定为专业市场转型升级提供了参考标准，使得相关的利益主体明确了转型升级的发展方向，避免了市场自身的盲目性，有助于提高工作效率。标准化的制定就是明确专业市场在建筑、经营、管理、消防、交易模式、信用等方面的基础指标，从而明确转型升级市场的名单。在标准化的基础上，通过一定政策的实施，促使各专业市场进行转型升级，主要包括明确转型升级时间表、设置转型升级路线图、安排转型升级承接地等，可通过一定的奖励政策激励加大促进力度。

（四）以承接平台和创新平台建设为立足点

坚持"疏导为主"的管理方向，建设符合现代化标准、功能先进、服务完善的专业市场转型升级承接平台，引导商户进行后端功能转移。完善承接平台仓储、物流、配送、管理服务等功能，为转移商户提供完善、良好的服务。通过园区化管理，促进商户之间的协作，提升集聚程度，促进效率的提高。

构建广州专业市场统一电子商务承接平台，并在大平台下设立各行业平台和子平台，承接广州各专业市场电子商务功能转移，通过专业市场和电子商务的协同发展、互动发展扩大市场规模和范围。

（五）加大财政支持力度，弥补物流基础设施的不足

目前，广州专业市场存在的诸多问题，都是物流基础设施严重不足引发

的。因此，政府宜加强资金、税收等支持，充分发挥各类财政资金的作用，鼓励物流转移，加强基础设施建设。地方同步配套资金支持市场转型升级，对于近年内主动从中心城区向外搬迁发展的专业批发市场商户，将根据市场原占地面积给予资金扶持。

（六）结合城市物流现状和发展，整治交通

对城市外郊区物流园区的建设，与项目建设同期开展相配套的路网和轨道交通设施建设，通过设立交通接驳专线，实现项目开业同期接入交通，提高项目的交通便利性。加大对重点批发市场周边动态交通的疏导管理和组织优化，开展市场周边静态交通整治工作，对违章停车、占道装卸货物等行为按章进行查处，对中心城区（特别是城市交通主干道）批发市场周边制定交通限行措施。

（七）加大宣传，提升公众认知水平

加大宣传力度。一是对内宣传。即政府相关部门应该通过联系新闻媒体，以报道、讲座、研讨会等方式向当地专业市场服务行业的企业和广大消费者宣传传统专业市场转型、进行商物流发展的意义，鼓励他们先进行物流功能的转移，让他们了解相关的专业知识。二是对外宣传。即要加大宣传力度，通过各种方式让市内、省内以及国内都了解专业市场进行物流功能转移的优势、条件。这也是为了对外招商引资，推动各类商物流投资和进入。目前有一些专业市场已经成功转型，实施了商物流的分离发展，应充分发挥这些升级成功的企业的榜样作用，欢迎其他市场的考察。将一些龙头传统专业市场快速纳入升级的队伍，形成以点带面的物流功能转移、商物流分离的发展路径。

（八）充分发挥行业协会与中介组织作用

充分发挥行业协会的桥梁和纽带作用，赋予行业协会相应的职责，积极推动行业规范发展。行业协会是企业和政府之间的桥梁和纽带，能够及时反映行业情况和企业诉求，积极为企业和政府提供服务，引导企业落实国家产业政

策。充分发挥行业协会在信息统计、专业培训、先进技术装备推广、行业自律及维护市场秩序等方面的作用，提升再生资源行业专业市场整体素质。通过行业的协会和中介组织，推动企业之间建立联系，促进知识的流动，促进相互学习与联合行动，增强企业之间的信任与承诺，为当地的专业市场转型升级、商物流分离发展道路奠定集群基础。

大力发展广州跨境电子商务思路及对策研究

李金玲　于崇刚*

摘　要：

跨境电子商务是利用互联网和电子技术实现的新形式的国际贸易活动，以贸易为核心，并从根本上改变了国际贸易供应链。本文探讨了我国跨境电子商务产业的特点和发展趋势，并以广州跨境电子商务发展现状的详细分析为基础，深挖广州跨境电子商务发展存在的一系列问题；结合广州城市发展的特点、自身的条件和资源禀赋，提出广州跨境电子商务发展的思路及对策措施。

关键词：

广州　跨境电子商务

一　跨境电子商务产业环境分析

（一）跨境电子商务产业特点

跨境电子商务是利用互联网和电子技术实现的新形式的国际贸易活动，其核心是贸易。但跨境电子商务不是单纯的国际贸易活动的电子化，而是从根本上改变了国际贸易供应链，实现贸易信息透明化、交易过程自动化、贸易主体

---

* 李金玲，广东卓志供应链集团董秘兼市场总监、高级物流师、高级电子商务师；于崇刚，广东卓志供应链集团副总裁、高级物流师。

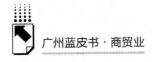

虚拟化、供应链扁平化、贸易便利化。

借助于互联网和电子技术手段发展的电子商务活动，其内在即包含超出地域和国家界限的含义。一国国境内的电子商务与跨境电子商务存在的差异：语言差异，跨境电子商务活动是买卖双方基于互联网的交易，但由于双方使用的语言不同，沟通往往存在障碍。商业文化差异，由于不同国家和地区的商业文化不同，对电子交易的态度也不同，交易的风险相对国内贸易偏高。支付结算差异，跨境电子商务由于双方地理距离遥远，交易信息流和实际资金流存在时间差，相比同币种交易而言，不同国家货币存在汇率风险和支付风险。物流差异，跨境电子商务由于相隔距离遥远，信息流和实际物流存在较大时间差，相比国内交易，运输周期较长、节点多，在国际运输、货物通关等方面更容易出现问题。

（二）我国跨境电子商务产业发展情况

互联网的高速发展，使得信息不对称的程度大大降低，信息交互和共享也更加便利，跨国贸易协作可以借助于网络和系统很容易地进行，一国拥有竞争优势的产品可以更加方便快捷的进入市场并参与国际竞争。第三方物流的飞速发展，使得货物能够在比较短的周期内以比较低的成本在世界范围内转移。这就比如现在从中国寄往美国的国际快件的价格很低，一个小东西的寄送费也就100元甚至不到100元，速度非常快，只要2～3天，比美国当地的 Local 快件还要快！电子支付、网上银行的高度发达，以及 PayPal 等网上支付工具使得现有的国际支付比以往任何时候都要快捷、方便、安全。这些都是跨境电子商务发展的有利条件。

近几年，世界性经济危机加剧了我国中小企业的出口困境。在出口疲软、订单大幅减少的状态下，传统贸易方式买家需求封闭、订单周期长、汇率风险高、利润空间低的弊端无疑使中小企业的生存雪上加霜。跨境电子商务的发展，成为企业特别是中小企业重要的营销渠道。

1. 从国内情况看，外贸出口下滑使中小制造厂商产生直接贸易需求

从国内情况看，世界范围的金融危机使得近几年来国内外贸出口业务面临困境。2007 年以来持续的金融危机，使得我国以加工贸易为主体的外贸体系遭受严重的危机，外贸出口连续下降，大批中小外贸企业倒闭。仍在挣扎求生的企业将目光转向了互联网，通过电子商务平台向世界各国的客户推销产品。

由于经济危机的产生，人们对产品成本的敏感度日益升高，传统外贸流程中贸易商、批发商、零售商等多个中间环节的存在，导致产品的层层加价，最终消费者手里的价格已经比出厂时高数倍。因此电子商务这种可以缩短供应链、摒除中间环节、使得厂商和消费者都能从中获益的直接贸易方式受到了追捧。

例如一个钥匙扣出口到澳大利亚的终端售价是 1 澳元，约合 5 元人民币。一般情况下，如果目标价格是 1 澳元，那么该零售终端的进货价就是 0.65 澳元，分销商进货价为 0.45 澳元，进口商进货价为 0.35 澳元（到岸价格含物流费用）。这样按照国际正常商务渠道利润分配，厂家应得的价格应该是 0.35 澳元，合 1.75 元人民币（到岸价格），减去所有的中间费用，这个钥匙扣的出厂价格约为 1.65 元（人民币）/个。实际上，该产品的出厂价仅为 0.8 元。在这条贸易链中，生产厂商的利润被压缩到最低。

为了能在出口困境中获得生存与发展，广大中小制造企业迫切需要省略繁琐的、层层加价的中间环节，转而通过直接、便利、低成本的渠道将产品推广给全世界范围的终端消费者。电子商务的从业者们敏锐地感知了这种需求，跨境电子商务在我国迅速崛起。

2. 从国际上看，采购行为的变化为跨境电子商务的发展创造了有利条件

从国际上看，金融危机来袭，使得境外银行纷纷捏紧钱袋子，境外银行缩减了对国外采购商的授信额度，使得这些进口商、贸易商的融资成本更高、融资条件更苛刻。与中国供应商的结算原本采用银行信用证结算方式，现在则要求改为赊销（O/A）或远期付款交单（D/P）结算方式，这样出口商需占用资金并承担进口商的信用风险。

在这个大背景之下，国外采购商的采购行为，以及国内供应商的销售行为都在悄悄发生着变化。大宗外贸开始衰退，小额外贸快速崛起。经济危机加速了这个趋势的变化。

根据美国海关及边境巡逻署发布的数据，2008 年，美国最大的 3000 家进口商所占的市场份额正在从往年稳定的 73% 下降到 66%，而同年单次购买的进口商数量占到了45%。这意味着买家出于资金链和控制资金风险的考虑，将大额采购转变为中小额采购，集中采购转变为零散采购的趋势在出现，少数进口商统治进口市场的局面正在发生变化。

电子商务在线交易、支付、物流的方式对于批量小、批次多、流转快速、金额不高的零散采购来说是最佳选择，因此金融危机下全球采购行为的变化也为跨境电子商务在世界范围内的蓬勃发展创造了有利条件。

（三）跨境电子商务产业发展趋势

1. 跨境电子商务进入高速发展期

2010年，我国的电子商务交易额突破了4.5万亿元。同时，我国跨境电子商务自阿里巴巴开始，经历十多年的高速发展，也正在散发出蓬勃的生气。据亿邦动力统计，目前我国做出口电子商务的网站在5000家左右，做国外商品境内销售的网站也有几百家，占电子商务网站总量的1/4。不仅出现了阿里巴巴、慧聪这样的B2B巨头，敦煌网、兰亭集势、米兰网这样的中型外贸电子商务网站，淘宝商城、京东商城、当当网、卓越亚马逊这样的综合性平台也开始经营国外商品在境内销售的跨境B2C业务，而像江苏丹阳的眼镜行业、浙江义乌的小商品批发、福建莆田的服装鞋帽这样的行业性跨境电子商务网站也十分火爆。国内的中小型制造企业已经更多将营销精力投放在新兴的跨境电子商务平台上，而国内的消费者也越来越关注网站上性价比高的国外商品。

2. 出口电子商务成为跨境电子商务的主流

我国的跨境电子商务虽然起源于跨国公司的国际协作，并随着中国成为世界贸易大国而应用日渐广泛，但其真正呈现爆发式增长，还是源于2007年世界性的金融危机。在出口乏力的情况下，广大的中小制造企业为了求生存产生了强烈的直接面对国外采购商、消费者，省略一切中间环节和不合理中间成本的需求。2007年后，立足于中国制造，为国内数以千万计的中小企业打通世界市场的外贸电子商务平台飞速成长起来，成为跨境电子商务的主流。外贸电子商务网站占我国跨境电子商务网站总数的4/5。金融危机下跨境电子商务在国际贸易中的作用日益突出。

3. 进口电子商务规模较小，但发展十分迅速

进口电子商务主要基于个人消费品的海外代购。尽管目前120亿元的规模在整个跨境电子商务交易额中的比重仅为3%左右，但其增速达到140%。进口B2C的快速增长一方面反映了国内消费者收入水平提高后对于商品品质和独特性的追求；另一方面，人民币对美元、日元等货币的持续升值，也使得跨境购物更加有利。

4. 我国跨境电子商务企业不断发展壮大，在国际上占有越来越重要的地位

以阿里巴巴、慧聪、敦煌等为代表的一大批跨境电子商务企业的发展，使得我国电商行业迅速缩小与国际电商巨头如EBAY、亚马逊的差距，并在国际互联网行业占据一席之地。如今，阿里巴巴已经成为全球著名品牌，是目前全球最大的网上交易市场和商务交流社区。2007年，阿里巴巴在香港联交所上市后，市值一度超过200亿美元，成为堪与Google、ebay、Yahoo、AOL并肩的全球最大互联网公司之一。

5. 跨境电子商务的发展带动了跨国物流及供应链服务的加速发展

作为产业链中的上下两环，网络外贸与跨境电子商务物流的发展相辅相成。而目前跨境电子商务的火爆也让下游的物流行业感受着前所未有的热度，跨境电子商务特别是外贸电子商务的兴起直接推动了跨境电子商务物流的诞生和发展。

随着网络外贸的加速发展，专注于外贸电子商务的物流服务企业的发展速度也随之加快。以其中最为著名的品牌"递四方"为例，其发展速度与境内网络外贸市场交易额增长完全成正比。作为ebay平台的指定物流合作伙伴，"递四方"2008年营收为2亿元人民币、2009年为4亿元人民币、2010年为8.7亿元人民币，实现连续三年100%的增长。

业内人士指出："在跨境电子商务交易的过程中，物流配送的速度是影响境外买家购买体验的重要因素，也直接关系到卖家获得的评价，进而影响卖家的销售。可以说，买家的满意度、信任度与物流递送的速度成正比。"跨境电子商务对物流的依存度非常高，而近年来跨境电子商务的迅猛发展也为跨境物流的发展提供了广阔的空间。

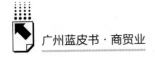

6. 电子支付结算随着跨境电子商务的发展使用日益广泛

随着跨境电子商务小额化的趋势，跨境电子商务活动已经越来越频繁的采用电子支付和结算方式。目前，国内主流的跨境电子商务网站基本采用 PayPal 平台作为对外支付结算工具，同时 Google Checkout 也成为外贸企业和个人进行国际间结算的重要工具之一。在国外支付平台发展的同时，以支付宝为代表的国内支付平台也在加速国际化的进程，支付宝目前已在其日本业务中开通了海外支付业务。

二 广州跨境电子商务发展情况

（一）广州跨境电子商务产业发展现状

随着信息技术的飞速发展，跨境电商已成外贸发展新业态。与传统贸易方式相比，跨境电商以其市场全球化、交易便捷和成本低廉等优点受到越来越多客户的青睐。据商务部统计，2013 年中国跨境外贸电商交易额突破 3.1 万亿元，实现约 30% 的增长。跨境电子商务增加了贸易机会、降低了贸易成本、提高了贸易效益，对经济活动产生了重要影响，同时也使其本身成为新一轮产业发展的主攻方向。

2011 年，广州被确定为首批国家电子商务示范城市之一。广州市委、市政府高度重视，把电子商务作为广州市新型城市化发展、建设国际商贸中心、推进"9 + 6"战略性主导产业实现重大突破的重要组成部分，坚持以创新发展为驱动，不断完善电子商务政策环境，建立健全电子商务支撑体系，着力培育电子商务龙头企业，深化电子商务推广应用，努力营造良好的电子商务发展环境。

经过多年的快速发展，广州市电子商务业已在全国占有重要地位。2011年，广州样本企业电子商务交易额 8875 亿元，企业网上采购总额 3397 亿元，企业电子商务普及率达 45.5%，B2C 网上销售收入 210.94 亿元，占社会消费品零售总额比重 4%。2012 年，样本企业电商交易额同比增长 40%，企业网上采购总额超 4000 亿元，企业电商普及率达 50%。10 家企业年电子交易额超过 100 亿元，唯品会、环球市场网等电商企业在海外成功上市，梦芭莎等 5 家企业被评为国家电子商务示范企业，广州黄埔电子商务产业园区被认定为国家电子商务示范基地。

随着经济全球化的深入发展，电子商务在国际贸易中的地位和重要作用也正日益凸显，已经成为对外贸易的发展趋势。广州作为我国对外贸易重镇，越来越多的企业利用电子商务开拓国际市场，在低迷的国际贸易环境中赢得新的商机。据各物流平台的统计数据显示，目前广州日发运跨境行邮及快件包裹近 8 万件，市场采购集拼出口的小商品近 80 万标准箱/年，跨境贸易电子商务已在广州蓬勃发展。

但同时，以市场采购、快件或邮件方式通关的跨境贸易电子商务存在难以快速通关、规范结汇及退税等一系列问题，制约着广州跨境贸易电子商务的进一步发展。7 月底，国务院办公厅发布《关于促进进出口稳增长、调结构的若干意见》（国办发〔2013〕83 号），提出"解决跨境贸易电子商务出口通关限制问题、推进市场采购贸易发展、抓紧研究促进外贸综合服务企业发展的支持政策"。这一表述对突破跨境贸易电子商务现有发展瓶颈有重要指导意义，同时也标志着在广州开展跨境贸易电子商务服务试点的条件已经成熟。

跨境贸易电子商务产业的发展，将推动广州"国家电子商务示范城市"建设；将有力推动货物贸易与服务贸易协调发展，培育对外贸易新的增长点；将有助于加快外贸企业开拓国际市场步伐，抵御国际经济低位运行的不利冲击。

（二）广州发展跨境电子商务产业的意义

1. 有利于把握国际贸易产业链分工格局调整机遇，扩大国际市场份额，加快建设广州国际商贸中心

跨境贸易电子商务倚靠互联网和国际物流，使对外贸易的交易渠道更加快捷有效，其"全天候、全方位、零距离"的特点，彻底改变了传统外贸经营模式和生产组织形态，重构了外贸产业链分工格局。把握这一调整机遇，有利于打破我国出口产品销售渠道一直被跨国公司垄断的局面，直接面对境外消费终端，提高外贸经营效益。

2011年底，广州市第十次党代会提出建设国际商贸中心。在传统外贸发展面临增速放缓、后劲乏力的情况下，跨境贸易电子商务逆势飘红，年增长率达到40%以上，有效支撑了广州外贸的发展。面对当前低迷的国际贸易环境，广州外贸呈现大采购商数量减少，小微商人群体增加；来自欧美等发达国家的工厂采购订单占比下降，来自非洲、中东等新兴经济体的市场采购订单占比上升；线下传统的贸易方式增长乏力，网上贸易增速加快等新趋势。发展跨境贸易电子商务是应对这些新趋势、解决新问题的有效途径，将有效帮助广州对外贸易加快转型、开拓市场、抢抓订单，支撑国际商贸中心建设。

2. 有利于转变对外经济发展方式，创新开放模式，推动对外贸易平衡发展

跨境贸易电子商务突破了原有的"商圈"概念，将国内生产的商品源源不断地输向海外，同时将国外物优价廉的产品直接进口到国内，满足人民群众越来越丰富的生活要求，在直接对接终端、满足需求的同时，极大地促进了商贸的发展。跨境贸易电子商务模式的兴起深刻影响着产业结构调整和资源配置，对促进广州产业结构调整和外贸转型升级、实施出口和进口并重战略、加快服务贸易发展、推动经济发展方式转变、提高经济运行质量和效率、提升综合竞争力具有重要意义。

3. 有利于实行更主动的开放战略，优化开放结构，形成以技术、品牌、质量、服务为核心的外贸竞争新优势

一是降低了企业参与外贸的门槛。跨境贸易电子商务信息化平台提供的专业服务，代替了传统国际贸易中贸易、金融、外语等专业人才的作用，使得过去复杂、专业甚至带有某种神秘色彩的国际贸易进一步简化、透明，一大批传统意义上不具备进出口资质的生产企业和外贸企业因此有了参与国际贸易的机会。二是提升了企业进出口贸易的利润率。跨境贸易电子商务因其减少贸易环节，并将这些贸易环节中的利润在企业和企业、企业和消费者之间进行再分配，实现了企业获得更多利润、消费者享受更多实惠的双赢局面。三是为广州企业走品牌发展道路创造了条件。在直接面对消费者的过程中，跨境贸易电子商务企业能够第一时间了解和把握国际市场需求和流行趋势，为其设计生产提供鲜活的灵感和动力，找到了从"制造"走向"创造"的捷径。

4. 有利于支持中小微企业健康发展，增强企业国际化经营能力，全面提高开放型经济水平

长期以来中小微企业普遍存在市场开拓难、经营成本高、抗风险能力低、融资难度大等问题。随着跨境贸易电子商务的迅猛发展，催生了许多外贸综合服务企业（综合型外贸供应链服务平台），帮助中小微型企业从繁杂的进出口环节中解脱以专注于生产经营，并改变了中小微企业在金融、物流、通关、渠道等服务环节严重缺少议价能力的现状，降低了中小微企业外贸交易成本和融资门槛，提高了企业进出口业务处理能力。

5. 有利于规范进出口市场经济秩序，完善安全高效的开放型经济体系，提高抵御国际经济风险能力

跨境贸易电子商务交易记录可长期保存，具有"来源可追溯、去向可查证、风险可控制、责任可追究"的特点，是实现进出口市场有效监管和商业文明建设的重要支撑，有利于建立长效监管机制，从源头上规范市场经济秩序。此外，电子商务在品牌培育、节能减排、创造就业、支持就业等方面正发挥着越来越重要的作用。

（三）广州发展跨境电子商务产业的优势

1. 政策环境优越

一是财政扶持力度强。从 2013 年起连续 5 年，广州市财政每年将投入 5 亿元扶持电子商务发展，主要用于支持电子商务基础设施、支撑平台、应用平台建设和宣传推广应用，同时鼓励电子商务企业在商业模式、管理模式、技术研发应用领域的持续创新。

二是示范平台建设稳步推进。按照政府引导、企业运作的原则，广州电子口岸公共服务平台、广州物流信息公共平台、林安物流信息平台和卓志"贸通天下"跨境电商供应链公共信息服务平台等正在外贸领域发挥积极的作用。

2. 通关环境领先

白云国际机场具有国际领先的快件及包裹处理能力，广州邮政是全国三大国际互换局之一，广州港是我国出口拼箱的主要口岸之一。随着海关、检验检疫合作"一次申报、一次查验、一次放行"试点的推进及与广州电子口岸建

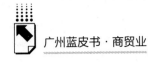

设的推进，广州跨境贸易电子商务的发展拓展将获得更大的空间。

3. 国际物流发达

作为我国主要的商品集散地和国际贸易枢纽，广州已与世界170多个国家和地区的500多个港口有贸易往来，国际物流配送优势凸显，以物流园区、配送基地、第三方物流企业为主的物流配送体系日趋完善。

4. 支持体系完善

一是在线支付体系成熟。广州已经建立起跨行、跨区域的电子支付体系，电子支付应用的普及率全国领先。广州银行电子结算中心和广东银联发展迅速，业务量居全国第一。形成了以广州为中心，覆盖全国多个城市，连接香港、澳门银行卡网络中心和 VISA、MASTER 国际卡组织的大型网络平台。传统支付与新兴支付服务相互促进，目前广州已有易票联、中经汇通等7家企业获得央行第三方支付牌照。

二是电子认证服务稳步推进。广州构建了基于数字证书的网络信任基础设施，正逐步建立一个可靠的、开放的、共赢的电子认证服务联盟体系。广州电子商务安全认证机构数量占广东省的2/3，数字证书大量推广。截至2012年底，广州市证书应用总数达28项，发行企业证书达20多万张，覆盖税务、社保等20多个行业和应用。

5. 会展服务完善

广州拥有"中国第一展"——广交会这一独特品牌优势。借助广交会积累的参展商展品数据库和客商数据库资源，广州企业可以实现"网上洽谈，现场成交"。同时，广交会网站提供的大型电子商务平台——贸易匹配（Trade Matching），也为中国企业与国际买家提供了更方便的信息交流渠道，创造了更多的贸易合作机会。

6. 企业实力较强

广州跨境贸易电子商务企业数量多、交易量大。目前，广州注册的跨境贸易电子商务平台有20个，包括环球市场、广贸天下网、广新达、易融电商、易票联、卓志供应链、出口易等。开展跨境贸易电子商务电商企业约40家，包括唯品会、梦芭莎、亚马逊（中国）华南营运中心等。2012年广州跨境贸易电子商务年交易额超过60亿美元。

三 广州跨境电子商务发展中的主要问题

（一）相关政策法规不健全

政策法规不健全是制约我国外贸企业开展电子商务的一个重要原因。外贸企业开展电子商务需要涉及双方企业所在的工商行政管理、检验检疫与海关、保险、财税、银行等众多部门，对双方各部门的统一协调、组织是必不可少的。对于这一点，目前国内的情况并不理想，对涉及进出口检验检疫、保险、报关、银行的相关手续还必须依次申报、重复录入。

正如内贸电商的瓶颈是物流一样，跨境电商在急速扩张的过程中也遇到通关效率慢、贸易成本高、结汇和退税难等问题。跨境贸易电子商务企业的无纸化商业过程，无法提供通关所需的相关凭证，难以快速通关、规范结汇及退税。具体表现如下。

B2B 出口是广州跨境贸易电子商务发展最早也是份额最大的一种类型，传统跨境电商 B2B 交易，由于退税制度及退税时效性问题，导致企业资金成本大，很多中小型外贸电商企业根本无法承受。同时，由于电子商务中大多单证均以电子化方式存在，无法提供增值税发票，无法正常办理报关、退税、结汇等手续。因为没有正常的贸易分类给此类出口经营单位办理免税备案，所以出口退税率为零的商品在进行税务核销时企业还需按内销补交增值税；企业以一般贸易方式申报出口，由于此类商品不能结汇，在外汇核销时超过一定比例还将面临在外管降级的风险；上述情况都限制了跨境贸易电子商务的发展。B2B进口方面，由于大多数小型电商企业没有进出口经营权，也不自营进出口，所以将跨境贸易成交后的订单委托给第三方外贸代理机构办理报关报检手续，物流环节多、成本高。

B2C 出口（包含小额批发和零售）是跨境贸易中最具有活力的部分，近三年来呈现出高速增长的态势。跨境 B2C 模式下，很多小额外贸平台为达到逃避税收和逃避检验检疫的双重目的，将产品通过快递小包的形式，把原本要收外汇和进行商品检验检疫的正常货物改为行邮方式运出境外，在通关、外汇等领域存在一定的法律风险。而且由于出口企业只能取得速递公司的运输单，无法按出口货物报关并进而取得出口报关单等凭证，因而很多出口商品无法退税和结汇，也无法列入海关贸易统计。B2C进口方面，由于目前对个人物品的认定标准过低，很多个人进出口的物品按规定必须按进出口货物办理手续，不仅增加了进出口成本，还可能导致无法进出口。

（二）税收监管难度大

跨境电子商务的在线交易模式，虽然没有改变交易的本质，却打破了地域的限制。电子商务平台的经营企业纷纷在低税率的国家或地区建立网站进行经营，这种跨境电子商务不可避免的带来了税收转移。还有由于跨境电子商务越来越普遍的采用在线交易、在线支付，无纸化程度越来越高，传统的税务凭证多数已不复存在，使税务机关难以掌握通过电子商务进行经营的生产企业、贸易企业或个人店铺的运作情况，因此逃税、漏税的情况普遍存在。另外，越来越多的境内消费者通过跨境电子商务平台购买国外商品，这些物品通过个人携带或者快递方式进境，往往存在不报或者低报瞒报商品价格的方式来逃避关税的现象。虽然国家出台了相关法律法规来限制这些行为，但由于国内需求旺盛、利润很高，走私活动猖獗、屡禁不止，造成大量税款流失，正常的市场秩序也面临挑战。

（三）信用问题有待完善

影响网上交易特别是首次交易的因素很多，其中最重要的是卖方的信誉和产品的价格。在价格足够吸引人的情况下，往往有采购商或者消费者忽视对方信用评价而冲动交易。另外，由于跨境电子商务买卖双方是在虚拟环境下进行交易，对对方的了解和认知往往并不充分，买卖双方往往是基于电子商务平台本身的信用评价机制来进行信用评估和判断，电子商务平台所建立的信用体系完备与否在很大程度上决定了交易双方的可信任度。

阿里巴巴欺诈门事件的发生，其主要原因：一是公司内部对付费的网商没有进行审核和认证，信用评价机制失效；二是欺诈者以十分有吸引力的价格提供市场上需求较大的商品。二者相加，使得一些对成本敏感但需求迫切的国外采购商很容易坠入陷阱。

同样，国内很多对国际知名品牌有需求的消费者也受到比国内专柜低三成到五成价格的吸引，通过代购网站进行跨境购物，而这类渠道购买的商品是否为正品很难保障，这类代购网站的信用也是凭借消费者自身的判断进行评价。这种处于灰色地带、非公开的购物渠道目前缺乏一个有效的机制、环境来制约。

（四）知识产权保护和品牌建设仍有待提高

仿冒是中国制造的一个顽疾，无论是传统的电子商务 B2B 巨头阿里巴巴，还是新兴的外贸 B2B 或 B2C 新贵敦煌网、米兰网等，都无法完全禁绝仿冒品的销售。美国商务部最近关停的 82 家涉嫌侵犯知识产权的购物网站，其中绝大部分商品来自中国。根据中国电子商务研究中心于 2013 年初发布的国内首份电商法律报告——《2011－2012 年度中国电子商务法律报告》，在电商纠纷中，知识产权纠纷比例最高，占比已高达 61.54%。而电子商务知识产权侵权纠纷则主要体现在制假售假、侵犯商标权以及擅自使用权利人智力成果、侵犯著作权等方面。

与跨境电子商务中由仿冒品引发的知识产权问题伴生的还有中国制造的品牌问题。仿冒意味着大量中小制造企业放弃了产品设计这一重要的、产生价值的生产环节，同时意味着商品的同质化竞争。目前国内以出口跨境 B2B 为主流的跨境电子商务从本质上说是中国制造的价值变现，即通过省略中间环节，使中国制造在国外终端获得的收益最大程度上归于制造商。但这种模式对于中国制造品牌的支撑作用相对较小，因为有品牌的产品会造成外贸电子商务的利润空间缩水。因此从树立品牌的角度出发，我们应该扶持 B2C 模式的出口，使制造商直接面对消费者，有利于制造商了解消费者的需求和对产品的反馈，从而达到改进设计和工艺、树立品牌影响力的作用。

（五）跨境物流及供应链服务跟不上

物流配送是从商家取货、运输、并交货到买家手中的过程，是完成电子商务从虚拟网络中达成交易意向到现实中完成合同执行的重要支撑体系。物流配送体系的成本是电子商务的全部成本的重要组成部分，物流配送体系的及时性对电子商务的效率有重大影响，物流配送体系的货物保全等指标是影响消费者对电子商务信任度的重要因素。跨境购物物流包括三段，分别为国外内陆段运输、国际段运输以及国内段运输。因此，相对于国内电子商务物流配送体系，跨境电子商务的物流配送体系具有两个突出特点。一是需要解决国外物流配送的难题，对于国外地理交通以及社会生活等方面的基础知识匮乏，使得跨境电子商务物流配送在国外内陆配送困难较大。二是需要解决中国及目的地国家（地区）的进出口通关问题，通关延迟往往对跨境电子商务的及时交货产生很大影响。

目前跨境电子商务物流配送环节主要通过国内物流配送公司向国外扩展、国内物流配送公司与国外物流配送公司合作、第四方物流公司整合国内外三方物流配送公司，以及建立海外仓库、保税区仓储等方式，来解决上述问题。目前，能够提供跨境电子商务物流配送的公司主要有：中国速递服务公司（EMS）等具备国际化物流配送能力的中国公司，DHL、FedEx、UPS 等跨国物流快递公司，4PX、卓志供应链等第四方物流公司。我国跨境电子商务物流配送公司相对国外的物流企业在价格指标上具有优势，这对于降低跨境电子商务成本具有重要意义。但从当前的实际情况看，我国跨境物流配送公司综合实力尚未满足跨境电子商务需要，在国际范围覆盖、快递效率等方面与大型国际物流配送公司相比，还存在较大差距。此外，虽然第四方物流的发展势头较好，有与跨境电子商务同步蓬勃发展的趋势，但第四方物流提出的将信息流、资金流、物流三合一的方案，尚未真正完全实现与进出口通关过程的监管和税收征缴的无缝衔接，没有完全解决货物通关延迟问题。

四　加快发展广州跨境电子商务的思路及主要措施

（一）广州跨境电商产业发展思路

1. 以点带面

跨境电子商务与境内电子商务相比，关键要在通关、通检、结汇、退税等外贸供应链环节监管模式方面进行创新与改革。

积极落实国办发〔2013〕83 号文件中提出的"加大出口退税支持力度、出台三个一改革方案、解决跨境贸易电子商务出口通关限制问题、推进市场采购贸易发展、抓紧研究促进外贸综合服务企业发展的支持政策"的文件精神，采用"平台＋园区"并配套监管政策创新的试点改革思路，即，建设跨境贸易电子商务公共信息服务平台和集中监管园区，通过线上申报和线下监管相结合，辅以创新监管政策。建设公共信息平台作为繁荣贸易市场和规范口岸秩序的纽带，建设配套的集中监管区作为承载试点政策的区域，针对广州典型的外贸业态进行便利通关的政策突破，面向社会开展服务试点，推动跨境贸易电子商务在广州取得突破性进展。

2. 分步实施

总体规划，分步实施，先易后难，成熟一个业务发展一个业务，逐步畅通跨境贸易电子商务贸易商品的进出口渠道。率先在 B2B 市场推行采购出口和 B2C 邮快件出口业务，并逐步尝试在 B2B、B2C 保税进出口业务上进行突破，同时强化与周边产业集群的合作及业务联动，逐步带动区域及周边整体产业发展。

3. 产业聚集

广州将构建与整体产业发展相匹配的外贸综合服务企业、国际物流、国际结算、金融、投资等引导扶持政策，在大数据、云存储等电子商务领域进行积极部署，吸引更多行业优秀企业及产业上下游服务企业进驻广州，打造广州跨境电子商务产业生态圈。

（二）促进广州跨境电子商务发展的具体措施

1. 创新监管模式、优化通关流程及配套政策

在"源头可溯、风险可控、质量可靠、责任可究"16 字原则下，通过开展清单放行和集中报关（纳税）、市场采购等试点业务，实现跨境贸易电子商务 B2B、B2C 进出口商品的便利监管，并对试点平台及企业实施通关、退税、结汇的配套政策，达到"管得住、管得好、通得快"的通关便利化目标。

2. 政府主导，建设各监管部门执法联动的"广州跨境电子商务公共政务服务平台"

为使跨境电商企业享受到统一的便捷通关、通检服务，调动现有社会资源，依托地方电子口岸基础，由政府、相关企业合作建设，构建与前店后仓的展贸业态相配套的"广州跨境电子商务公共政务服务平台"。一方面利用信息化手段，实现事前备案、过程监管和事后追溯相结合的管理要求，同时满足试点园区海关、工商、检验检疫、外管及国税等各监管部门的监管需要；另一方面在公共平台上建立身份认证、安全交易、便利通关、税费支付、信用担保、全程物流等基础应用模式，推动"阳光纳税"及集约化物流，降低流通成本，提高通关效率，促进行业健康、规范化发展。为企业实现在线备案、在线报关、税费支付等服务功能，与此同时，公共服务平台将与各大电商企业建立应用接口，电商企业上的交易信息可直接通过公共服务平台传输至各监管部门，实现各监管部门的信息数据共享。

3. 依托现有特殊监管区实体资源，打造跨境电商线下集中监管园区

依托现有特殊监管区实体资源，在区内划分专区，设立广州跨境电子商务集中监管园区，充分发挥境外商品"入区保税"、境内商品"入区退税"的功能。在园区信息平台的全程信息管理下，联通电商企业、外贸企业和物流企业的保税仓和出口监管仓的物流信息，实现各监管部门的执法联动。

4. 制定产业引导扶持政策，全面打造跨境电商产业生态圈

跨境电商与内贸电商最大的区别在于其对通关、通检、结汇、退税及基础物流等服务的依赖。为形成广州跨境电商产业的集聚效应，需充分发挥现有物流实体园区及大型外贸综合服务企业的带动效应，制定优惠的产业扶持政策，构建完善产业生态链，吸引更多跨境电商及其配套进驻广州发展。

（1）鼓励跨境电子商务企业入驻南广州。通过政策吸引一批省外有规模的跨境电商企业落户南沙，邀请外贸企业、跨境电商平台进行规范监管服务模式下的跨境电子商务试点。

（2）鼓励跨境电商上下游综合配套服务企业发展。对于正在积极发展的跨境电子商务物流及外贸供应链产业，政府首先要在保税区、通关、工商等与跨境物流配送相关环节，针对新出现的情况和问题进行研究，并抓紧时间出台管理规范，减少物流配送企业在各环节上的行政障碍。其次，积极制定相关政策，积极鼓励跨境电子商务企业做大做强，鼓励第四方物流企业通过兼并收购等方式实现跨越式发展，突破成长瓶颈，力争在跨境电子商务物流配送产业建立几个具备国际竞争能力的企业。再次，要充分利用国家整体实力，以行业协会等组织形式，在跨境电子商务物流配送企业"走出去"的过程中，对其遇到的国际政策障碍、市场不当竞争等进行帮助和化解，为我国跨境电子商务物流配送企业创造良好的成长环境。鼓励各类金融机构支持电商企业融资，支持各担保机构为我区电商企业提供贷款担保。鼓励集聚各类专业人才，针对电商企业引进高级管理人才的个人所得税上缴的地方留成部分，给予一定补贴。

B.5

国际购物天堂视角下广州商圈发展研究

魏 颖 邱志军*

摘 要：

> 本文从商圈的规模体量、租金水平、业态结构、消费者结构、品牌丰富度、本土品牌国际知名度、商旅结合程度等多角度对广州商圈与世界级别商圈进行比较，找出广州商圈发展的优势、短板与差距，并提出了广州打造国际购物天堂商圈的发展策略。

关键词：

> 商圈 购物天堂 广州

纵观世界，堪称世界五大黄金商圈的纽约曼哈顿第五大道、巴黎香榭丽舍大道、伦敦牛津街、东京银座和香港铜锣湾无一例外的成为纽约、巴黎、伦敦、东京、香港这些世界典型的购物天堂城市的重要标志。可以说，"购物天堂"在很大程度上体现在城市若干知名的标志性商圈上。对一个城市而言，最高端、最密集、最多元化的商业资源往往高度集聚于某些特定的空间载体——商圈中。这些标志性的商圈大多精心打造，代表了这个城市最大的商业亮点，是一个城市最具成长性、具有最高土地租金、最能代表商业潮流的地方，同时还附带了大量历史、文化、娱乐、美食、休闲等游玩功能，从而成为"购物天堂"的重要象征和主要载体。

广州在"十二五"正式确立了"国际商贸中心"的功能定位的同时相应的提出了多方面的战略支点，其中，打造国际购物天堂是构架国际商贸中心战

---

* 魏颖，广州市社会科学院市场研究所副研究员；邱志军，广州市社会科学院经济研究所研究实习员。

略的最基本、最核心的战略支点之一。作为全国南方最大的超级城市和"千年商都",广州离先进成熟的国际"购物天堂"城市仍有较大距离,其中"购物天堂"的重要象征的商圈建设是这个差距的重要体现之一。目前,广州市已形成了三个都会级商圈以及若干个区域级商圈,并且呈现出聚集度高、辐射力强、特色明显和影响力大的特点,但与国际购物天堂的知名商圈相比,广州商圈在知名度、美誉度、繁荣程度等各方面都有较大的差距。因此,在宏伟的目标下,仔细分析典型国际购物天堂商圈发展规律和趋势,找出广州商圈发展的优势、短板与差距,并在结合广州的发展条件、潜在优势与现实基础上,找出符合发展趋势又适合广州自身特点的商圈发展之路,对于推动广州国际购物天堂的建设、加快广州迈向国际商贸中心具有重要的意义。

一 广州商圈的现状与特点

(一)广州市商圈基本格局

随着城市商业的不断演变,广州零售商圈已呈现沿"一心多点,两轴一带,多点拓展"的发展态势,即沿广州旧中轴线发展起来的越秀区北京路商圈、环市东路商圈、东山商圈,荔湾区上下九商圈、海珠区江南西商圈;沿新中轴线发展起来天河区天河路商圈、珠江新城商圈。

目前广州已经形成包括都会级商圈和区域级商圈在内的十个主要零售商圈,分别是天河路商圈、北京路商圈、上下九商圈、环市东商圈、东山商圈、江南西商圈、珠江新城商圈、白云新城商圈、广州大道北商圈、番禺万博—汉溪商圈。

表1 广州市商圈基本概况

商圈	商圈范围	中心地	所在区域
天河路商圈	以天河路为中轴线,西起广州购书中心,东到岗顶,北至广州东站,南至黄埔大道西	天河城、正佳广场、太古汇等	天河区
珠江新城商圈	北至黄埔大道,南至临江大道,西至华夏路,东至冼村路	高德置地四季mall、花城汇、友谊国金店等	天河区

续表

商圈	商圈范围	中心地	所在区域
北京路商圈	北连省财政厅,南达沿江路天字码头,西接起义路,东至文德路	北京路步行街、广百北京路店、新大新、五月花广场	越秀区
环市东商圈	西起建设大马路,东达先烈南路,南到华乐路,北到淘金路	友谊商店、丽柏广场	越秀区
东山商圈	北至东风东路,南至东华西路,西至陵园西路,较场西路,东至农林下路	中华广场、地主广场、流行前线	越秀区
上下九商圈	北至长寿西路,南到六二三路,东达大同路,西到康王南路	上下九步行街、新光城市广场	荔湾区
白云新城商圈	北至黄石路(齐富路),东至白云大道,西至机场高速,南至北环高速路	5号停机坪、白云万达广场	白云区
广州大道北商圈	广州大道北沿线,南至梅花园地铁站,北至同沙路	嘉裕太阳城广场、广百佳润广场	白云区
江南西商圈	江南西路沿线,西至宝岗大道,东到江南大道中	江南新地、广百新一城	海珠区
番禺万博－汉溪商圈	市桥板块:北至富华西路,南至清河西路,西至光明北路,东至大北路万博板块:番禺大道自兴南大道至兴业大道路段	万博商业中心、海印又一城、番禺友谊商店	番禺区

资料来源:广州市商业总会《2011年广州市商圈的基本格局及趋势》《广州商贸业发展报告2012》。

(二)广州市商圈分类

广州十大商圈按等级标准划分,都会级商圈有3个,分别是天河路商圈、北京路商圈、上下九商圈;区域级商圈有3个,分别是环市东商圈、东山商圈、珠江新城商圈、白云新城商圈、番禺万博—汉溪商圈、江南西商圈、广州大道北商圈。

按商圈的功能类型划分,天河路商圈属于时尚型商圈,珠江新城商圈和环市东商圈属于商务型商圈,北京路商圈、上下九商圈属于城市中心区的休闲型商圈,番禺万博—汉溪商圈属于城郊的主题型休闲商圈;生活型商圈有4个,分别是东山商圈、江南西商圈、广州大道北商圈和白云新城商圈。

按商圈发展周期划分,发展较为成熟的商圈有6个,分别是天河路商圈、北京路商圈、上下九商圈、环市东商圈、东山商圈、江南西商圈;处于成长阶段的新兴商圈有 4 个，分别是珠江新城商圈、白云新城商圈、广州大道北商圈、番禺万博—汉溪商圈。

表 2　广州十大商圈分类

商圈	等级	功能类型	发展周期	商圈定位
天河路商圈	都会级	时尚型	成熟	高—中高端
珠江新城商圈	区域级	商务型	新兴	中高端
北京路商圈	都会级	休闲型	成熟	中高—中端
环市东商圈	区域级	商务型	成熟	高端
东山商圈	区域级	生活型	成熟	中高—中端
上下九商圈	都会级	休闲型	成熟	大众化
白云新城商圈	区域级	生活型	新兴	中高—中端
广州大道北商圈	区域级	生活型	新兴	中端
江南西商圈	区域级	生活型	成熟	中端
番禺万博－汉溪商圈	区域级	休闲性	新兴	中端

（三）广州商圈格局的演变

随着广州城市的发展战略和城市交通的延伸，大批的产业与人口从老城区向外转移，促使城市结构由单中心向多中心发展。伴随着这种转移，广州市的商圈发展格局也由西堤—南方大厦—上下九—北京路—天河路，向东转移。

直到 20 世纪 80 年代中期，国营商业一直居于绝对垄断地位，以南方大厦为首的大型国营商店主宰着广州商业格局，沙面、长堤、南方大厦、人民路一带堪称"十里洋场"。然而，从 1987 年有关部门为了缓解城市交通压力架起人民路高架桥开始，这一带的城市景观与商业氛围同时遭受重创，就此步入平淡。

20 世纪 90 年代中后期的广州，北京路、上下九路等商业街与北京的王府井、上海的南京路一样，成为最繁华商业区的代名词。上下九在清朝末年已经兴旺繁荣，是广州与全国及海内外进行贸易往来的一个重要窗口。1995 年上下九路成为广州市第一条商业步行街，随着上下九路的商业气氛日益增旺，街上布满各种高级百货公司，是南中国最繁华的商业区。周边衍生出多个闻名全

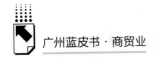

国的专业市场集群,构织成纵横近 2.5 平方公里的庞大商圈。

1997 年设立为步行街的北京路,在这一时期"霸气十足",北京路上的广百百货于 1999 年创下单店日销售 1400 多万元的纪录。北京路曾经拥有广州最大的书店群落和最有影响的文具店、最大的百货公司、最大的西湖路灯光夜市、最繁华的高第街、最热闹的青年文化宫和最有名的西餐厅、最大的中西药房、最大的摄影器材店和钟表店,以及每年最火热的中心花市和最吸引儿童的公园。同时,北京路曾是百年老店和广州老字号的集中地。

随着广州市"南拓北优、东进西联"城市空间发展布局构想逐步实施,老城区作为商业中心的传统地位受到冲击和削弱,昔日繁华的商业街区日渐萎缩。与此同时,以 1998 年正式开业的天河城广场为代表的天河路商圈在迅速走向成熟、壮大。20 世纪 90 年代,当天河城带动整个天河路商圈起飞的时候,还是很少有人了解购物中心的概念。时至今日,2.8 公里长的天河路黄金商业带聚集了天河城、正佳广场、太古汇、万菱汇、广百中怡店、时尚天河等数十家大型购物中心和百货商店,商业零售面积近 140 万平方米,商户近万家。其中国际一线和著名品牌 200 多个,年社会消费品零售总额超过 350 亿元,商品销售额超过 2000 亿元,每天客流量超过 150 万人,节假日高峰时期客流量超过 400 万人。从商业地产的规模、人流量、销售额、产业布局等方面来看,天河路商圈无疑已发展成为中国最先进的带状式 MALL 群,是广州、华南乃至中国的第一商圈。

随着信息技术、轨道交通的发展和"体验式经济"时代的来临,未来广州城市的中心商圈又将向何处转移?无论如何,商圈的演变承载了广州世界级都市梦想的演绎和实现。时代在变动,广州的商圈演义仍在继续。

二 广州商圈与世界级商圈的差距分析

以纽约、伦敦、巴黎、东京、香港等世界公认的国际购物天堂城市作为参照系,比较广州与这些居于全球领先地位的国际购物天堂商圈的差距。基于国际购物天堂商圈的共性特征和支撑要素,本文认为可以从商圈的规模体量、租金水平、业态业种结构、消费群体来源结构、品牌丰富度、时尚引领度、本土品牌国际知名度、购物环境舒适度、交通通达度、商旅结合程度等多方面予以衡量。

（一）规模体量匹敌世界级商圈，但缺乏国际知名度和美誉度

商业面积是最能直接体现商圈规模体量的指标。世界级的商圈必定具有一定的规模体量。伦敦西区的商业面积高达160万平方米，牛津街的商业面积50万平方米，东京银座大街也有25万平方米的商业面积。广州成熟商圈的平均商业面积为58万平方米，其中以号称"中国第一商圈"的天河路商圈为最，商业面积高达150万平方米。

商圈核心主体构成主要指大型商业网点如购物中心、百货店的数量、面积和比例，是商圈购物设施硬件指标的体现，也是商圈规模体量的重要指标。世界级商圈大多拥有一定数量和体量、声誉世界的购物中心和百货店。牛津街就拥有超过300多家百货店，一般都在2万平方米以上，单店的体量大。第五大道上享有世界声誉的精品百货大厦有近20座，体量在3万平方米以上。东京银座更是一个以百货业态为主的商圈，拥有13座享誉世界的百货大楼和购物中心。从广州商圈的核心主体构成来看，十大商圈平均拥有大型商业网点数量6个，其中天河路商圈、北京路商圈和珠江新城商圈的数量最多，分别有18个、9个和7个。尤其是商业面积最大的天河路商圈，拥有超过5万平方米以上大型购物中心4个，超3万平方米的主力百货店3个。单从大型网点的数量和体量来看，广州商圈已经可以匹敌世界级商圈，但从主力店的知名度来看，天河路商圈的天河城、正佳广场，北京路商圈的广百、五月花远不及东京银座和光、三越，巴黎奥斯曼大街的巴黎春天、老佛爷，第五大道的 Bergdorf Goodman 等百货拥有的享誉世界的魅力。

商圈客流量是了解商圈发展水平、知名度和吸引力的重要方面。客流总量反映了商圈的总体吸引能力和潜在消费群的数量。广州成熟商圈的日均客流量都在20万人次以上，三大都会级商圈的日客流量更超过35万人次，以天河路商圈的80万人次为最高。这与伦敦西区的55万人次、银座的30万人次相比，有过之而无不及。

从商业街的普遍规律看，商业街的黄金长度在600米左右。世界级商圈的主要商业街长度都控制在1000～1500米之间，从这个指标来看，广州商圈的主要商业街长度基本符合标准。但商圈的核心商业街的国际知名度与世界级商圈相差甚远，巴黎香榭丽舍大街、纽约第五大道、东京银座中央大街、伦敦牛津街都是享誉世界的商业街，广州商圈中最具代表性的知名商业街天河路、北京路和上下九路都只是具备一定的区域影响力，差距不可同日而语。

总而言之，从商业面积、客流量、商业设施的规模程度和商业街长度等指标来看，广州的商圈在数量性方面足以匹敌世界级商圈，尤其是号称"中国第一商圈"的天河路商圈，在各个指标上都有过之而无不及。然而从国际知名度和美誉度等方面比较，广州商圈与世界级商圈相差甚远。

表3 广州市十大商圈规模体量指标

商圈名称	日均客流量（万人次）	商业面积（万平方米）	主商业街长度（米）	大型网点（个）
天河路商圈	80	150	2000	18
珠江新城商圈	15	20	1800	7
北京路商圈	50	60	1200	9
环市东商圈	20	40	1000	5
东山商圈	20	40	1200	6
上下九商圈	35	35	1200	6
白云新城商圈	5	10	400	4
广州大道北商圈	12	20	2000	5
江南西商圈	15	25	800	5
番禺万博－汉溪商圈	30	30	700	4

资料来源：广州市商业总会《2011年广州市商圈的基本格局及趋势》《广州市商贸业发展报告2012》。

（二）主力商业街租金水平相差甚远

主力商业街的租金水平反映一个商圈零售市场的繁荣程度和吸引力，以及消费市场对奢侈品的需求情况。商业街物业租金越贵，往往高端零售聚集程度就越高，表明国际品牌的进驻率也越高，也就是有更多的国际零售商或商品运营商把该区域市场作为目标市场。

根据高纬环球最近发布的《世界主要商业街年度报告》，2012 年香港铜锣湾和纽约第五大道的店铺最为稀缺，租金水平分别高达 18.2 万元/平方米·年和 17.3 万元/平方米·年，远抛排名第三、第四位的巴黎香榭丽舍大街和东京银座。从亚太最贵商业街区排名看，世界公认的购物天堂香港和东京分别有三条商业街入围，其中香港铜锣湾、中环和尖沙咀名列三甲，年租金都在 10 万/平方米以上；东京的银座、表参道和涩谷的租金水平分别排第四、第五和第八名。从租金增长情况看，2012 年顶级商业街区租金保持平均 4.5% 的增长，其中香港铜锣湾、巴黎香榭丽舍大道的租金水平涨幅在 30% 以上，最为强势。

由于缺乏对广州商业街的租金水平的统计数据，无法在这个指标上做最直接的对比，但从广州最优质的商业物业水平数据分析，差距也略见一斑。根据广州行业监测数据，2012 年广州商圈平均租金水平最高的优质商业物业天河城广场、正佳广场、太古汇、中华广场、五月花广场和丽柏广场，其首层租金均价为 1200～1700 元/平方米·月①，即 1.5 万～2 万元/平方米·年，是香港铜锣湾的 1/9、香榭丽舍大道的 1/4。用单一商圈作对比，以租金水平最高的天河路商圈为例：天河路商圈大型购物中心首层月租主要集中在 1000～2000 元/平方米的区间，天河城首层商铺月租金普遍高于 3000 元/平方米，体育西路和天河南部分临街铺位租金达到 3000～4000 元/平方米·月②，即 3.6 万～4.8 万元/平方米·年，是纽约第五大道的 1/4、银座的 1/2。如此来看，即使是广州最优质的商业物业的最高租金水平与顶级商业街相比仍有较大的差距，由此推算出广州商业街的平均商业物业租金水平的距离更大。

---

① 罗志杰、刘思羿：《2012 年广州商业地产发展状况及趋势》，李江涛等主编《广州商贸业发展报告 2013》，社会科学文献出版社，2013，第 215 页。
② 李笑娟等：《加快国际商贸中心核心区建设，打造天河路国际一流商圈》，李江涛等主编《广州商贸业发展报告 2013》，社会科学文献出版社，2013，第 328 页。

表4 2012年全球最贵商业街区排名前十位

排名 2012年	排名 2011年	国家	城市	街区	美元/平方 英尺·年	万元/平方 米·年	当地单位变化 百分比(%)
1	2	中国香港	香港	铜锣湾	2630	18.2	34.9
2	1	美国	纽约	第五大道	2500	17.3	11.1
3	5	法国	巴黎	香榭丽舍大道	1129	7.8	30.0
4	3	日本	东京	银座	1057	7.3	0.0
5	4	澳大利亚	悉尼	皮特街购物中心	952	6.6	0.0
6	6	英国	伦敦	新邦德街	936	6.5	3.1
7	8	瑞士	苏黎世	班霍夫街	854	5.9	8.7
8	7	意大利	米兰	蒙特拿破仑大街	825	5.7	2.9
9	9	韩国	首尔	明洞大街	686	4.7	16.0
10	10	德国	慕尼黑	考芬格尔大街	495	3.4	6.1

资料来源：根据高纬环球发布的《2012年世界主要商业街年度报告》资料整理。

表5 2012年亚太最贵商业街区排名前十名

排名	国家(地区)	城市	街区	美元/平方 英尺·年	万元/平方 米·年	当地单位变化 百分比(%)
1	中国香港	香港	铜锣湾	2630	18.2	34.9
2	中国香港	香港	中环	1856	12.8	14.3
3	中国香港	香港	尖沙咀	1547	10.7	12.0
4	日本	东京	银座	1057	7.3	0.0
5	日本	东京	表参道	972	6.7	0.0
6	澳大利亚	悉尼	皮特街购物中心	952	6.6	0.0
7	韩国	首尔	明洞大街	686	4.7	16.0
8	日本	东京	涩谷	634	4.4	0.0
9	韩国	首尔	江南站	590	4.1	18.8
10	澳大利亚	布里斯班	皇后街购物中心	476	3.3	0.0

资料来源：根据高纬环球发布的《2012年世界主要商业街年度报告》资料整理。

（三）商业品牌丰富度不足、同质率程度高

商圈的商业品牌丰富度，可从国际品牌的进驻率、商品来源结构和品牌同质率等多方面进行衡量。

首先，世界级别的商圈必定是国际各大知名品牌，特别是奢侈品牌的必争

之地，这已经成为一种标志和符号。一旦缺乏这样的标志和符号，就很难说一个商圈是一个具有国际知名度和美誉度的世界级别商圈。因此，商业品牌的丰富度首先表现为国际奢侈品牌的数量，可以用国际奢侈品牌进驻率来衡量。根据世邦魏理仕 2011 年《零售业全球化进程》报告，全球十大奢侈品及商务时尚城市中，香港奢侈品及商务时尚品牌进驻率高达 84%，位居榜首，迪拜与伦敦以 82% 和 80% 的进驻率次之；北京、上海并列排名第十，进驻率为 67%。多年来，广州的奢侈品市场一直遭受冷落，拥有的奢侈品品牌数量之少，号称"被奢侈品遗忘的角落"。广州拥有的奢侈品品牌数量不仅与国际城市相比存在较大差距，且在国内城市排名中也不占优。2009 年全国 16 大奢侈品城市排名中，广州仅名列第 9 位，16 大奢侈品专卖店数量只有 11 家，而榜首的北京有 59 家。[1] 2010 年的另一项奢侈品全国 20 强城市排名中，广州名列第 11，北京、上海列前两位。[2] 尽管 2011 年太古汇等高端物业吸引了一批高端奢侈品的入驻，广州与北京、上海等奢侈品店的数量差距有所缩小，但仍存在较大差距。

表 6　2010 年全球奢侈品牌进驻率情况

排名	城市	奢侈品及商务时尚品牌进驻率(%)	排名	城市	奢侈品及商务时尚品牌进驻率(%)
1	香港	84	6	莫斯科	69
2	迪拜	82	7	新加坡	69
3	伦敦	80	8	东京	69
4	纽约	71	9	洛杉矶	67
5	巴黎	71	10	北京	67

资料来源：根据世邦魏理仕发布的 2011 年度《零售业全球化进程》报告，样本覆盖 47 家奢侈品零售商。

　　从国际商品的品种、来源结构来看，广州虽然已有近千个国际著名品牌进入，但同巴黎、纽约、东京、香港等公认的"国际购物天堂"所拥有的数千个国际著名品牌相比，仍然不算多。广州商圈商品品牌丰富度不足还表现在品

---

① 《顶级奢侈品专卖店广州后年将超 40 家》，《广州日报》2013 年 8 月 13 日，第 A2 版。
② 《顶级奢侈品专卖店广州后年将超 40 家》，《广州日报》2013 年 8 月 13 日，第 A2 版。

牌同质化程度高上。广州的品牌同质化不仅体现在商圈与商圈之间，商圈内的品牌重叠率也非常的高。首先是各个商圈的品牌同质率高。根据对商圈内主要购物中心及百货店的抽样调查，天河路商圈的珠宝金饰类和体育用品类，北京路商圈的化妆品类、珠宝金饰类和体育用品类，东山商圈的化妆品和体验用品类品牌重叠率最高，个别品牌有达到100%的现象。[①] 其次是商圈内各大主体间的品牌同质率高，个性化经营、特色经营不强。以天河路商圈为例，天河路商圈已经是广州零售业态业种最齐全、商品丰富度最高的商圈，但商圈内不同的购物中心和百货经营着相同品牌的现象非常普遍，甚至一个商场的不同楼层也经营着相同的品牌。对天河城、正佳广场、友谊正佳店、广百中怡店、太古汇广场、万菱汇广场的抽样调查结果显示，商圈内的商品品牌在服饰和化妆品方面有相当程度的重叠，包括470个服装品牌，品牌重叠率为41.49%；126个鞋品牌，品牌重叠率达41.27%；48个化妆品品牌，品牌重叠率达45.83%。[②] 商圈内品牌种类的同质化过高的现象，说明天河城商圈的主力店在档次、定位和商品组织存在组合趋同，这不仅无法凸显商圈的整体魅力，更严重削减商圈的整体竞争力。

（四）本土品牌国际知名度低，时尚引领力弱

从"购物天堂"著名商圈的成长规律看，引进相当数量的国际顶级品牌固然重要，但并非靠引进更多的国际一线品牌就一定能够成为世界级商圈，关键的是拥有一批有代表性和时尚引领性的本土商品品牌，这些本土品牌的国际知名度是商圈品味提升的关键，也是体现商圈时尚引领力的重要体现。香榭丽舍街区就聚集了众多本土的时尚服饰、香水、珠宝品牌，彰显本土的文化特色，除了出自法国本土设计的顶级时尚名品店香奈儿（Chanel）、迪奥（Christian Dior）、珂洛艾伊（Chloe）、伊曼纽尔·温加罗（Emmanuel Ungaro）、莲娜丽姿（Nina Ricci）、卡朗香水（Caron）、巴黎顶级童装品牌 Bonpoint 外，

---

① 罗志杰等：《2011 年广州商圈的基本格局及趋势》，李江涛等主编《广州商贸业发展报告 2012》，社会科学文献出版社，2012，第 142 页。
② 罗志杰等：《2011 年广州商圈的基本格局及趋势》，李江涛等主编《广州商贸业发展报告 2012》，社会科学文献出版社，2012，第 142 页。

还有更多来自本土并颇有引领未来时尚感觉的新锐设计师的品牌。银座云集世界顶级品牌和奢侈品牌的同时，也是许多百年老铺和日本本土品牌的发祥地。目前，东京银座除了拥有处于世界顶级地位的时尚品牌三宅一生（ISSEYMIYAKE）、津森千里（TSUMORICHISATO）、山本耀司（YOHJIYAMAMOTO）、川久保玲（Commedes Garcons）、高田贤三（KENZO）等外，也拥有处于国际二、三线的 MA - JI MASATOMO、Master Mind Japan（MMJ）、Commes des GARCONS（CDG）、Hysteric Glamour、Roen 等大量本土品牌。目前，日本本土品牌在银座商圈占有大约70%的市场份额。银座堪称亚洲时尚潮流的领跑者和发源地并成为全球最有影响力的时尚消费与著名商圈之一，与日本本土品牌的国际知名度和时尚引领度密不可分。

相比之下，广州乃至广东、全国都并不拥有具有世界认可度的奢侈品品牌，世界100个大品牌中，没有一个是中国的，而中国知名的本土品牌也没能在国际二线、三线品牌中占有一席之地的。广东拥有全国顶级的服装设计师过半数，真维斯、以纯、哥弟、歌莉娅、欧时力等这些广东有名的本土服装品牌虽然早已深入国民人心，但仍没有斩获国际认可度。在广州各大商场，广东本土品牌已经占据了服装的绝对优势，如广百里面广东服装品牌占比达到六七成①。由此可见广州的现实情况是，商圈不缺本土国内品牌，但缺本土国际大牌。

（五）商业业态组合不够丰富

纵观世界商圈发展历史，基本上都经历了"一站式购物"到"一站式消费"的变化。一般说来，商圈都具有商业、商务、酒店、餐饮、娱乐等多功能业态，其业态配比虽然不尽相同，但多功能、多样化的业态结构毫无疑问是世界性商圈特征。

综合来看，广州的商圈顺应现代生活方式对"一站式"、休闲化、体验化生活模式的要求，基本上具备了商业、商务、酒店、餐饮、娱乐等业态丰富、功能复合的特征。但从组合比例来看，广州商圈的业态配比却不尽科学。这表现为以下几方面。首先，从国际经验看，大型百货在商圈中占比相当大，在

---

① 《中国服装名牌过半源自广东独缺本土国际大牌》，大洋网。

表7　世界知名商圈业态组合比例

单位：%

商圈名称＼业态	大型百货	品牌专卖	酒店业	金融商务业	休闲餐饮娱乐
第五大道	25	30	15	13.5	16.5
香榭丽舍	31	33	6	11	20
牛津街	41	31	——	8	20
东京银座*	33.3	33.3			33.3

　　*银座的业态配比，按大类划分为主力百货业态、品牌专卖业态和餐饮休闲业态等三大主要业态，各占到1/3。

　　资料来源：《国外著名商业街区案例简介》，http：//wenku.baidu.com/view/1933d924 aaea998fcc220ef0.html。

25%以上。广州商圈中，按照现有的大型网点数量进行估算，只有天河路商圈和北京路商圈能达到这个比例。其次，品牌专卖在世界知名商圈业态比例中占比在30%以上，比重最大。在巴黎、伦敦和东京等城市中，这些品牌专卖店还有一个显著的特点，即他们基本上都是世界顶级、一线品牌的独立门店，这些品牌通过具有独立建筑艺术特色的门店，凸显品牌的历史和内涵。因此，可以说，世界著名商圈的品牌专卖业态是精品专卖业态。相比之下，广州商圈的专卖店、专业店的比例虽然很大，但都是国内的品牌，甚至是一些不知名的品牌，奢侈品和国外二线、三线品牌，以及国内有名气的品牌都选择在大型购物中心和百货店中设置门店。再次，世界级别商圈在酒店、商务金融、餐饮和休闲娱乐等都有相当分量的比例，尤其是餐饮和休闲娱乐业。香街和牛津街休闲餐饮娱乐业态占比均为20%，银座的比重更占了所有业态的1/3。相比之下，广州业种业态最为丰富的天河路商圈的酒店餐饮和文化体育的比重占比均为10%，[①] 仍有一定差距。万博—汉溪商圈旅游观光、娱乐休闲、餐饮等业态相对充足，但购物功能和文化艺术类结构严重缺乏。白云新城商圈中，原计划中的广州当代美术馆、广州博物馆新馆、广州市画院等文化地标项目迁入相继失败，文化中心功能受到严峻挑战。总体来说，与国际级商圈相比，广州商圈业态组合不够科学，配套业态的比重偏低。

---

　　① 徐淑英：《城市核心商圈打造——国内知名商圈比较》，2009年11月。

（六）消费者结构不合理，境外游客比重低

购物天堂的标志商圈，不仅是本地消费者购物的中心，更应该是外地游客远道慕名而来的购物佳地。区域性和全球性的消费者的规模和消费占比是判别一个世界级别的商圈的决定因素。商圈每年接待国际游客数量，不仅能反映商业街的国际化程度，而且反映了商圈的美誉度和吸引力。伦敦西区每年吸引旅游购物的游客达2亿人次，其中25%为外国游客、21%来自伦敦以外的地区；到法国巴黎的80%境外游客都会到香榭丽舍大街，2010年香街吸引国际游客数量1284万人次；英国比斯特购物村以销售折扣名牌商品享誉世界，2008年游客达2000万人次，其中1/3的顾客来自境外；英国摄政街吸引全球游客3000万人次，境外游客总消费占摄政街全年零售额的22%；伦敦牛津街每年接待顾客近2亿人次，其中国际游客3000万人次，占所有游客的15%，国际游客消费占牛津街全部收入的20%。①

从广州三大都会级商圈的客流构成来看，三大商圈仍然以吸引本地和珠三角地区的客流为主，其中，天河路商圈比重为65%、北京路商圈和上下九商圈分别高达78%和75%。省外客流构成中，天河路商圈比重较高，约占31%，其他两个商圈比重为20%左右。从境外客流看，三大商圈比重都非常低，不超过5%，北京路商圈更低至2%。从境外游客的人均消费额来看，上下九商圈和北京路商圈的境外游客人均消费额分别为593.23元和582.96元，而号称"中国第一商圈"的天河路商圈境外游客的人均消费额在三大商圈中竟然最低，只有227.55元，仅为上下九商圈的38.4%。由此可见，不管是从消费者结构中境外客流的占比还是从境外消费额来看，广州的商圈都不及世界级商圈的零头，无法同日而语。

（七）文化旅游结合程度不足

国际购物天堂城市都非常注重在商圈中注入文化元素，打造旅游亮点。蕴涵丰富文化内涵的商圈往往能从千篇一律的购物、娱乐、零售等常规定位中脱

---

① 王先庆：《老字号历史魅力引领时尚消费潮》。

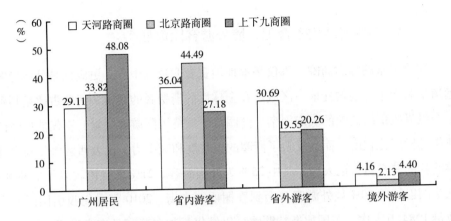

图1 广州三大都会级商圈客流构成

资料来源：广州市商业步行街管理委员会。

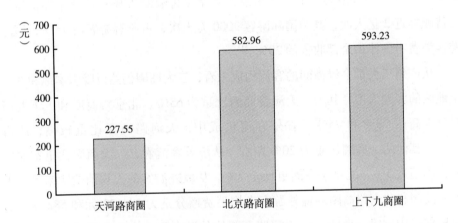

图2 广州三大都会级商圈境外游客人均消费额

资料来源：广州市商业步行街管理委员会。

颖而出，成为整个城市的增值点，国内外主流商圈都是努力放大这种独特的商业文化特色，提升商圈的文化品位，进一步繁荣商业的优势竞争力。以国际经验看，世界级商圈的文化旅游结合有几大特点。首先，商圈非常注重注入文化元素，打造旅游亮点。最著名的莫过于纽约第五大道，由南至北依次有帝国大厦、洛克菲勒中心、圣帕特里克教堂以及著名的中央公园等文化节点，尤以各类博物馆最吸引人，如大都会艺术博物馆、现代艺术博物馆等，第五大道也被称为"博物馆大道"。巴黎香榭丽舍大道旅游景点久负盛名，从在星型广场到凯旋门，以及附近的卢浮宫、协和广场、埃菲尔铁塔、杜乐丽花园等著名文化旅游景点，共同形成到巴黎就一定要到香榭丽舍大道的天然聚合力。其次，世界级商圈往往具有悠久的历史传统，大量店铺的传统建筑艺术加上现代的橱窗文化本身就是一道风景。巴黎香榭丽舍大道两侧的商业建筑外立面雕饰各种装饰和浮雕，屋顶塔楼各具特色，浓缩了法国古典的建筑精华，充满了欧洲文艺复兴时期的浓烈气息。牛津街仍然保留罗马时代兴起的建筑风格。各大著名商业街的橱窗文化也是游客窥探时尚气息和城市品位精髓的一道景色，已经成为游客观光购物不可或缺的内容。再次，旅游购物往往与当地的老字号息息相关。如东京银座既有百年以上的"三越""西武""松板屋"等大百货商店，又有为数众多的专门经营某些独特产品的"百年老店"；牛津街上的老牌百货店都具有百年历史，是牛津街甚至是全英的亮丽名片。最后，节日庆典活动是著名商业街向世界营销自己、提高知名度和认知度的重要手段。第五大道每年都举办各式游行，这些游行折射出了纽约的文化多样性及多元文化价值观，吸引了大量的游客。法国许多重要事件都常选在香榭丽舍大道里举行，比如每年的7月14日国庆游行、环法自行车赛终点冲刺等。银座民间团体平时经常举办各种展览会、表演会和其他艺术活动，活动内容丰富多彩。

作为千年商都，广州商圈遍布全城，但这些商圈特别是都会级商圈和区域级特色商圈作为旅游吸引物的功能还远未发挥出来。广州的商圈和商业街在塑造文化品位、文化功能方面着力不够，没有形成各自的特色和差别竞争力，商圈同质化在一定程度上降低了商业街的旅游吸引力。在商圈中很难找到广州的文化特色，没有岭南建筑的风格遗存，没有粤曲可供欣赏，没有可以代表广州城市地位的博物馆，也没有一个可以坐下来细细体验品味的户外休闲场所，甚至广州传统的老字号也因为租金昂贵的原因而无法立足。虽然北京路、上下九商圈历史古迹丰富，但是开发利用力度极为有限，没有能形成对外来游客有冲击力的文化氛围。

（八）商圈环境品质方面差距大

世界级商圈不仅仅体现在"购物"的功能上，还应体现购物的安全与便利、购物的舒适与快乐上，实现物质和精神层面的共同满足。因此，世界级商

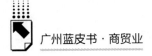

圈往往具有高品质的环境，这可以从交通便利度、形象环境和购物服务质量等指标进行衡量。

1. 交通便利度

交通的便利度与商圈环境休戚相关，它是实现购物便利的首要条件。商圈庞大的商业带来巨大人流量和车流量的同时，交通拥堵问题往往让商圈发展处于尴尬的境地。世界著名商圈都通过协调合理的交通组织、适度的交通管制、发达的交通体系，有效地解决了这个问题。银座有发达的交通体系，四周有高速公路环绕，四面通行电车，三条地下铁路线在此会合。自 1970 年以来，银座地段就实施交通管制，在星期天和节假日禁止任何车辆通行，银座真正成为步行者的天堂；停车位方面，银座繁华阶段的众多世界 500 强企业，每个企业也仅仅能获得一个车位。牛津街的公共交通十分便捷，有 39 条公车线路，沿街设有 30 多个站点，4 个地铁站与 5 条线路衔接，保证了公共运输网的核心地理位置。尽管商业繁荣带来了交通拥挤，但市政当局从没想过要把牛津街改造成为一条步行街，这条全长 2 公里的商街现平均每小时有 250 辆公共汽车和 750 辆出租车进出。

与此相比，广州商圈的交通有两大特点，一是位于城区中心的商圈交通拥堵，二是近郊和新兴商圈的交通组织不到位。城区中心的商圈的交通拥堵问题一直广遭诉病。以天河路商圈为例，圈内的交通状况恶劣程度甚至成为了整个城市交通堵塞的黑点之一。虽然天河路商圈也在交通疏导方面做了大量工作，比如增加停车位、启用智能停车指引系统和 BRT 公交等优化交通方案，但每天客流超过 150 万人次、节假日高峰时期日客流量超过 400 万人次流量，[①] 以及汽车保有量的上升导致现有道路负载能力以及停车场的容量已难以满足人流和车流的需求。交通拥堵现象已经成为天河路商圈向世界级商圈进一步发展的严重障碍之一。另外，白云新城、万博—汉溪等近郊和新兴商圈的交通可达性和便利度有待提高。虽然开通了地铁干线，但商圈的主要节点间缺乏地铁出入口或便捷的公交接驳站。这些节点距离十分尴尬，坐出租车太短太贵且车辆稀少，选择步行又远远超过 10 分钟的有效步程，结果导致"摩的"横行、秩序

---

① 《陈建华在天河区调研》，《广州日报》2012 年 2 月 11 日。

混乱。

2. 商圈环境形象

商圈环境的品质体现在商圈景观的整体设计人本化、建筑的多样独特性、橱窗设计的艺术性等，自然环境清洁幽雅，橱窗陈列流光溢彩，这样的环境魅力将刺激消费者购物的欲望，使人流连忘返。与世界级商圈相比，广州商圈的环境形象和品位不尽如人意。首先，商圈内各商业企业发展水平落差较大，经营者素质参差不齐，部分商家在管理水平、服务水平、经营模式、商品组织和店堂环境等方面与整个商圈的环境品质提升都提出了很大的挑战。例如，针对中老年消费者和外来工以及收入较低者的低端折扣购物展在天河路地标性商圈的中心地段扎堆举办，这些不知名甚至没有品牌的参展商以价格低廉为噱头，以嘈杂的促销音乐和广告吸引顾客。而和它毗邻的都是有着曼妙背景音乐、柔和灯光、淡雅香薰的广州高端购物场所，如太古汇、万菱汇、天河城、正佳广场等。其次，部分商家采用一些低劣的促销手段，影响整个商圈的品质提升。例如，上下九商圈本来具有岭南风情的建筑和价廉质优的商品的特点，然而一些商家用震耳欲聋的音乐吸引人群，商贩们举着喇叭撕心裂肺地叫卖着招徕顾客。另外，到处充斥着触目惊心的促销广告，白纸黑字的"跳楼价""跳水价""自杀价""吐血价""工厂倒闭"等，严重影响商圈的环境形象。

3. 购物服务质量

人性化的服务体系是体现购物舒适度和愉悦度的保证。世界级商圈不仅在硬环境上使人得到购物的享受，还拥有健全的服务规范和严格的服务标准，使得在服务等方面的软环境更无可挑剔。许多在伦敦、东京、巴黎有过购物经历的人，无不对他们商业的诚信、服务、便利等留下深刻印象。在顾客接待方面，世界级商圈有统一的规范，体现出很高的专业素质和标准化水平。以银座为例，百货的服务堪称世界一流，店员接待顾客从进门开始分解成30多个服务环节，每个环节都有规范和标准。有些服务甚至体现到无微不至的地步，如试衣间让顾客光脚试衣的厚实地毯，下雨天购物中心专门播放的音乐和营业员为顾客购买商品准备的防雨包装物等。在商场的配套服务方面，为消费者提供家庭妇孺式的服务，如医疗设施、休息区、宠物寄存、免费托儿、为残疾人服务的轮椅电梯等。在对国外顾客的服务方面，针对目标客户人群，各大百货都配备了通晓多国语言的店员和导购顾问。同时，消费者在购物渠道、支付方式等多方面能够享有便利的服务，能方便地获取商品资讯、语言等服务。欧洲各国的免税商店，都设有专门办理"购物退税"柜台。与高端消费相适应的综合服务规范和能力是世界性商圈的应有之义，相比之下，广州商圈购物服务体系在接待设施、人性化导购、支付手段、服务规范和标准、语言翻译等方面都有较大的差距。

三　广州商圈发展的前景分析

（一）香港国际购物天堂的吸引力短期内难以撼动

香港是国际大都市，也是全球公认的"购物天堂"。香港商业发展处处有商业、各区有商圈，形成了一大批在世界有较大影响力的重要商圈，如铜锣湾商圈、中环级金钟商圈、旺角商圈、尖沙咀商圈。作为自由港的香港采取低税率政策，大部分出售商品不征税，商品价格尤具优势，普遍低于其他国家地区，吸引大量中外旅客前来购物。从引导华南消费上来看，广州远不如香港，特别是港澳自由行后，珠三角居民前往香港购物十分便利，高端和时尚消费分流更为明显。无法否认，香港享誉"国际购物天堂"多年，不论是货品种类、价格还是服务，都是世界级的，短期内难以撼动，广州商圈建设要赶上香港水平还需要一定的时间。

（二）珠三角商圈角力升级

珠三角商圈分布表现为层级式特点，其中广州、深圳在珠三角商圈分布中处于第一层级。长期以来，广州无论从商圈的数量、规模，还是商圈内商业企业的档次、知名度都远高于珠三角其他城市，因此广州商圈在珠三角地区有强大的消费辐射力。但近年，随着周边城市经济社会转型升级及多样化发展，各大商业地产运营商和零售百货巨头逐鹿珠三角，商圈与商圈之间角力也随之展开。深圳和珠海分别依托前海及横琴开发的深入进行的优势，大型购物中心和城市综合体项目集中出现，城市的商业面积出现爆发式增长，原有的商圈的规模和档次大幅提升，吸引了大量珠三角客流的消费。处于第三层级的江门、中山、惠州、肇庆等城市，在珠三角一体化进程快速发展的基础上，大型购物中心和城市综合体项目也不断出现，消费环境逐渐改善，商圈影响力迅速提升，留住大量本地消费。由此，珠三角商圈角力升级有可能导致未来广州商圈在珠三角地区的消费辐射力有所下降。

（三）电子商务大大降低零售商对商圈地理空间的依赖

信息技术的发展对零售业产生了巨大影响。信息技术的最直接作用在于网购这个新型业态的崛起，消费者购物方式从过去的"进店购物"演变为"坐家购物"，尤其是随着手机等移动平台的发展，随时随地的购物带来了消费革命。网购已经成为全球商业主流模式并与传统有店铺商业展开全方位的竞争。首先，网络技术突破零售市场的时空界限，零售店面的地理位置选择重要性大大下降。其次，消费变革逼推传统零售商内部组织重组，以及经营模式、组织形式、销售方式的变更，渠道和信息源的替代，从而使得商业企业在经济活动空间相对集中、共享管理知识和信息知识、商业活动更有效率的优势逐渐下降。这些影响和改变都使零售商对商圈的地理空间依赖大大下降。

四　广州国际购物天堂商圈建设的对策建议

（一）推动各大商圈错位发展，以鲜明的特色互利共赢

作为"购物天堂"，必须具备不同等级多样化的商圈以满足不同消费群体的需求。因此，广州商圈之间发展应强力打造商圈生态平衡系统，维系商圈之间的良性发展及竞争，实现错位经营，以鲜明的特色互利共赢。首先，都会级商圈尤能代表广州购物天堂的形象，引导三大都会级商圈差异化发展，形成不同的商业风格是重中之重，即天河路商圈应定位于现代新型商业的代表和领航者，以配置高端商业、新型模式、大型购物中心及国际知名品牌为主，成为国内外时尚消费潮流的引领地；北京路商圈应定位于传统与现代相结合，在优选商业品牌的同时应进一步凸显其历史文化古韵，成为传统与现代兼容的国际性

商贸旅游区；上下九路商圈应定位于展示传统"老广州"风貌的商圈，不适于做大店、大品牌，应致力于发展一批富含历史底蕴的特色商业街，做好小店、老字号和特色店。其次，加强对新兴商圈规划引导，如白云新城商圈应突出其体育健身文化之特色，万博—汉溪游憩区应主打休闲游憩品牌等。通过引进大项目，建设标志性建筑、特色生态景观、文化设施等，分阶段打造各具特色的白云新城现代商贸文化聚集区、长隆—万博生态休闲商业区、珠江新城CBD 商圈等。

（二）积极引进国际商品和品牌，大力提高商圈国际商品及品牌丰富度

国际商品品牌的丰富度是衡量国际购物天堂标志商圈的一个重要标准。国际高端品牌有着自己成熟的店铺设计、陈列以及强大的品牌影响力，引进更多的国际高端品牌入驻，将对提升商圈高端商业品质具有重大意义。因此，广州应积极引进国际商品和品牌，大力提高商圈国际商品及品牌丰富度。首先，以天河路、环市东、珠江新城、白云新城等商圈为重点，积极推进太古汇、万菱汇、万达广场、高德置地广场等一批新的大型高端购物中心和城市商业综合体的宣传推广，吸引国际知名奢侈品集团旗下关联品牌、快时尚品牌、原创品牌、文化创意品牌进入。适度调整外资政策，对入驻商圈的国际大型零售巨头，考虑对其采购销售的国外商品设定一定比例。此外，鼓励更多的国际品牌代理商就其产品在商圈召开新闻发布会，积极引进更多的奢侈品代理商进驻广州。

（三）大力提升广东本土商品品牌的国际知名度和时尚引领力

世界级商圈成为世界时尚潮流风向标，关键是拥有一批有代表性和时尚引领性的本土商品品牌。这些本土品牌的国际知名度是商圈品味提升的关键，也是商圈时尚引领力的重要体现。因此，针对广州商圈本土国际大牌缺失的现象，有必要大力提升广东本土品牌的影响力和知名度。一是，大力发展时尚产业。以发展创意产业作为辅翼，以创意产业园为依托，走"时尚＋创意"的发展路径，大力发展时尚设计、展示、传播等相关支撑产业，加强时尚资讯、时尚品牌、时尚人士的传播推介，助推一批在国内外具有影响力的本土时尚品

牌的成长。二是振兴广州"老字号"，提高国际知名度。坚持保护与发展并重、继承与创新并举、政策扶持与企业自身发展结合、行业协会与社会公众广泛参与的原则，通过实施"改革推动、创新驱动、资源整合、内涵提升"的策略，促进"老字号"企业由重质量向质量与效益并重转变、秉承经典向经典与现代并重转变、重单一产品向合理的产品组合转变、分散作战向集聚发展转变，使"老字号"成为广州国际"购物天堂"商圈的一道独特亮丽的风景线。

（四）打造世界级零售企业集团，增强广州商圈主体的竞争力

国际经验表明，世界级别的商圈必定有一批具有国内国际影响力的知名本土零售企业作为支撑，商圈乃至一国或地区产业的竞争力，很大程度上是由一批根植本土的大型龙头企业决定的。因此，增强广州商圈主体的竞争力，有必要积极培育大型的世界级零售企业集团。根据现有政策、机制和资源，通过"省流通龙头企业扶持工程"、深化国有商贸企业改革重组以及采取自愿连锁、特许连锁等方式，加快组建和培育一批拥有知名品牌和核心技术、主业突出、综合集成能力强、带动作用大的大型零售企业集团。鼓励有条件的企业集团实施跨地区、跨行业的收购或重组，支持符合条件的企业进入国内外资本市场上市融资，引导具有一定品牌优势的零售企业推进中小企业的自愿连锁，全力支持广州优势零售企业携手知名商业地产商在国内或境外联合建设城市综合体。针对广州上市公司数量较少的情况，建议加强与证管部门、知名券商、国际性投资机构及经贸部门的沟通，同时积极发挥已上市零售公司广百股份、广州友谊的再融资作用。建立和完善准上市企业辅导体系和优惠政策，通过规范企业治理结构及引入战略投资者，促进有一定基础和优势的其他商贸流通企业做好上市辅导工作，将符合条件的商贸企业纳入上市候选对象，对条件成熟的优先推荐上市和发行债券。

（五）优化提升商圈购物环境和服务品质

购物天堂的安全、舒适与便利必须依托优质的购物环境与服务品质。首先，优化消费软环境，加强广州商圈对国内外消费人群的吸纳力。倡导诚信经营理念，完善消费服务投诉处理机制，畅通消费纠纷的解决渠道。积极开展

"百城万店无假货"活动，在全市培育一批信用意识强、信用行为好、信用管理优的示范企业。提升大型购物场所服务软环境，引导高端百货店、大型购物中心、商场增设双语及无障碍等便利化服务内容，广泛开展"环保购物"行动，指导商贸服务企业强化服务细节，营造舒适的购物氛围。其次，交通的便利度是体现商圈环境品质的重要内容，因此有必要针对广州城区中心商圈交通拥堵、新兴商圈交通组织不到位的突出问题，改善商圈的交通环境。完善大型商圈的交通基础设施、周边道路交通指示系统等立体化交通网络，完善城市交通与大型零售商业网点的合理衔接、有效聚集和疏导人群、车流。提高商圈停车设施供应水平，加强停车诱导系统，增设电子导购等配套设施。提升公共交通的服务质量，引导公交和地铁的人流，加强公交、地铁、BRT 出入口与商业的直达性和步行空间的连贯性，完善交通诱导系统。

（六）注重文商旅产业联动，提高商圈的影响力和辐射力

商圈应充分展示所在区域的文化内涵，要充分挖掘本区域的文化特质，通过特有文化"符号"的设置和特定文化氛围的营造体现其发展特色。提升商圈的文化品位，打造旅游亮点，以旅游文化促进商业发展，以商业发展带动旅游发展、弘扬历史文化，以旅游文化提升商业价值，实现商业、文化、旅游的多赢局面。针对广州商圈所普遍存在的"购物功能突出而文化功能不足"的问题，政府应通过统一规划和协调，在商圈中加大文化元素的培植与布局。首先，以三大都会圈天河路、北京路和上下九商圈为提升改造重点，打造成为广州商旅文示范圈。其次，复兴建好一批富有历史韵味的特色商街。重点复兴建好十三行服装街、西关古玩城、华林玉器城、文德路文物艺术品街、高第街、长提民间金融街、一德路、状元坊服饰街等一批富有历史韵味的区域级特色商业街，在现状基础上进一步改善环境、妥善功能、完善配套、提升品位，使之成为广州都市旅游线路上富有文化吸引力的重要节点之一。再次，要推进重大节庆、具有重大影响的国际会展和赛事活动与传统消费旺季相结合。针对不同商圈，组织开展文化旅游节、购物季等不同特色的主题活动，例如举办广州天河国际购物节和广州国际美食文化节，组织系列高峰论坛等特色商贸文化活动，形成活动品牌，扩大广州商圈的影响力和辐射力。

（七）强化全球营销，提升城市和商圈的国际知名度

广州在构建购物天堂时，应在继承千年商都城市形象基础上，注入现代商都的元素，形成新的城市品牌理念和核心价值，打造具有广州个性的文化和城市品牌，积极进行文化推广与城市品牌营销。首先，借鉴国外先进城市的经验，建立统一的城市品牌营销机构，统筹负责城市品牌形象的塑造、公关推广。其次，聘请国际著名的品牌策划公司对城市和商圈进行专业的品牌策划，整合商圈名称、口号，统一形象，建立包括城市和商圈品牌标识等在内的广州城市品牌识别系统。最后，通过多元化的营销模式对城市和商圈进行公关推广。多元化的营销模式包括贸易展会、商务论坛、媒体宣传、文化和体育活动、网路宣传、定向直接推广、国际会议等，广州应根据城市特点与优势选择适用于自身的营销方式组合，在国内外进行城市和商圈公关和推广。

参考文献

何明珂、刘文纲等：《北京国际商贸中心研究》，经济出版社，2012。

赖阳、黄爱光等：《世界城市宜居商业研究》，中国经济出版社，2012。

王成荣、黄爱光等：《北京国际商贸中心建设研究》，中国经济出版社，2012。

齐晓斋：《城市商圈发展概论》，上海科学技术文献出版社，2007。

罗志杰、简丽娜、刘思羿：《2011 年广州商圈的基本格局及趋势》，《广州商贸业发展报告（2012）》，社会科学文献出版社，2012。

张强等：《广州建设国际"购物天堂"的战略研究》，《广州商贸业发展报告（2013）》，社会科学文献出版社，2013。

张强、阮晓波、周晓津：《广州推进"商旅结合"的主要模式与对策研究》，《广州商贸业发展报告（2013）》，社会科学文献出版社，2013。

B.6
构建广州现代城市物流
配送体系的思路研究

欧开培 罗谷松 赖长强*

摘 要：

随着经济发展和城市化进程的加快，广州的经济发展和市民生活对城市配送的需求日益旺盛，对满足小批量、多批次、多样化、个性化的现代城市配送提出了更高的要求。为此，本文在研究广州城市配送问题与需求的基础上，借鉴国内外城市配送的成功经验，提出构建广州现代城市配送体系的发展思路、发展目标、推进重点以及政策措施，为构建广州现代城市配送体系、加快广州现代城市配送业发展提供决策参考。

关键词：

广州 构建 城市配送

近年来，随着经济发展和城市化进程的加快，广州的经济发展和市民生活对城市配送的需求日益旺盛，尤其是广州国家中心城市和国际商贸中心的建设，以及电子商务、连锁经营等新型流通业态的快速发展，对满足小批量、多批次、多样化、个性化的现代城市配送提出了更高的要求。与此同时，随着广州机动车保有量的急速增长，广州城市交通资源约束日益显现，交通拥堵问题不断加重，城市配送快速发展与城市交通拥堵矛盾日

---

* 欧开培，广州市社会科学院现代市场所所长、研究员；罗谷松，广州市社会科学院现代市场所助理研究员；赖长强，广州市社会科学院现代市场所经济师。

益突出。如何加快构建现代城市配送体系，在满足城市经济发展和居民生活对配送需求的同时，有效缓解对城市交通压力，已经成为广州社会经济发展面临的重要而紧迫的课题。为此，本研究在全面深入调研、充分把握广州城市配送存在问题的基础上，广泛借鉴国内外先进城市配送发展管理经验，提出构建广州现代城市配送体系的发展思路、发展目标、推进重点以及政策措施。

一 现代城市配送体系的概念和内涵

（一）城市配送体系概念

城市配送是指在城市范围内实施的将货物由发货方到收货方的一系列物流活动的总称，包括集货、仓管、分拣、组配、包装、运输等环节。城市配送是整个物流系统中一个直接面对城市用户提供物流服务的子系统，俗称"最后一公里物流"。城市配送是实现城市物资内外交换、满足城市经济发展和居民生活物质配送需求、保障城市功能正常发挥的重要支撑功能，其效率高低直接影响城市整体运行质量的好坏。

城市配送体系是在城市范围内实现物流配送服务活动过程中，相关环节功能、资源要素和组织方式及技术手段等相互联系、相互作用组合而成的整体，是一系列相关子系统组成的系统体系。城市配送体系的组成部分一般包括城市配送管理体制机制及政策，城市配送供需主体，配送网点、配送通道等载体资源，配送运输资源、仓储资源、信息资源和组织方式、运作模式、技术手段要素等。因此，城市配送体系的建设是一个系统工程，其健康发展需要通盘规划和采取一揽子政策措施加以保证。

（二）城市配送体系的构成

城市配送体系主要由城市配送管理体系、市场体系、功能体系、技术装备体系和基础设施体系构成（见图1）。

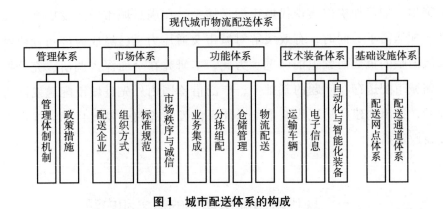

图1 城市配送体系的构成

（三）现代城市配送体系的特征和作用

现代城市配送体系是相对于传统城市配送体系而言的。现代城市配送体系是以供应链管理为基础，以共同配送为主要组织方式，以电子信息和现代技术装备为管理运营手段，以现代物流配送共享节点平台为载体，以第三方专业物流配送企业为主体组合而成，是具有较高的社会化、专业化和现代化水平的物流配送体系。相对于传统城市配送体系，现代城市配送体系具有明显的信息化、自动化、智能化、一体化和高效率、低成本的特征，能够更好地满足城市配送快速增长、小批量多批次、快捷便利、及时安全、个性化要求较高的配送需求。因此，加快构建现代城市配送体系，对加快现代流通方式发展、提高流通效率、降低流通成本、促进经济发展方式转变、保证城市功能正常发挥、提高整个城市运行质量具有重要的战略意义。

二 国内外先进城市配送的经验和启示

（一）国内城市案例分析

1. 上海

（1）上海城市配送体系建设现状。

上海作为中国第一大城市，经济规模庞大，商贸业发达，开放程度高，在城市配送方面有很多创新之处。一是政策突破。出台《上海城市配送体系建设实施意见》《城市配送物流车营运技术规范》等城市配送的专项政策。① 二是项目助力。"货运巴士"和"货运出租车"是两大特色工程，同时建立城市配送综合信息平台。三是引进外援。借鉴和引进发达国家或地区运营服务模式和管理理念。上海城市配送体系建设成果呈现表1所示。

表1 上海城市配送的现状特点

城市配送的特点	详细解释
建立现代物流业发展联席会议制度	打破条块分割的政策和体制障碍，健全完善组织协调机制。通过监测城市配送物流发展动态，推进重大项目实施，协调解决重大问题，形成推进合力
重视城市配送政策体系建设	出台《上海市十一五现代物流发展规划》《上海城市配送体系建设实施意见》《上海市贯彻〈物流业调整和振兴规划〉的实施方案》《城市配送物流车营运技术规范》等政策
构建城市配送节点网络体系	形成层次清晰、衔接有序的城市配送物流服务三级网络布局，一级网络为重点物流园区分拨中心，二级网络为公共及专业配送中心，三级网络为城市末端配送网点
实施城市共同配送示范工程	选取资源相对集聚、建设基础较为完善的城市快速消费品、药品和生鲜食品等领域，选择一批为商贸企业提供专业配送服务的A级物流企业，在货物装卸管理规范的社区和商务区，开展共同配送示范
闻名遐迩的上海"货运巴士"	上海"货运巴士"，为城市配送车辆开通公交线路，基本覆盖全市的末端配送范围，搭建城市货运巴士的服务平台，倡导货运公共交通，聚集城市配送的上下游货运资源，能够实现共同配送的目标
上海货运出租车	上海颁布《上海市货运出租汽车管理暂行规定》《上海市货运出租汽车运价管理办法》和《上海市货运出租汽车车型技术标准外型尺寸和车辆标识规定》三部法规，来推动上海货运出租汽车发展

资料来源：《中国上海》，http://www.shanghai.gov.cn/shanghai/node2314/node3124/node3177/node3194/index.html。

（2）上海城市配送体系建设的经验启示。

上海城市配送体系建设工作经验主要体现在四方面：一是建立城市配送工作统一领导机制，整合各政府职能部门的力量和资源，形成联动机制；二是重视政策和标准化体系建设，通过规划引导、政策指导、标准化向导，来促进城市配送工作健康、有序、可持续发展；三是构建完善的城市配送网络体系，并

---

① 上海市商务委员会，http://www.scofcom.gov.cn/xdwl/12205.htm。

引导企业走配送外包和共同配送等现代产业发展道路；四是将建设公共性质的服务平台作为构建城市配送体系的主要抓手，大胆创新，开创"货运巴士""货运出租车"模式。

2. 北京

（1）北京城市配送体系现状特点。

北京作为国家政治、经济、文化中心，人口规模庞大，商贸业发达，城市配送工作繁重。北京建设现代城市配送体系的工作情况如表2所示。

表2　北京城市配送的现状特点

城市配送的特点	详细解释
完善城市配送政策体系	联合交通、商务、建设、农业、市政管理等相关部门建立城市配送工作协调配合机制；确定中心城区货运通行机制，为货车进城松绑，对中心城区昼运的货运车辆实行总量控制、分类管理、择优配置，并逐步实施；确定中心城区大型商业设施城市配送设施建设要求；确定道路运输场站建设要求
建立城市配送车辆车型标准	北京市积极推进城市配送体系建设，《城市中心区货运汽车营运技术要求》（DB11/T 761 – 2010）标准于2011年4月1日正式实施。* 到规定时间，仍不能符合《标准》的城市配送车辆，将不予发放通行证和营运证
城市末端物流"共同配送"工程	把各类企业"最后100米"的配送业务整合，在一个社区或学校1公里半径范围内，设立共同配送中心。逐步覆盖五环内主要社区，同时还要逐步引入更多服务内容，让居民在家就可轻松选购速冻、生鲜等食品**
构建城市农产品配送体系	依托传统农产品批发市场升级改造工作，构建以农产品批发市场为核心的城市农产品供应链体系；打造"首都菜篮子直通车"，统一配送车辆，颁发通行证，解决农产品城市配送难题

　* 北京市交通委员会，http：//www. bjjtw. gov. cn/gzdt/ysgl/201108/t20110819_ 55190. htm。
　** 《北京"共同配送"网点两年内覆盖五环》，http：//tech. sina. com. cn/i/2011 – 12 – 25/08116559697. shtml。

（2）北京城市配送体系建设的启示。

一是重视城市配送管理体制建设，完善城市配送政策法规体系，重视城市配送标准化体系建设，为城市配送工作开展铺平道路。二是重视城市配送网络体系建设，改造批发市场、大型商业中心等商业网点，疏导末端城市配送节点，打通城市配送脉络。三是通过政策、经济等手段引导企业走共同配送道路,转变"限制高压"为"开放引导",为城市配送创造良好条件。

3. 成都

(1) 成都城市配送体系建设现状。

成都市是国家区域中心城市(西南),是西南地区科技、商贸、金融中心,是商务部公布的首批"全国流通领域现代物流示范城市"之一。成都市以集中配送模式为核心梯次推进城市配送工作,其工作要点如表3所示。

表3　成都城市配送的现状特点

城市配送的特点	详细解释
统一领导,工作有力	成立由市物流办、市交委等七大部门组成的城市物流集中配送试点工作领导小组,确定发展思路、目标、步骤,制定涵盖试点条件、配送车辆、配送网路、信息平台、保障措施等的工作方案
以集中配送破题城市配送	以物流配送基础设施为基础,梳理、整合商业供应链网络,构建商品供应商—大型货运车辆—城市商业示范区(物流园区或中心)—标准化城市配送车辆—大型商业连锁企业的城市配送模式结构体系,解决城市配送问题
投入标准化城市配送车辆,以减少城市货运车辆	制定《城市配送车辆营运技术规范》,分行业预测城市配送车辆需求,建立城市配送车辆投入数量与城市货车入城证数量的增减挂钩机制,推广集中配送模式
建立顺畅的城市配送通道网络	引导中心城区商品专业市场外迁,向城郊五大商品市场集中发展区集聚;完善仓储设施,建设城郊城市物流集中示范区;以物流园区、交通网络、商业网点为基础,疏通城市配送通道网络,解决通行和停靠难题
建立开放型城市配送信息平台	建立链接政府部门、物流企业、平台运营商和行业协会等的城市配送车辆监控系统,提供信息化水平,提高城市配送效率
开展集中配送试点工程	针对城市商业集中配送示范区、第三方物流企业、连锁超市、大型卖场、电子商务配送等方面,设立严格的城市集中配送试点条件,制定试点方式、试点时间表和保障措施,保证试点的示范作用

(2) 成都城市配送体系建设的经验启示。

一是建立城市配送工作统一领导机制,制定周密的城市配送发展规划,明确工作方案、发展思路、梯次目标、职责分工、扶持政策、保证措施等,有条不紊地开展城市配送试点工作。二是大力推进集中配送模式,整合配送资源,梳理配送通道,投放标准化城市配送车辆,提高城市配送效率,缓解社会交通压力。三是注重城市配送基础设施建设，建立顺畅的城市配送通道网络和开放型城市配送信息平台，助力城市配送。

4. 香港

（1）香港城市配送体系建设现状。

香港城市配送业务以储存和运输业务作为基础和出发点，在传统储运的基础上，在货物流转过程中增加了加工包装、配送、库存管理、信息服务，进而发展到供应链，形成生产、流通、消费全过程完整的流程。在这个过程中科学地规范业务流程，采用信息化管理，以更高的效率、更低的成本、更完善的物流服务来满足客户的需求是其发展的重点。此外，香港的城市配送企业体现出以下特点，即企业定位清晰，主业经营突出；货场相对比较集中，物流设施设备能够适应不同层次业务的需要；运作流程明晰，操作规范；重视物流增值服务。

（2）香港城市配送系统的经验启示。

①建立高效的物流协调机制。香港有发达的市场、健全的法制、廉洁的政府和自主的公民社会，建立在此基础上的广纳民意的物流信息沟通协调机制是有效的。香港物流业已形成了物流企业—各类物流企业协会—物流协会—物流发展局—物流服务发展委员会这样一个组织架构体系。

②重视物流信息化平台的建设。香港政府以及香港的物流企业都极为重视信息化平台的建设，将流程优化与信息系统的提升放在首要的地位。香港政府构建的数码贸易运输网络（DTTN）是个精心设计的电子物流公共信息平台，能有效促进工商、物流及金融界之间的信息流通，大大提升城市配送的效率，为现代物流发展提供强大的信息系统支撑。

③合理布局城市配送节点。香港地少人多，人口密度大，土地资源极为稀缺。香港现代物流企业因地制宜，合理布局企业经营网点，企业通过自建的仓库以及租赁的公共仓库来满足自身的仓储和配送需求。香港的物流设施规划完善，以企业为主体，建造一批现代化的城市公共物流配送中心，大型的商超在建设之前就已经预留城市配送的装卸平台，加上对货车实行宽松的管理环境，没有任何限制货车的通行条例，使得香港的城市配送高效有序的运行。

（二）国外案例分析

1. 巴黎

（1）巴黎的主要措施。

在 2001 年前后，巴黎市政府对城市物流研究发现，城市物流运转效率低、可持续差，车辆的实载率较低（50% 左右），高峰期的平均行驶速度低（平均速度为 20 公里/小时左右），对城市的污染影响较大。在对城市配送的现状调研分析的基础上，巴黎市政府大力进行城市物流改革，通过建设城市配送中心，提倡合理运来优化城市配送体系。①

①构建若干等级的城市配送节点体系。巴黎城市配送节点根据不同的功能、规模分成不同的类型，具体如表 4 所示。

表 4　巴黎城市配送节点类型

层级	配送节点类型	规　模	描　述
1	区域物流平台（基地）	仓储空间大于 30000 吨	城市内外部物流的结合点
2	城市配送中心 CDU	仓储空间 5000 吨左右	通常河岸边沿码头或城市内某区域
3	提货中心	大约每 100 幢建筑物配备一个，仓储空间 500 吨左右	通常是一个离居民点近的终端物流配置中心，如零售中心、社区中的公共区域、公共停车库，或者私人所属的店铺仓库等等，用来作为取货点（比如网上购物或邮购）
4	居民区提货点	大约每 50 幢建筑物配备一个，仓储空间 50 吨左右	有一定的空间装卸、存储
5	大楼居民代表	一幢建筑物为单位	集中收集或发送
6	个人住所或私有商业	—	个人接受货物或发送货物

②采用多种配送工具相结合的方式。目前，巴黎配送中心、配送网点等共有大小 9000 个配送点，配送工具既有机动车辆，也有非机动车辆。其典型的配送基地的作业系统具体如表 5 所示。

---

① 浙江省道路运输管理局：《城市物流配送系统构建》，http://www.doc88.com/p - 1252299
5207.html。

表5　巴黎典型城市配送基地

单位：平方米，辆

配送基地	面积	所有权	配送工具	车辆数量	运送物资种类	运量
圣日尔曼奥塞尔	600	—	三轮车、电瓶车	20	无专业划分	每年80000个1到5千克左右的包裹
协和广场停车场	800	Chronopost公司	电机动车辆	20	无专业划分	400000个包裹
奥尔良门	220	Natoora公司	机动车	4	在线采购的天然食品	日送货40次

（2）巴黎城市配送系统的经验与启示。

通过研究分析巴黎城市配送系统，得到两点重要启示：①按需要配备配送车辆（汽车、三轮车、人力车）。巴黎城市配送车辆采用机动车辆与小型工具结合的方式，解决城市拥挤，降低配送成本，提高配送便利性，三轮车、电动车成为城市配送中的重要工具。②对城市配送节点进行社会化建设与运营。城市配送节点采用公共资源与社会资源相结合的方式建设运营，既有共用型的大型物流中心、城市配送中心，也有依靠社会资源建设的提货中心、提货点以及楼宇配送点。

2. 日本

（1）日本城市配送的现状特点。

经过多年的完善与发展，日本城市配送系统得到了很大发展，其配送系统的特点如表6所示。

表6　日本城市配送的现状特点

城市配送的特点	详细解释
分销渠道发达	为了保证有效率地供应商品，日本许多城市配送公司不得不对旧有分销渠道进行合理化改造，更好地做到与上游或下游公司的分销一体化
频繁、小批量进货	便利店依靠的是小批量的频繁进货，只有利用先进的配送系统才有可能发展连锁便利店
共同化、混载化的趋势	将不同厂家的产品和不同种类的商品混合起来运送，从而发挥配送的批量效益，大大提高了运货车辆的装载率*

续表

城市配送的特点	详细解释
合作型城市配送	生产企业、零售企业与综合商社、综合商贸物流公司之间基本上都存在一种长期的配送合作关系
政府作用明显	政府规划,企业密切配合,通过统一托盘标准和提高技术来发展城市配送

　　* 《日本共同配送的发展经验》,http://www.56products.com/News/2013-4-8/J2KFI02I38 CJI713910.html。

（2）日本城市配送的启示。

①政府在城市配送系统构建的过程中有较强的主导作用,同时建立完备的网络,开展合同配送与共同配送。政府通过规划引导企业标准化作业,提高配送作业效率。②通过合同配送,以长期合同为主体构建企业间的互动,便于全面降低成本和共同获益;③建立完备的网络体系,依托良好的产业支撑和改造后的分销网络来完成配送。

三　广州现代城市配送体系构建的总体思路

（一）指导思想

以科学发展观为统领,以新型城市化发展和国际商贸中心建设战略部署精神为指引,以创建国家"城市配送试点城市"为契机,以满足城市经济发展和城市居民的配送需求为目的,以提高配送效率、降低物流成本、缓解城市交通拥堵为核心,通过大力发展城市共同配送,完善配送网点体系建设,着力发展第三方专业配送企业,切实解除配送车辆通行、停靠、装卸难的瓶颈制约,加强城市配送信息化建设,积极推进标准规范化发展,规范市场秩序与加强诚信建设,创新管理体制机制与加强政策支持。到2015年,初步构建起以共同配送为主要特征,以第三方专业配送企业为主体,方便快捷、畅通高效、服务规范、保障有力的现代城市配送体系,推进城市配送的社会化、专业化、现代化水平和城市配送能力与服务质量跨上一个新的台阶,为

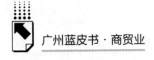

提高整个城市运行质量、加快新型城市化发展和国际商贸中心建设提供基础支撑。

（二）基本原则

1. 创新机制，多方联动

积极探索管理体制机制的创新，进一步理顺相关职能部门的管理职责，明确分工与管理权限，建立强力的统一决策机制和协调机制，改变多头管理、协调乏力、政出多门的局面，实现市区联动、部门配合、政企互动的良性发展，形成多方合力共同推进的良性格局。

2. 规划先导，政策扶持

完善城市配送发展相关规划，充分发挥规划的先导和调控作用，实现有序推进、协调发展；加大城市配送在规划、资金、土地、财税、技术等方面的政策支持力度，提高政策扶持的有效性，促进城市配送又好又快发展。

3. 重点突破，试点先行

对城市配送发展中的重点领域、关键环节实施重点突破策略，消除瓶颈制约，带动全局，促进全面协调发展。在涉及面广、影响力大的重大政策措施出台时，实行试点先行策略，及时总结经验和修正完善，逐步推广，由点及面，以保证重大政策措施的客观性和有效性，同时避免出现较大的负面影响。

市交通行政管理部门负责城市配送试点工作的运行组织和监督管理。市经贸、环保、质监、公安机关交通管理等部门按照各自职责，协同实施本办法。城市配送试点应坚持"依法、高效、安全、环保"的原则，促进城市配送与城市经济社会发展相适应、相协调。

4. 整合资源，加大投入

引导和鼓励供应商、生产商的配送功能和配送业务的剥离，引导和支持专业配送企业进行广泛的配送资源整合、业务集成，走规模化、专业化和共同配送的道路，实现做大做强。积极拓宽配送企业的投融资渠道，努力促进社会资源向城市配送业聚集，加大政府对城市配送领域的投入，为加快现代城市配送发展提供资源和资金保障。

5. 合理布局，聚集发展

科学规划、合理布局城市配送网点、配送通道和停靠、装卸点，加快建设布局合理、设施现代、功能齐全、服务一流的城市配送节点体系；积极引导供应商、专业配送企业以及相关配套服务企业向各类配送节点聚集，改变分散布局、各自为政、浪费资源的局面，促进城市配送聚集发展、集约发展和规模化发展。

（三）建设目标

到 2020 年，力争全面建设起与新型城市化发展和国际商贸中心建设相适应的现代城市配送体系，成为全国现代城市配送发展的标杆城市之一。届时，三级城市配送节点体系已趋完善，第三方专业配送企业成为城市配送的绝对主体；共同配送成为城市配送的主要组织方式，共同配送比重高达80%以上；配送车辆通行、停靠、装卸难问题得到基本解决；城市配送管理体制机制与政策等保障体系更加完善，城市配送信息化、标准化、自动化、智能化、规范化发展和市场秩序与诚信等方面建设处于国内领先地位，城市配送效率、配送成本指标和城市配送的社会化、专业化、现代化达到国内一流水平。

四　广州推进现代城市配送体系构建的重点

（一）大力推进共同配送，鼓励夜间配送

大力发展共同配送，是构建现代城市物流配送体系的核心内容和任务。根据调查研究，快消品类（食品中的鲜活产品类、干货类、饮料类、烟酒类、日用品类）、文化办公用品类、服装鞋帽、针纺织品类、家用电器和音像器材类、电子出版物及音像制品类因其商品属性相似、体积较小，同类商品目的地基本相同，是最有条件实行共同配送的商品类别。鼓励夜间配送、错峰配送，减少白天交通压力，提高夜间交通资源利用率，降低配送企业成本，提高客户服务水平。

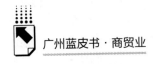

1. 营造良好的共同配送发展社会氛围

通过宣传推广，扩大共同配送发展的社会效应，营造良好的共同配送发展的社会氛围，引起全社会对发展共同配送达成共识和高度重视，促进社会资源对发展共同配送的投入，从而加快城市共同配送的发展。

2. 鼓励厂商剥离自办物流配送功能和业务

创新物流配送模式，引导厂商重整业务流程，剥离企业的自办物流配送功能和业务，扩大社会共同配送的有效需求，为加快共同配送发展提高市场需求支持。

3. 促进商贸与配送企业联盟开展共同配送

大力推进商贸与配送企业联合开展共同配送。大力推进各类批发市场与专业配送企业联合，形成集展示、交易、仓储、加工、配送等功能于一体的现代采购、分销配送中心；大力推进生产加工集群或产业基地与专业配送企业的联合，构建产业型共同配送基地等。

4. 实施共同配送示范工程

选择并培育一批成功开展共同配送的标兵企业，树立典范，示范和带动全市共同配送的全面发展。另外，鼓励城市物流配送企业大胆尝试新型配送模式。

5. 鼓励开展夜间配送

一是完善通行证管理机制，将普通货车挤出白天城市配送市场，缓解交通压力。二是出台优惠鼓励政策，引导部分企业、部分商品夜间配送。三是对城市配送商品分类管理。四是鼓励快递公司开展夜间配送，提高客户服务水平。五是开展夜间配送试点工作。

（二）完善现代城市物流配送节点体系建设

规划建设大型综合配送基地、专业配送中心和社区配送集散点三级节点体系。

1. 一级节点：大型综合城市物流配送基地（中心）

大型综合配送基地、各品类专业配送中心、配送企业以及相关配套服务企业聚集发展、规模最大、品类最齐全、服务功能最齐备的共享配送平台，是城市物流配送节点体系的"骨干"和"主力"节点，对现代城市物流配送体系建设起着重点支撑作用。在广州市中心区的周边建设这类型的大型配送节点是非常必要和紧迫的。首先，这是国务院发布的《物流业调整和振兴规划》中完善城市物流配送网络的要求，同时，也是七部门发布的《关于加强和改进城市配送管理工作的意见》中提高基础设施保障能力的要求。其次，是提高城市物流配送效率和减轻城市中心区交通压力的必要措施。最后，是广州建设国际商贸中心城市和新型化城市的内在迫切需求。

目前，广州还没有这一级的配送节点，因此具体做法一是依托"4+4"物流园区规划建设大型综合城市物流配送基地；二是依托生产加工聚集区和批发市场集群以及商业网点聚集区，规划建设大型综合城市物流配送基地；三是对大型综合储运配送中心、供应商物流配送中心、大型超市、便利店连锁经营企业配送中心进行改造提升，发展形成公共型综合城市物流配送中心。

2. 二级节点：专业城市物流配送中心

一是依据品类划分，选择一批不同品类厂商自营、发展基础较好、具有发展潜力的专业物流配送中心，促进其发展形成公共型专业城市物流配送中心。二是依托生产加工基地和产业集群，规划建设相应的专业城市物流配送中心。

3. 三级节点： 社区配送集散点

一是商业社区配送集散点：主要支撑商业网点经营商品、包裹、邮件的集散，占地面积 500～1000 平方米，设立较大的停车场，具有较强的集货、组配、仓储、装卸和配送功能，配送车辆以专业中小车型为主。二是商务社区配送集散点：主要支撑网购商品、商务包裹、邮件的集散，占地面积 300～600 平方米，具备停车、集货、组配、仓储、装卸和配送功能，配送车辆以专业中小型货车和电单车为主。三是居民社区配送集散点：主要支撑居民网购商品、包裹、邮件的集散，占地面积 100～300 平方米，具备一定的停车、集货、组配、配送功能和简单的仓储、装卸功能，配送车辆以专业小型货车和电单车为主。

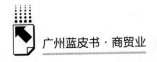

（三）大力发展第三方城市物流配送企业

1. 培育一批

培育一批第三方城市物流配送的龙头企业。一是引导和支持第三方城市物流配送龙头企业规模化发展；二是鼓励和支持龙头企业不断提升专业技术优势；三是制定科学的第三方城市物流配送龙头企业认定标准和认定、淘汰机制；四是加大政策扶持力度，支持龙头企业做大做强。

2. 引进一批

引进一批国内外成熟的第三方城市物流配送企业。充分利用广州促进新型城市化发展、总部经济发展、高新技术企业发展等的优惠政策措施，吸引国内外各类大型品牌、成熟的城市物流配送企业的总部、区域总部、营运中心、结算中心等落户广州。

3. 改造一批

改造一批有潜力的配送企业。一是引导自我配送业务规模比较大的企业向第三方城市物流配送企业转型；二是鼓励具有一定第三方配送基础和条件的厂商自营物流配送企业剥离自办物流配送功能和业务；三是支持以资源整合、业务协助、共同持股等多种方式，联合共建第三方城市物流配送企业；四是鼓励民间资本、外商资本，投入城市物流配送产业领域。

（四）切实解除城市物流配送车辆"通行、停靠、装卸"的瓶颈制约

1. 配送车辆规范化管理

一是实施城市物流配送车辆总量管理；二是实施城市物流配送车辆许可管理；三是实施配送车辆公司化管理；四是实施配送车辆统一车型标准、统一外型、统一标识、统一配置管理；五是实施配送车辆载货量标准化管理，大型配送车辆3~5吨、中型车1~3吨、小型车1吨以下、电动单车0.1吨以下；六是实施配送车辆分类管理，将相对成熟邮政车辆作为城市配送车辆的类型之一、建立以商超为目标客户的城市配送车队、建立以个人为目标客户的货运出租车车队。公安机关交通管理部门应当根据城市物流配送试点工作需要，结合

试点企业车辆流量、流向、流时、货品货类以及城市物流配送需求，合理确定城市物流配送试点车辆通行政策，并在不占用主干道、影响道路交通的前提下，设置城市物流配送专用停车位，解决城市物流配送车辆停靠和装卸作业需要。

2. 完善通行证管理机制

根据七部门联合发布的《关于加强和改进城市配送管理工作的意见》，城市公安交通管理部门要根据有关部门提供的城市中心区车辆流量、流向、流时、货品货类以及城市配送需求，合理确定城市配送车辆的通行区域和时段，根据需要为高峰时段的城市配送车辆发放通行许可，并提供通行便利。充分听取交通运输、商务、邮政管理等部门的意见，按照通行便利、保障急需和控制总量的原则，建立完善公开、公平、公正的配送车辆通行许可发放制度。

城市物流配送车辆通行证，只对获得城市物流配送经营权的专业城市物流配送企业的配送车辆进行发放。对发放城市物流配送经营权的企业进行全市总量控制，注意品类结构齐全，并依据广州城市物流配送需求增长情况，逐年扩大。建立配送经营权和配送车辆通行证淘汰机制和定期重新核准认定机制。

另外，综合考虑城市交通需求和城市配送需求，城市配送车辆通行许可证的发放要坚持分类发放策略，在时段、区域、配送服务行业、配送货物种类以及配送车辆吨位等几方面分类。

3. 放开专业配送车辆通行权限

实行"专业配送车辆畅行，普通货车限行"政策。取得通行证的城市物流配送车辆享有全天候的城区通行权利（除临时特别管制的道路外），同时享有在城区专门停靠点、临时停靠点停靠的权利，并享有短时间的装卸作业权利。

"专业配送车辆畅行，普通货车限行"政策，既要充分考虑广州城市配送实际需求，又要考虑对城市交通的影响，在交通影响评价和局部试点基础上稳步推进，统筹城市交通、城市配送两大板块，提高政策的可执行性和效果。

4. 落实城建项目停车配建工作

为从根本上解决城市配送停靠难、装卸难的问题，广州应从组织、立法、规划、技术、执法等几个方面落实城建项目的停车配建工作。一是成立专项行动小组，开展城建项目停车配建专项整治工作；二是制定《广州城市建设项目停车配建管理办法》，明确城建项目停车配建标准及处罚办法；三是将城建项目停车配建落实到控制性详细规划中，合理设置城市配送所需要的停车和装卸场地；四是开展城市配送交通影响评价，对不达标城建项目限期整改；五是鼓励和引导企业将自用停车场、配送站点向社会开放。

5. 实施"专业配送车辆畅行"政策试点工程

联合交警等相关职能部门制定"专业配送车辆畅行"政策试点方案，选择合适的企业作为试点，在一定区域内放开城市物流配送车辆的通行权限，并根据试行效果，不断完善试点方案，扩大试点范围。

因为市区道路货车交通管制和非法营运的黑车横行两大原因，2002 年广州推出的货运出租车政策效果不佳。当前，广州要抓紧研究开展货运出租车工程的可行性，从实际出发，总结失败经验，扫除政策执行障碍，大胆创新、大胆尝试，丰富广州城市配送主体类型。

6. 明确试点企业选取方案

评审流程和筛选标准是试点工程的重中之重。

坚持公开、公平和公正的原则，试点企业评审工作流程包括准备阶段、申报及初审阶段、专家评审阶段和后期阶段等四个阶段，保证评审工作平稳有序。

试点企业筛选标准既要符合国家相关标准，又要合乎广州城市配送实际情况，做到合法合理。其中，基本条件主要涵盖企业资质、经营状况、信息系统、安全生产、配送中心、车辆状况及驾驶员等方面，类别条件主要包括各类的货物流通、仓储面积、公共配送区、网点等方面。

（五）提升城市物流配送信息化与现代技术装备的应用水平

1. 推进城市物流配送公共信息平台建设

加快编制《南方现代物流公共信息平台广州平台建设规划》，指导并推进南方物流公共信息平台设立城市物流配送公共信息子平台。同时，鼓励有实力的城市物流配送企业参与建设专业的城市物流配送公共信息平台。

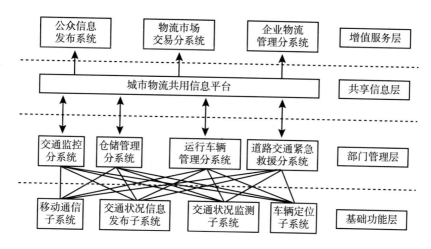

图2　城市物流信息平台的主体框架

2. 提升城市物流配送企业信息化水平

政府应出台一套有利于城市物流配送企业信息化发展的扶持政策，引导有条件的城市物流配送企业改造和提升信息化水平。

3. 加强城市物流配送现代技术装备的推广应用

建立信息技术标准规范，出台政策措施，引导和扶持城市物流配送企业加强现代信息技术装备投入。

（六）创新管理体制机制与完善政策体系

1. 创新城市物流配送管理体制

一是要明确城市物流配送主管部门，设立统一的牵头管理机构。建议在广州综合交通管理领导小组下设的现代物流管理办公室中设立专门的城市物流配送统一管理机构。二是进一步明确各相关部门的管理职责、管理责任和管理权限，形成分工明确、责任分明、权限清晰、结合有序的职能部门一体化的管理体制。

市交委、市规划局、市交警支队和市经济贸易委员会所管辖的城市配送工作较多，是城市配送工作的主力。其职责分工如下：市交委作为城市配送工作的牵头部门，主要职责包括制定并组织实施城市配送具体发展规划；拟定城市配送发展的有关政策措施和行业经营服务规范，参与拟定行业服务质量标准；承担城市配送的监督管理工作，对市内营运货车进行规范整治；对基础和动态数据采集、查询、统计、分析与管理等。城市规划部门要会同发展改革、交通运输、公安、工业和信息化城乡建设、商务、邮政管理等有关部门，组织制定城市配送发展规划，建立完善城市配送交通影响评价标准和管理办法，明确城市配送交通影响评价范围、内容、方式和审评程序等；市规划局主要负责指导相关部门编制城市物流配送发展规划，并将发展规划纳入城市总体规划和城市综合交通体系规划。市交警支队职责包括负责对配送车辆进行安全技术检验、登记和核发牌证；负责交通安全监控、信号控制以及有关道路交通安全设施的规划和管理；参与有关市建设、大型建设配建停车场的规划、审核工作。广州市经济贸易委员会的职责主要包括拟定并组织实施产业物流发展的规划和政策措施；统筹规划城乡流通领域现代物流基础设施的整合与建设，完善城乡一体化的产业物流网络，大力发展城市物流配送系统。

2. 建立行之有效的管理协调机制

建议设立由市长或分管副市长牵头的城市物流配送联席会议制度，定期或不定期召开城市物流配送联席会议；建立城市配送管理工作会商制度，通报城市物流配送发展情况；协调各相关管理部门的管理工作，研究解决城市物流配送发展中出现的重大问题和难点问题；审查相关的政策措施和实施方案，监督检查相关政策法规和政策措施的落实情况等。以城市配送发展规划引领广州城市配送各项工作，明确广州城市配送的发展方向和发展重点，并制订详细的行动计划。

3. 完善城市物流配送政策体系

以城市配送发展规划引领广州城市配送各项工作。建立统一协调的城市配送管理办法，以此作为广州城市配送发展的行动规范，保证城市配送健康有序发展。另外，构建城市配送交通影响标准，城市配送工作要充分考虑对城市交通的影响。

在政策扶持方面，一是争取国家、省、市对城市物流配送在用地、资金、财税等方面的支持；二是出台专业配送车辆通行证发放制度，制定切实可行的城市物流配送货车通行及停靠政策，加强城市物流配送车辆的通行及停放管理；三是研究制定城市物流配送基础设施建设的相关政策，加强规划、建设、用地、资金等配套政策的完善。

在监管政策方面，围绕以下几方面展开，详见表7。

表7 广州城市物流配送政策体系汇总

政策类别	主要内容
市场准入和退出制度	制定城市物流配送管理规定,加强和改进城市物流配送经营审批管理制度,明确城市物流配送企业、车辆、从业人员的准入条件以及经营行为规范和法律责任。建立城市物流配送运力投放机制,探索实施城市物流配送服务质量招投标管理制度,科学确定并向社会公示城市物流配送运力投放规模和计划
城市物流配送财政和土地保障制度	建立城市物流配送财政保障制度体系,设立城市物流配送工作专项基金,积极争取国家、省市财政资金支持和政策支持,对大型城市物流配送基础设施建设和高新技术研发给予优先投资;建立城市物流配送土地保障制度体系,给予大型配送区域建设、大型配送中心建设以及城市物流配送的配套设施建设土地优先审批、预留土地等政策支持
运营监管制度	保证城市物流配送工作在规章制度内高效运转,加强城市物流配送市场管理,维持城市物流配送市场秩序;加大对特殊货物运输的管理力度,确保城市物流配送的安全,打击非法营运和扰乱市场秩序的企业和个人,为城市物流配送营造健康环境
行业信息统计制度	建立健全城市物流配送信息统计工作,设立信息统计小组,参考国内外的成熟经验,统一信息统计类别、口径和周期,确定信息发布渠道、方式等,为政府职能机构提供管理、企业配送运营和学术研究等服务
从业人员培训制度	建立城市物流配送从业人员培训机制,设立执业资格和培训要求,持证上岗,加强城市物流配送企业的人力资源管理工作,保证城市物流配送质量

（七）加强标准规范体系建设

1. 制定城市物流配送车辆规范

抓紧研究和发布实施《城市物流配送车辆营运技术规范》行业标准，由交管部门和交警部门共同研究制定城市物流配送车辆的标准以及优化城市物流配送车辆交通管理办法，重点解决城市物流配送发展和交通管理的适用车型标准，统一外观标识、轮廓尺寸、制动安全、承载能力、排放指标等技术要求。城市规划部门要会同交通运输、公安、商务等部门，建立完善城市配送交通影响评价标准和管理办法，明确城市配送交通影响评价的范围、内容、方式和审批程序。

表8 城市物流配送车辆选择标准一览

选择标准	指标解释
安全原则	符合国家相关标准，以确保安全性
环保原则	尾气排放必须达标
城市形象原则	车辆外观必须具备美化城市的标准
交通原则	具有较强的动力，以及能适应配送物品和地点的实际需求
适用性原则	除了专业运输货车之外，还可以适当采用电瓶车、三轮车在物流聚集点内流动，满足短距离的接驳

2. 制定城市物流配送服务规范

《城市物流配送服务标准》的制定不仅要符合广州城市物流配送体系建设的指导思想与规划目标，还要与国家的标准相协调。

3. 制定城市物流配送信息技术与装备规范

加快研究和制定《城市物流配送信息技术与装备规范》，制定基础性和通用性的标准。鼓励物流企业采购符合标准的信息技术设备，推广应用现代化立体仓库、自动拣选设备等先进物流装备及自动识别和标识技术。

（八）规范市场秩序与加强诚信建设

以加强对城市物流配送企业的监管、建立服务质量信誉考核体系、培育城市物流配送信用中介组织为工作重点，以开展城市物流配送试点为主要抓手，通过政府部门与城市物流配送试点企业、第三方信用机构的合作，建立城市配送价格监测分析制度，研究制定出符合广州实际的市场与诚信监管体系。

1. 加大执法监督力度，营造良好的市场秩序

相关职能部门开展城市配送联合执法专项行动，加强监督、从严执法，规范城市配送市场秩序。一是清理不合理收费；二是加强价格监管；三是严肃查处违法行为；四是落实交通安全主体责任；五是交通、公安机关交通管理部门应当加强营运货车的规范管理，打击非法营运、超载超限、客车载货等违法行为，净化城市物流配送市场环境。

2. 建立运营服务质量信誉考核制度

加强对城市物流配送试点企业服务质量与信誉的管理，积极开展对城市物流配送服务优质企业的评选，树立行业标杆，扶持本地企业，重点培育若干家有品牌、有规模、有效率的货运和城市物流配送企业。

市交通行政管理部门会同市公安机关交通管理、发改、经贸、环保、质监等部门建立城市物流配送试点考评制度，定期对试点企业进行考评，考评不合格者将取消试点资格。

3. 培育城市物流配送信用中介组织

为了建立现代城市物流配送体系，完善市场的信用制度，需要培育一批城市物流配送的信用中介组织。政府应加强引导，适当鼓励和扶持该类企业的建设，从而构建完整的现代物流城市配送体系。

4. 建立城市配送价格监测分析制度

一是建立城市配送价格监测分析制度；二是建立健全城市配送费用统计制度；三是建立健全城市配送价格采集统计制度；四是充分发挥行业协会在指导价格制定、城市配送费用和价格采集以及价格调整与听证等环节的作用；五是加强价格监管。

专 题 篇

Special Reports

B.7

广州购物中心时空演变及对城市
商业空间结构的影响

张小英*

摘　要：

本文采用 ArcGIS 空间信息分析软件和 SPSS 分析软件进行空间属性
表达和统计分析，探讨广州购物中心时空演变特征，得出以下结
论：广州购物中心的分布主要集聚于中心城区，其空间分布格局
正逐步由集聚向集聚与扩散并存的方向发展。购物中心时空分布的
形成是多种影响因素作用的结果，本文探讨了人口变迁、交通、城
市空间发展战略、城市用地结构调整、消费者行为习惯等要素对购
物中心时空变迁的影响，最后提出广州购物中心发展的对策建议。

关键词：

广州　购物中心　时空演变　GIS 分析方法

* 张小英，广州市社会科学院区域所助理研究员。

一　引言

历史上，广州商业繁荣，素有"千年商都"之称。改革开放以来，广州的商品经济迅速发展，全市社会消费品市场保持快速平稳运行态势，市场规模很大，2013年广州全年全社会消费品零售总额达6882.85亿元，居全国第三位。在20世纪90年代短短的十几年时间内，各类零售商业业态在广州依次出现，从百货商店到专卖店再到购物中心，商业业态不断完善，商品类型也越来越广泛。目前广州商业业态的种类囊括了百货商店、超级市场、大型综合超市、便利店、专业店、专卖店及购物中心等，业态的种类多样且比较完整，基本上与国际上商业业态的种类一致。广州是国内较早引入购物中心这一新业态的城市，出现了天河城等一批知名的购物中心，而且近年来购物中心发展加快，特别是2010年亚运会的举办，使得广州众多大型购物中心纷纷建成并投入使用，对广州商业空间格局将产生重要影响，值得引起关注。

在广州城市人口郊区化、住宅郊区化、交通网络日益完善、城市居民出行方式改变等一系列新背景下，本文以广州为研究地，尝试通过GIS技术手段，解析购物中心这一新商业业态空间的时空演变特征及其影响因素，对于探讨广州购物中心发展及城市商业空间结构的优化具有一定的借鉴意义。

二　研究设计

（一）研究对象

本文研究对象以广州市域范围为主（以2013年行政区划调整前为准），包括越秀、荔湾、海珠、天河、白云、黄埔、萝岗、南沙、花都、番禺以及从化市、增城市等10区2市，覆盖了广州城市实体范围（见图1），将从1996年到2013年已开业经营的购物中心作为本文的研究对象。

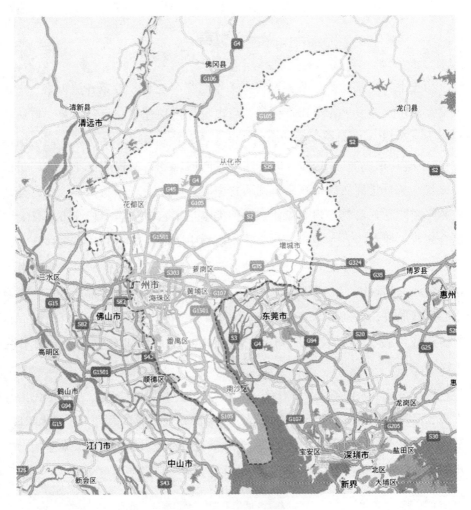

图1　研究范围示意图

（二）数据来源及研究方法

本文利用百度地图获取广州市购物中心的坐标点及通过查询相关网站获取购物中心的开业时间、建筑规模等相关数据①，有关城市区县统计数据来源以各个年份《广州统计年鉴》为主。论文所采用研究方法主要是利用 ArcGIS 空

_____

① 本文购物中心的数据通过笔者实地调研及百度地图等渠道收集整理。

间信息分析软件和 SPSS 分析软件进行的空间属性表达和统计分析，同时还采用问卷对购物中心的消费者进行调查，并选取几个代表性的购物中心进行实地调研。

三　广州购物中心时空演变特征

（一）购物中心个数及规模呈现快速增长趋势

从 1996 年广州第一个购物中心天河城开业经营，经过十多年的发展，截至 2013 年，广州购物中心的数量增长到 27 个，购物中心的建筑面积也达到 293.43 万平方米的规模。广州购物中心的发展可以划分为四个阶段：1996～2000 年，广州购物中心发展处于起步期，四年仅增至 2 个，增长缓慢；2001～2005 年，广州购物中心实现了较快增长，增至 11 个；2006～2008 年，购物中心个数及规模未见增加；2009～2013 年，购物中心数量和规模都明显增长，由 2009 年的 14 个增加到 2013 年的 27 个（见图 2），商业建筑面积也由 149.82 万平方米增长到 293.42 万平方米，增长近 1 倍（见图 3）。由于 2010 年广州举办亚运会及“十年一大变”城市建设目标等因素，广州城市开发建设步伐加快，商业发展环境不断优化，为近年来广州购物中心的开发建设提供了有力支撑。总体而言，广州购物中心发展历程表现为一定的周期性和波动性，与城市开发建设的阶段性密切相关。

（二）购物中心空间布局由集聚向集聚与扩散并存方向发展

从购物中心的空间分布情况来看，广州购物中心是以越秀区、天河区、荔湾区为主要发展区域向白云、番禺及萝岗等外围区域扩散的圈层式结构，主要立足中心城区向东、向南方向拓展。在发展初期，购物中心选址于中心城区范围，这与国外购物中心兴起于郊区的发展有所不同，如 1996 年开业的天河城位于天河、2000 年开业的中华广场位于越秀（见图 4）。2001～2005 年，在新增的 8 个购物中心中，有 2 个选择越秀、2 个选择荔湾、2 个选择天河，并集中分布于北京路商圈、上下九商圈等传统商业中心及刚刚形成的天河路商圈等

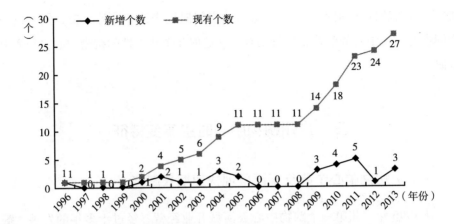

图 2　1996～2013 年广州市购物中心增长情况

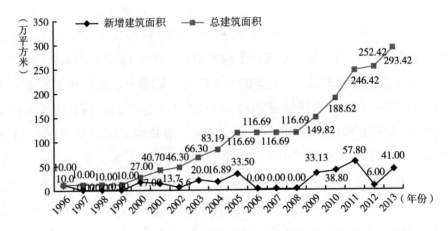

图 3　1996～2013 年广州市购物中心建筑面积增长情况

商业中心区（见图 5）。2006～2013 年，购物中心集中分布于天河，天河的购物中心数量由 2005 年的 3 个增加到 11 个（见表 1），万菱汇、太古汇等购物中心进驻天河路商圈，进一步强化天河路商业中心区地位，使之升级成为都会级商业功能区（见图 6、图 7）。与此同时，白云、番禺等区域的购物中心也有所增加，海印又一城、奥园广场等购物中心向番禺集聚，白云万达广场、5 号停机坪等向白云集聚，逐步形成区域性商业中心，使得广州商业空间结构从由西向东发展转向东西轴与南北轴共同发展。从发展趋势来看，随着城市空间格局的拓展、交通路网的进一步完善，在人口郊区化、消费者购物习惯及城市商业空间结构调整等多种因素的影响下，购物中心空间分布正逐步由集聚中心城区向集聚与扩散并存的方向发展。

表1　2000年、2005年、2013年广州市各区购物中心增长情况

单位：个

年份	越秀（含原东山）	荔湾（含原芳村）	天河	海珠	白云	黄埔	萝岗	番禺	花都	南沙	增城	从化
2000	1	0	1	0	0	0	0	0	0	0	0	0
2005	3	2	3	0	1	0	0	1	0	0	0	0
2013	4	2	11	1	4	0	0	3	1	0	0	0

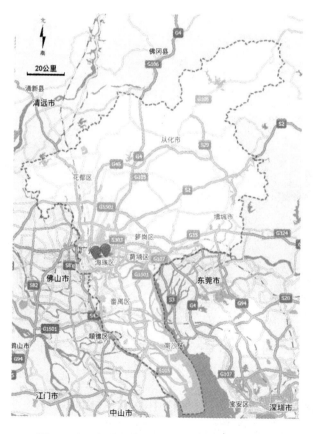

图4　2000年广州市购物中心空间分布示意图

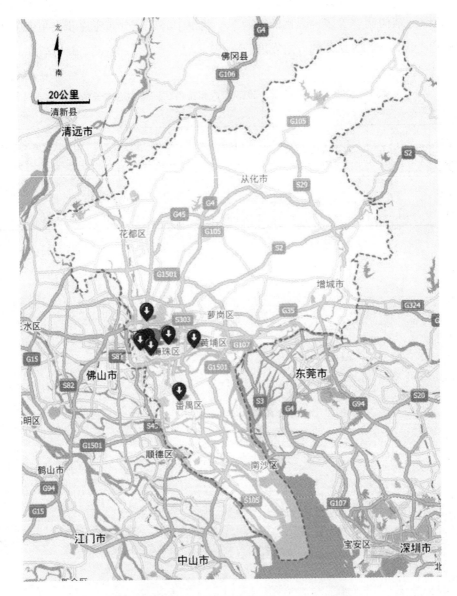

图5　2005 年广州市购物中心空间分布示意图

（三）区域型、超区域型购物中心占主体地位

根据选址和商圈不同，购物中心可分为近邻型、社区型、区域型、超区域型等种类。在购物中心的发展历程中，广州购物中心主体类型为区域型或者超

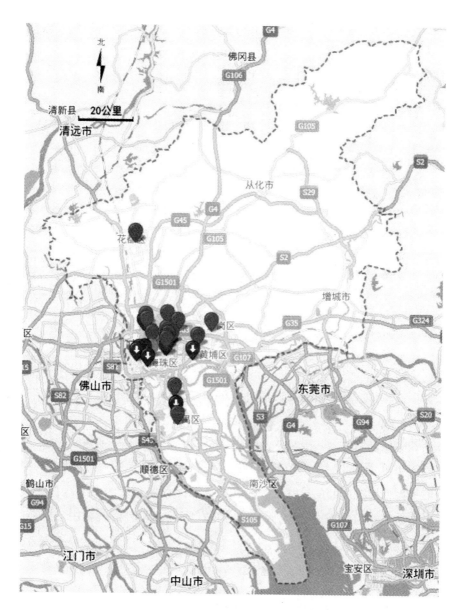

图6 2013 年广州市购物中心空间分布示意图

区域型购物中心，建筑规模相对比较大，面积在 10 万平方米以上的购物中心接近总数的一半（44.4%）。主力店以百货、超市、专业店等为主，客流量比较大，所在商业中心区等级比较高。如天河城日平均客流量已达到 30 万人次，

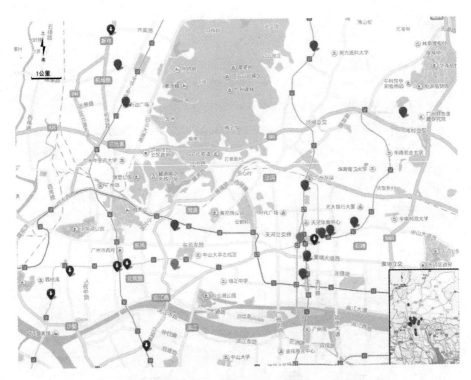

图7 2013 年广州市区购物中心空间分布示意图

节假日客流量更多，一天可达 8 万人次；正佳广场平时日客流量约 20 万人次/日，周末约 40 万人次/日，节日及黄金周超过 100 万人次/日。随着太古汇、万菱汇等大型购物中心的进驻，其所在的天河路商圈已成为都会级商业中心，商圈影响力已经辐射周边区域，而万达广场、5 号停机坪等购物中心所在的商业区也日益成长为区域性商业中心区。随着市场的需求及购物中心投资者对社区型购物中心开始有所关注，广州也开始出现社区型购物中心，如高德汇·长兴社区店。

四 购物中心时空演变的影响因素分析

购物中心作为商业业态空间的一种类型，其时空分布的形成是多种影响因素作用的结果，包括人口变迁因素、交通因素、城市空间发展战略、城市用地结构调整、消费者行为习惯等（见图8）。本文结合定量或定性分析方法，阐述这些因素对购物中心时空变迁的影响。

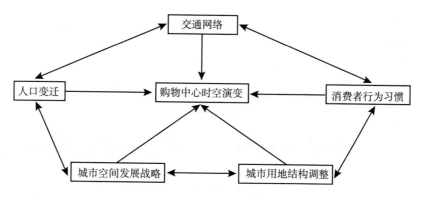

图8 购物中心时空演变的影响因素分析

（一）人口分布与购物中心空间分布存在正相关性

客流量的空间分布在很大程度上影响了购物中心时空演变的发展，而人口密度是客流量空间分布的重要体现。2005～2011年各个区的常住人口密度变化情况来看，广州人口空间分布仍呈现由中心向外围的圈层结构，人口分布以越秀、海珠、荔湾、天河为中心，从核心的峰值区向外围的黄埔、白云、番禺、萝岗、从化、南沙及增城递减。与之相对应，购物中心的分布也是主要集中在人口密度较高的越秀、天河区等核心区。相关研究表明，2000～2010年广州人口空间动态变化表现为内圈层（近郊区）快速增长、外圈层慢速增长、核心圈层（核心区）和外圈低速增长，人口变动的郊区化现象日渐明显，已呈现多中心特征。[2]随着人口密度增速的加快，白云、番禺、萝岗等近郊区的购物中心数量也有所增加，而在人口密度较低的南沙、从化及增城等远郊区还没有购物中心。

以区为统计单元，将分布在各个区内的购物中心的建筑面积除以区的占地面积，得到各区的购物中心经营面积密度（平方米/平方公里），并与各区的人口密度作相关分析（见表2、图10）。从分析结果可见，人口密度与购物中心空间分布存在正相关关系。

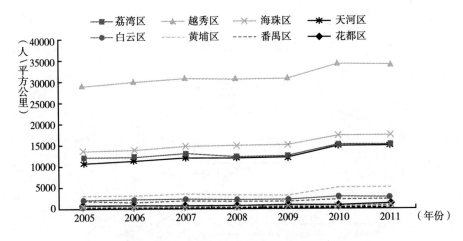

图9 2005~2011年各区人口密度变化情况

表2 行政区人口密度与购物中心分布相关性分析（SPSS 相关性分析）

	简单相关系数	人口密度	经营面积密度
人口密度	Pearson Correlation	1	0.693*
	相关系数检验的概率 P－值		0.012
	样本数	12	12
营业面积密度	Pearson Correlation	0.693*	1
	相关系数检验的概率 P－值	0.012	
	样本数	12	12

* 显著性水平 α 为 0.05。

（二）购物中心空间分布的交通指向性明显

一般而言，各种零售业态在城市的布局存在一定的规律，尤其是大型零售设施，如大型超市、仓储会员店、百货店、购物中心等，商圈范围大、服务人口多、对道路交通的依赖性非常大，因此，它们一般靠近城市的交通干道或道路交叉口[2]。为了研究广州购物中心空间分布与交通网络的相关性，本文利用 ArcGIS 的线密度分析工具生成广州道路密度分布图。可以看出，广州购物中心选址基本分布于交通路网密度高的位置，特别是位于

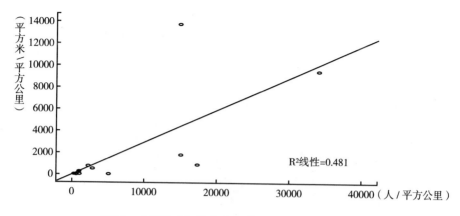

图10 人口密度与购物中心营业面积密度的散点图

中心城区的购物中心集聚在交通路网密度高的特征明显，说明了广州购物中心空间分布的交通指向性明显。利用 ArcGIS 对广州的交通网络及地铁站作缓冲区（Buffer）分析，缓冲区为道路两侧 200 米范围及地铁站 500 米半径范围（见图11、图12），分析结果可以看出，广州购物中心大多数选址于城市道路两侧 200 米区域内，仅有 3.7% 的购物中心不在其中。其中，靠近城市主干道的购物中心共有 14 个，占 51.9%；广州购物中心多位于地铁站点 500 米范围内，占总数的 66.7%（见表3），并且有部分购物中心位于规划建设的地铁站点附近，靠近地铁站点是广州购物中心的重要选址因素之一。可以看出，广州购物中心空间布局的交通指向性明显，选址倾向于沿城市主干道、地铁等交通基础设施布局。

表3 城市交通网络与购物中心的相关性分析

缓冲区	购物中心(个)	购物中心个数占比(%)	单位购物中心建筑面积（万平方米/个）
城市干道(200 米)	14	51.9	10.41
城市支路(200 米)	12	44.4	10.92
地铁站(500 米)	18	66.7	9.86

本文还从微观层面选取正佳广场、万达广场、海印又一城等不同区位条件的购物中心为代表，对其周边综合交通情况进行对比分析。发现位于中心城区

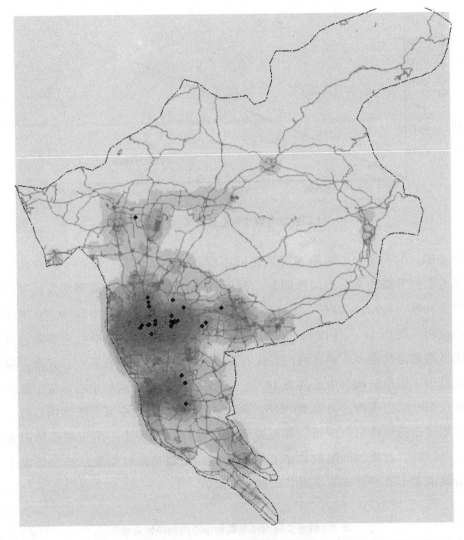

图11 广州市交通路网密度与购物中心空间分布示意图

的正佳广场、万达广场两个购物中心选址于地铁站口附近，周边公交站点多、公共交通网络发达、道路密度也较高，综合交通区位条件良好，如图13、图14所示。位于郊区的海印又一城选址于道路主干道附近（附近为高速路出口、城市主干道），公共交通配套条件不如中心城区，消费者则更多依赖于私家车、出租车等交通出行方式，如图15所示。

图12　广州市区交通路网密度与购物中心空间分布示意图

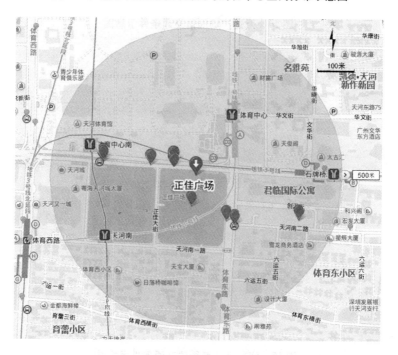

图13　正佳广场周边交通条件示意图

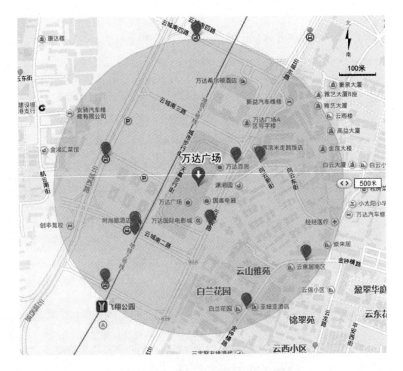

图14 万达广场周边交通条件示意图

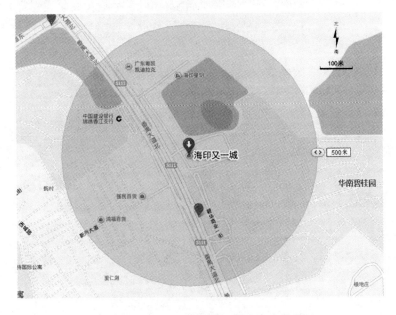

图15 海印又一城周边交通条件示意图

（三）城市空间发展战略引领着购物中心空间发展走向

在不同的发展时期，广州提出了不同的城市空间发展战略。从表4可以看出，广州购物中心空间布局演变进程受城市空间发展战略的影响较大，购物中心的选址受广州打造城市新轴线、天河中央商务区及白云新城、亚运城等重点区域的规划建设以及"东进""南拓"等城市空间发展战略的影响较大。与此同时，购物中心的发展也促进了城市空间发展格局的构建，两者联系紧密，互为促进。

表4　城市空间发展战略调整与城市商业空间布局发展

阶　段	广州城市空间结构演化过程*	城市商业中心空间布局特征
广州城始建至改革开放以前	单核点状结构阶段。围绕中心城"摊大饼"式向外拓展，主要向东西向拓展	
改革开放~2000年	带状组团式结构阶段。形成以旧城区为依托、以珠江河道和城市干道为轴线、以"云山珠水"自然格局为基础的组团式空间结构	北京路步行街、上下九步行街等为市级商业中心
2000~2005年	多中心网络式结构阶段。2000年广州实行了行政区划，将番禺、花都两市撤市设区，拓展了广州城市发展空间。2000年编制的《广州城市建设总体战略概念规划纲要》明确了广州城市空间结构采取"东进、西联、南拓、北优"的发展战略，实现从单中心向多中心转变，重点向东、向南两方向拓展，规划建设珠江新城和天河中心商务区以实现城市商务中心功能东移	北京路步行街、上下九步行街等传统商业中心地位进一步强化，以购物中心、百货店为代表的大型商业设施进驻；在城市新的发展轴上新建部分商业设施，如天河路商圈进驻了天河城、正佳广场等购物中心，逐步成为区域性商业中心
2006~2010年	2006年，广州市委九代会在原来"东进、西联、南拓、北优""八字方针"的基础上，提出了"中调"的战略。以2010年举办亚运会为契机，广州全力打造城市新的发展轴线，珠江新城、亚运新城等新区快速发展，多中心组团式的网络型城市结构框架已见雏形	天河路商业中心地位进一步强化，与北京路步行街、上下九步行街等传统商业中心共同构成市级商业中心，在白云新城、花都新华、番禺万博等地出现了新的区域性商业中心
2011年至今	2012年，广州市政府公布的《城市功能布局规划》提出建设"一个都会区、两个新城区和三个副中心"的空间布局，多中心、组团式、网络型城市空间结构进一步深化发展	随着人口郊区化和交通基础设施的建设，郊区商业发展潜力凸显，如萝岗科学城、增城新塘、花都新华等城市新区的商业中心地位逐步提升，购物中心等大型商业设施加快发展

*吴志勇《广州新城建设与城市空间结构优化研究》，http://www.chinacity.org.cn/csfz/csjs/49810.html。

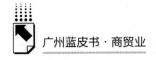

（四）城市用地类型结构的变迁与购物中心时空演变互动发展

城市用地类型空间结构的变迁也是购物中心时空演变发展的重要影响因素之一。根据《城市用地分类与规划建设用地标准》（GB50137－2011）的规定，城乡建设用地包括居住用地、公共管理与公共服务用地、商业服务业设施用地、工业用地、物流仓储用地、交通设施用地、公用设施用地、绿地。本文重点讨论居住用地、工业用地、商业服务业设施用地等用地类型结构变化对购物中心时空演变的影响。

商业配套环境的优化对购物中心的集聚具有促进作用。广州中心城区产业结构调整表现为工业外迁、工业用地规模减小，写字楼、商业用地等服务业用地规模增加。中心城区的商业配套环境不断优化，土地利用成本及进入门槛提高，推动了中心城区内部业态替换升级和填充完善，对购物中心等现代商业设施具有强大的吸引力，从而使位于中心城区的商圈辐射能级和对外服务功能逐步增强，例如天河路一带购物中心的集聚过程就反映了这种演化过程。因此，良好的商业配套环境和商业氛围环境也成为购物中心汇集中心城区发展的重要因素。

房地产开发对购物中心的郊区化发展具有空间引领作用。在城市用地规模扩张的过程中，房地产开发往往通过改变人口的分布形态，进而影响购物中心的空间分布格局。随着工业的外迁及地铁、路网等城市交通基础设施体系的完善，房地产开发建设也向郊区方向拓展。房地产的开发建设往往吸引人口集聚，人口的集聚发展对房地产商业配套设施发展又提出了新需求，也为购物中心等大型商业配套设施的进驻提供了购买力支撑，促进购物中心的郊区化发展，而不断完善的商业服务环境又进一步吸引人口向郊区集聚。可见房地产开发对购物中心的郊区化发展具有空间带动性，购物中心的开发建设反过来也推动了房地产的开发建设。

（五）消费者行为方式对购物中心空间布局及经营模式产生影响

近年来，消费者行为方式被越来越多的学者所重视，已成为商业空间选址及商业网点规划工作的重要影响因素。由于现有统计资料缺乏对居民购物行为特征方面的微观数据，故本文主要通过购物中心消费者调查问卷方式获取相关数据。2012 年 9～10 月期间在天河城、中华广场、万达广场三个购物中心对消费者进行问卷调查，共发放 400 份问卷，回收有效问卷 393 份，有效回收率为 98.25%。通过问卷统计数据分析消费者购物目的地决策、购物时间决策、购物交通方式决策等方面来考察消费者购物行为方式对购物中心发展产生的影响。从消费者光顾购物中心的目的来看，选择"购物""娱乐/休闲"及"就餐"的比重相对较高，将休闲娱乐与购物活动相结合，多目的性特征明显（见表 5），而购物中心多业态组合方式正好满足了消费者多目的性购物的需求。从光顾购物中心的原因分析，"购物环境优越"与"商品种类齐全"成为消费者青睐购物中心的主要因素，这在一定程度上说明，购物中心迎合了消费者"体验式消费"及休闲与购物相结合的"一站式"消费的主流趋势（见表 6）。

表 5　消费者光顾购物中心的目的

类　别		回答		占样本数的比重（%）
		样本数	比重（%）	
光顾目的	A. 购物	157	32.2	39.9
	B. 就餐	77	15.8	19.6
	C. 娱乐/休闲	194	39.8	49.4
	D. 会友	32	6.6	8.1
	E. 旅游	28	5.7	7.1
合　计		488	100.0	124.2

说明：二分法组列的值为 1。

表 6　光顾购物中心的主要影响因素

类　别		回答		占样本数的比重（%）
		样本数	Percent（%）	
喜欢购物中心的原因	A. 商品档次高	33	4.4	8.4
	B. 商品种类齐全	151	20.1	38.6
	C. 商品潮流时尚	90	12.0	23.0
	D. 商品价格合理	49	6.5	12.5
	E. 购物环境优越	167	22.2	42.7
	F. 休闲娱乐设施多	112	14.9	28.6
	G. 服务态度好	27	3.6	6.9
	H. 主题活动精彩	29	3.9	7.4
	I. 交通便利	94	12.5	24.0
合　计		752	100.0	192.3

说明：二分法组列的值为 1。

在购物中心停留时间上，消费者选择"1~2 小时"及"半天时间"的比例明显较高，分别为 55.2% 和 31.6%（见图 16）。可见，消费者在购物中心中花费的时间相对较长。从消费者光顾购物中心的频率来看，选择"一个月或数月 1 次"消费者占比最高，占 42.2%，其次是"半个月 1 次"（27.2%）（见图 17）。可见，消费者光顾购物中心的频率不高。

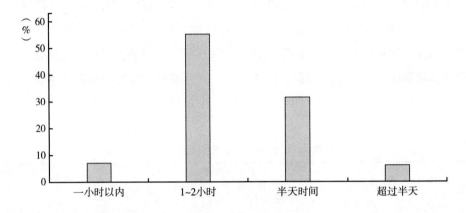

图 16 消费者在购物中心停留时间

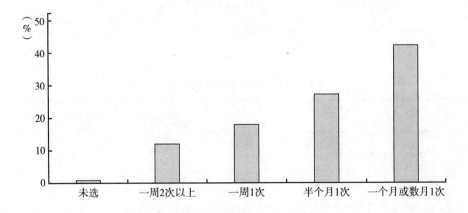

图 17 消费者光顾购物中心的频率

从消费者购物活动的出行车程情况来看，消费者购物出行的平均距离是 36.3 分钟，仍以短距离出行为主，遵循就近购物原则。其中选择"30 分钟"和"1 小时内"的占比达到 72.3%，超过 1 小时的仅占 7.8%（见图 18）。

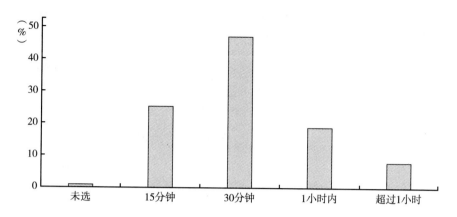

图18　消费者购物出行车程距离

消费者外出购物交通方式的选择，受到所在区域交通基础设施配套水平及自身习惯偏好的共同影响。如果购物中心周边交通条件较为完备，消费者可以选择多种交通方式。从消费者交通方式的选择上，消费者选择"地铁"的比重明显高于其他方式，占47%，其次是"公交车"占30.8%，也说明了消费者购物出行的交通工具选择仍以公共交通居多（见表7）。这也与购物中心选址多靠近地铁站点、周边公交设施较为完备相吻合。

表7　消费者光顾购物中心的交通方式选择

类　　别		回答		占样本数的比重（%）
		样本数	比重（%）	
交通方式选择	A. 公交车	153	30.8	39.2
	B. 地铁	233	47.0	59.7
	C. 出租车	32	6.5	8.2
	D. 私家车	39	7.9	10.0
	E. 步行或者自行车	39	7.9	10.0
合　　计		496	100.0	127.2

说明：二分法组列的值为1。

从上述问卷调查数据统计分析发现，购物中心的选址与消费者行为方式存在密切的相关性。消费者购物出行距离车程以半小时左右为主，交通方式仍以地铁、公交车等公共交通为主，购物频率不高，在购物中心停留时间较长，消费者选择"一站式"、多目的购物活动特征明显以及更注重体验式购物，对购物环境、商品种类提出更高的要求，这些消费行为方式对购物中心的选址、规模、配套设施及经营模式都产生了重要影响。

五 广州发展购物中心的对策建议

立足广州特色，结合购物中心发展新趋势，对广州购物中心的发展提出几点建议：一是向主题化、娱乐化发展，提升消费者的体验满意度。在"体验经济"发展背景下，面对网商对实体商业业态形成的竞争态势，结合消费者体验式消费方式及消费理念的转变，购物中心应重视休闲、娱乐功能，朝主题化方向发展，以各种主题特色文化及良好的购物环境吸引消费者，提升消费者的消费体验满意度。二是差异化发展，形成繁荣共生的发展格局。目前，广州购物中心的时空分布以集聚中心城区为主，特别是天河路商圈集聚了几大购物中心，绝大多数购物中心是以综合性、中高档定位为主，特色不明显，存在商圈的重叠及客流分流作用，存在同质化竞争问题。因此，要加强政府的引导作用，促进各购物中心之间在发展定位、目标市场、消费群体、品牌特色等各方面走差异化发展道路，优化商圈内部的道路交通、公共配套设施建设，优化配置购物中心、百货店、专卖店、专业店等不同商业业态空间组合，进一步提升商业氛围，实现共同发展。引导南沙、萝岗、花都、从化及增城等适当发展购物中心，进一步完善城市外围的商业网点体系，提升区域商业配套服务水平，优化城市商业空间结构，缓解因居住空间、产业空间与商业空间的错位引起的交通拥堵等城市问题。三是类型多样化发展，形成购物中心网络体系。目前，广州购物中心主体类型为区域型或者超区域型购物中心，规模相对比较大。随着广州城市空间发展格局的调整以及购物中心发展水平的进一步提升、竞争环境的进一步加剧，购物中心的发展类型应更加多样化，应吸引社区型、近邻型、郊区型、主题型等不同类型购物中心发展，形成大型、中型及小型合理配置的购物中心结构体系，以满足消费者不同需求。

参考文献

蒋丽、吴缚龙：《2000～2010年广州人口空间分布变动与多中心城市空间结构演化测度》，《热带地理》2013年第2期。

李云辉、彭少军：《武汉市零售业空间布局影响因素研究》，《中南林业科技大学学报（社会科学版）》2008年第6期。

B.8

广州融资租赁业发展对策研究

罗 军 肖泽军 唐志勇*

摘 要:

作为一种新兴的商业模式,融资租赁对经济发展的促进作用正受到广泛的关注和重视。本文梳理了美、日、韩等国促进融资租赁的经验做法,介绍了上海、天津等地融资租赁发展情况,深入分析了广州融资租赁业发展存在的短板和优势,从明确融资租赁业产业金融的定位、建设融资租赁集聚试验区、设立融资租赁专项扶持资金等六个方面提出了针对性的政策建议,希望对加快广州融资租赁业发展、打造经济新高地有所裨益。

关键词:

融资租赁 转型升级 新高地

融资租赁作为一种新兴商业模式,被誉为"新经济的促进者",不仅能有效发挥扩大相关行业的投资、生产和消费、支持中小企业融资、帮助企业开拓国际市场、带动现代服务发展等作用,而且有利于推动传统产业转型升级、促进实体经济持续健康发展。据统计,2013 年全世界融资租赁业交易总量超过8000 亿美元,欧美发达国家融资租赁市场渗透率(设备投资中采用融资租赁形式的比重)达30%以上,而国内融资租赁业务总量约21000 亿元,市场渗透率仅为3%,国内融资租赁产业发展潜力巨大。

---

* 罗军、唐志勇,广州市经济贸易委员会特种商业处;肖泽军,广州市经济贸易委员会综合处。

一 国内外融资租赁业发展情况

现代融资租赁产生于美国。第二次世界大战以后，美国工业生产过剩，生产厂商为了推销生产设备，开始出现"融资租赁"。1952年，世界第一家融资租赁公司诞生——美国租赁公司（现更名为美国国际租赁公司）。我国的现代租赁业始于20世纪80年代，为了解决资金不足和从国外引进先进技术、设备和管理的需求，从日本引入了融资租赁的概念，并成立了东方租赁有限公司、中国租赁有限公司。

近年，我国融资租赁产业发展迅猛，2013年融资租赁业务总量约为21000亿元，比2006年的80亿元增长了260多倍。从企业注册资金看，2013年全国融资租赁企业注册资金为3060亿元，比2011年1358亿元增长了125%；从企业注册数量看，2013年全国融资租赁企业总数为1026家，比2011年286家增长259%。从市场渗透率来看，发达国家一般在10%~30%之间，世界平均水平为17%，而我国仅为5%左右。

不管是从融资租赁在GDP所占比重看，还是从渗透率看，我国现阶段和国际社会都有较大的差距，融资租赁将成为未来经济发展的新亮点，发展潜力和空间较大。

（一）国外发达国家的主要做法

目前，美国是世界上融资租赁业最发达的国家，日本紧随其后，韩国是亚洲国家中融资租赁发展最迅猛的国家。

美国的主要做法。一是给予税收优惠。美国对融资租赁业实行投资减免税政策，对通过出租人投资购买的租赁设备，在租赁时给予减免征税。二是给予设备折旧方面的优惠。美国对租赁设备实行加速折旧，允许企业自主选择折旧方法，不但降低了出租人设备过时风险和通货膨胀损失，同时还让出租人享受到延迟纳税的好处。三是提供政治风险保险。在发展中国家开展租赁业务的公司，美国政府提供政治风险保险。关于融资租赁公司的对外租赁业务，美国进出口银行会针对性地提供出口担保、出口信贷以及政治商业保险等。四是完善的法律保障体系。尽管没有制定专门的融资租赁法，但美国有完善的法律体系、会计准则、税收和监管制度，而且在其他相关法律法规中对融资租赁的保障也均有体现。

日本的主要做法。一是在租赁信用保险政策方面，对与中小企业签订租赁合同的租赁企业实行强制保险。当其倒闭时，政府负责补偿50%的损失金额，这样可以降低租赁公司一半的损失，大大减少了租赁企业的风险。二是在融资政策方面，由日本开发银行以低息向融资租赁公司提供资金，降低租赁公司的融资成本。三是在政府补助政策方面，对于特殊行业租赁设备的个人或机构，政府给予财政补助，向其发放补助金，鼓励特殊行业的发展。如对农业、林业、水产业等行业的租赁设备给予大量的财政资金补贴。四是在投资减税政策方面，如 IT 行业注册资本超过 3 亿日元的承租人，可适当减免企业所得税，减少的金额约占租赁总费用的 6%。

韩国的主要做法。一是建立完善的金融租赁法律体系。制定出台《租赁业促进法案》《有关发行公司债券的特别规定》《有关税法的特别规定》等法规，明确支持融资租赁业加快发展。二是出台相关扶持政策。税收方面，允许符合条件的企业在租期内将租金全部摊入成本，降低企业所得税；利用加速折旧的办法降低融资租赁企业的税收负担。保险方面，成立"忠信基金"，当承租人无法支付租金时，融资租赁企业可从该基金中得到补偿以减少损失。信贷方面，简化债券的发行流程，提高了租赁公司筹措资金的效率。

（二）我国的相关政策和措施

2011 年，中央一号文件提出要运用融资租赁机制发展水利设施以来，国家许多重要政策文件中都提到发展融资租赁解决多渠道融资的问题。主要有：2011 年，国家商务部发布《"十二五"期间促进融资租赁业发展的指导意见》，明确开展内资企业融资租赁业务试点。目前，第十二批融资租赁试点的审批正在抓紧审批中。国家发改委也于 2011 年发布《关于印发天津北方国际航运中心核心功能区建设方案的通知》，允许金融租赁公司在东疆保税港区设立项目子公司。交通运输部 2011 年印发了《关于融资租赁船舶运力认定政策的公告》，以上海市为试点，对如何界定自有运力的比例给出明确规定。2012 年 7 月，财政部、海关总署、国家税务总局联合下发《关于在天津东疆保税港区试行融资租赁货物出口退税政策的通知》，在天津东疆保税区开始试行退税政策。

（三）国内主要城市融资租赁业发展的情况

近年来，上海、天津均高度重视发展融资租赁业，视其为"新经济的促进者"，并将其作为转型升级的重要产业来打造，融资租赁业飞速发展。截至2013年底，上海各类融资租赁企业（金融系租赁企业、厂商系内资试点租赁企业、外资系租赁企业）235家、融资租赁合同余额6000多亿元，天津各类融资租赁企业206家、融资租赁合同余额5750多亿元。沪、津两地融资租赁合同总余额约占全国的50%，执我国融资租赁业发展之牛耳。

一是推动经济跨越式发展。天津市自2004年起大力发展融资租赁业，促进经济增速多年位居全国主要城市前列，助推经济总量快速赶超标兵城市。2013年，天津市融资租赁交易量约2600亿元，约占全社会固定资产投资总额的40%。近五年来，天津GDP年均增速达15.3%，高居全国主要城市榜首，经济规模每年上一个新台阶，平均每两年赶超一个标兵城市。天津经济总量于2011年、2013年相继超越苏州、深圳，2012年、2013年GDP分别达到广州的95%、96%，与广州的差距不断缩小，"中国第三城"的争夺之战日趋激烈。

二是促进产业转型升级。上海、天津两地约60%左右的融资租赁业务集中在航空、船舶、邮轮、医疗设备、新能源汽车、节能环保、物联网等新兴产业领域，撬动大量的投资，促进两地的先进制造业和现代服务业不断做强做大，推动产业转型升级、经济提质发展。如天津保税区投资公司以36.3亿元将空客A320系列飞机总装线厂房设备出售给渤海租赁，渤海租赁再回租给天津港保税区投资公司，厂房设备继续由天津空客总装公司使用。这不仅放大了资金的使用效能，而且也保证了空客A320的顺利投产，还带动一批关联产业和服务业发展，加快了天津产业转型升级的步伐。

三是创造大量就业和税收。2013年，上海、天津分别新增融资租赁企业127家、84家，分别提供就业岗位约4200个、2500个。沪、津两地约80%的融资租赁业务主要面向民营和中小企业，支持了渤海租赁等一大批中小企业发展壮大。在创造大量就业机会的同时，融资租赁业也带来了丰厚的税收，如天津最早设立的60家融资租赁企业2012年上缴税收20多亿元，同比增长50%，全市各类融资租赁企业创造税收逾100亿元。2013年，天津仅渤海租赁创造的利润就超过11亿元，上缴税收2亿多元，而因融资租赁集聚的相关制造商、承租商提供的税收更是难以估量。

二 广州市融资租赁业发展情况分析

（一）基本概况

广州作为千年商都和全国重要的制造业、服务业基地，目前仅拥有融资租赁企业53家，不但在数量上与津沪相去甚远，而且在资本实力、合同业务量方面更无法与其相提并论。目前，广州融资租赁企业主要为外资融资租赁企业，业务量300多亿元，融资租赁企业数量仅为上海的22%、天津的26%，融资租赁业务量仅为上海的5%、天津的5.2%。这既凸显广州市融资租赁业发展滞后、差距巨大，同时也表明我市融资租赁业市场广阔、前景诱人。

2013年全国主要城市各类融资租赁公司发展情况

单位：家，%

分布地区	金融租赁	内资租赁	外资租赁	合计	占全国比重
上海市	4	12	219	235	22.9
天津市	5	10	191	206	20.1
北京市	2	26	91	119	11.6
深圳市	1	0	50	51	5.0
广州市	0	1	52	53	5.2
总　计	12	49	603	664	

（二）原因分析

1. 缺乏行业发展规划引导与政策扶持

在广州市出台的《广州市金融业"十二五"发展规划》《关于支持广州区域金融中心建设的若干规定》和《关于全面建设广州区域金融中心的决定》

等政策文件中甚少提及融资租赁，企业和公众对融资租赁的认知度和参与度相对较低。

2. 缺乏强有力的组织领导与清晰的归口管理

国家层面的融资租赁监管体系主要有商务部内资管理体系、商务部外资管理体系、银监会非银司下的金融租赁体系等，这三大监管体系尚未有效整合，客观上导致地方融资租赁产业缺乏清晰的归口管理。

3. 发展环境亟待改善

融资租赁企业发展环境欠佳，相关租赁标的物权的特殊登记环节还不完善，融资租赁企业尚不能共享征信体系，导致信用审核不到位，加大了社会成本。此外，目前专业租赁企业的融资以银行信贷为主，融资工具与手段单一，缺乏必要的政策引导和扶持，企业融资成本很高、融资难度很大。

（三）发展优势

1. 拥有雄厚的实体经济基础

广州是国家先进制造业的重要基地，是华南地区最重要的商贸中心和物资集散枢纽，先进制造业、现代服务业和战略性新兴产业发达，为融资租赁提供了强有力的支撑。

2. 融资租赁服务领域广

融资租赁产业的服务领域主要包括汽车、航空、成套设备、航运、电力、轨道交通、能源、节能环保、医疗、印刷和工程建筑等，这些领域正是广州产业的强项。特别是在航空、航运、汽车等领域，广州在华南地区乃至全国有着不可比拟的优势。

3. 金融业综合实力强

2013 年底，广州市金融机构本外币各项存款余额 3.38 万亿元，本外币贷款余额 2.20 万亿元，存贷差 1.18 万亿元，强大的银行业资金配置将为租赁业可持续发展提供充裕资金支持。

4. 融资租赁配套设施较为完善

广州股权交易中心的成立，以及未来建设的碳排放权交易所、航运交易所、金融资产交易所等市场交易平台，都将为租赁业企业在股权登记、托管、

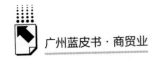
交易、结算、融资等中介服务和金融创新提供动力。

5. 良好的区位优势

广州市毗邻港澳台地区、东南亚，是全国最重要的对外开放窗口之一，这为吸引融资租赁企业及人才、吸纳境外投资资金提供了地域优势。

三　广州加快融资租赁业发展的对策建议

国内外融资租赁业发展的经验表明，营造良好的营商环境、给予适度的财税政策扶持，不但有利于融资租赁业迅速崛起壮大，而且有利于夯实实体经济根基、加快产业转型升级。如能加大扶持融资租赁业发展的力度，积极发挥后发先至优势，广州市融资租赁业必定大有可为，成为珠江三角洲乃至华南地区融资租赁集聚中心必指日可待。为构建"东有上海、北有天津、南有广州"融资租赁业新格局，打造经济发展的"新高地"，提升广州国家中心城市的集聚辐射力，提出以下建议。

（一）明确将融资租赁业纳入产业金融范畴并给予扶持

融资租赁业这种新兴商业模式对经济的带动作用日益凸显，越来越受到广泛的关注和重视。2013 年 12 月 27 日，李克强总理考察天津工银金融租赁时强调：金融租赁产业在我国是一块"新高地"，为实体经济服务，国家要培育壮大这个产业。2014 年 1 月初，汪洋副总理也作出重要批示：融资租赁业大有可为，商务部要会同有关部门积极相互支持做好这项工作。广州市长陈建华也明确批示"广州发展租赁业大有可为"。因此，建议将融资租赁业纳入产业金融范畴，作为转型升级的重要产业予以大力发展，融资租赁企业（包括由商务部监管的中外合资融资租赁公司和内资试点融资租赁公司、由银监会监管的金融租赁公司）可享受《关于支持广州区域金融中心建设的若干规定》中的相关扶持政策。

（二）试点建设广州融资租赁业发展集聚试验区

借鉴天津、上海集中发展东疆保税区、浦东新区融资租赁集聚区的做法，采取与天津、上海扶持力度相当的财税政策，市、区共建若干融资租赁发展集聚试验区，支持集聚区发挥区域政策和产业优势，制定各具特色的扶持政策，实现差异化发展，积极打造融资租赁业发展的洼地，吸引各类融资租赁企业集聚，形成若干千亿级的产业集聚区。重点发展飞机、船舶、邮轮游艇、大型设备等融资租赁业务，促进广州市航空、船舶、邮轮、游艇产业和航运金融业发展。

（三）积极探索以融资租赁方式推动经济发展和城市建设模式创新

借鉴天津空客 A320 总装设备售后回租业务模式和天津消防总局采取直租方式购置大型消防设备模式，支持广州市在工业机器人、智能装备、大型成套设备、技术改造以及地铁、公交等市政基础设施等领域探索试行售后回租等融资租赁业务模式，拓宽融资渠道，提高资金使用效率，解决财政资金投入不足问题。通过项目对接、专题服务等形式，扶持一批规模大、实力强、信誉好的融资租赁企业拓展业务、做强做大，助推经济发展和城市建设。

（四）探索设立广州融资租赁专项扶持资金

借鉴天津设立天津保税区投资有限公司的做法，建议政府每年从市战略性主导产业发展资金中切块安排专项资金作为广州融资租赁产业扶持资金，主要用于融资租赁业务的贴息、奖励融资租赁龙头企业、扶持中小企业以及解决战略性新兴产业、支柱产业的融资等。引导融资租赁企业重点投资新一代信息技术、新材料、新能源与节能环保及白云机场第三跑道、南沙疏港铁路等战略性新兴产业和战略性基础设施，推动产业转型升级、提升城市功能。

（五）构建市主要领导挂帅的联席会议制度

建议参照天津市的做法，成立由市政府主要领导任组长、分管市领导为副组长，市经济贸易委员会、发改委、法制办、金融办、外经贸局、财政局、地税局、人民银行广州分行等为成员单位的融资租赁联席会议，联席会议办公室设在市经济贸易委员会，定期召开相关协调会，争取国家和省的支持，重点解决我市融资租赁业发展中遇到的各类瓶颈问题。

（六）支持广州融资租赁产业联盟发挥积极作用

在市经济贸易委员会的推动下，广州越秀租赁有限公司等9家企业联合发起成立了广州融资租赁产业联盟。建议政府以购买服务等方式支持联盟在产业对接、招商引资、专业人才培养、行业信息统计等软环境方面发挥积极作用。

B.9

广州百货业的困境与出路——基于
创新驱动的视角

苟振英*

摘 要:

> 2013 年，一向被视为商业风向标的百货行业，如何在商业业态日益丰富与电商蓬勃兴起的竞争中发展，尤为引人注目。百货业的本质是效率，需求是导向，业态是表现。创新被喻为百货业未来竞争的核心元素。广州百货业为了发展和竞争，应坚持对百货业关键要素开拓创新，努力使百货企业获得市场上更强的赢利能力、发展能力和对抗能力。

关键词:

> 百货业 创新驱动

2013 年，广州再次荣获福布斯（中国大陆）最佳商业城市榜首的殊荣，如何把握商业城市的优势，让这个国家中心城市立于经济发展的前列，成为了业界关注的问题。一向被视为商业风向标的百货行业，如何在实体商业业态日益丰富与电商蓬勃兴起的竞争中发展，尤为引人注目。

受全球金融危机、美国 QE3 退出预期以及欧债危机仍未解除的大环境影响，零售业在经过高速增长的"黄金十年"后，随着经济下行，如今严峻问题开始显现，增速放缓、坪效利润下滑的阴影越发浓重。百货业的本质是效率，需求是导向，业态是表现。在这样的大背景下，创新——被喻为百货业未来竞争的核心元素，备受业界关注。百货业为了发展和竞争，必须开拓创新，

---

* 苟振英，广州商业总会会长。

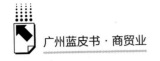

使百货企业获得市场上更强的赢利能力、发展能力和对抗能力。因此，百货业成为创新活动最为频繁的行业之一，甚至被直接称为一个"动态产业"。

一　2013年百货业发展环境分析

2013年，国内百货行业持续性疲软。全国百家重点零售企业2013年同比仅增长8.9%，增速较上年放缓1.9个百分点，连续两年下滑，为2005年以来最低。消费疲软、电商冲击和成本高企已经成为目前百货类企业的三大"业绩杀手"。

百货业发展面临异常严峻的市场环境：

（一）公款消费下降和居民收入减少直接影响消费下滑

消费增长下滑的主要短期政策因素是：政府倡导节俭，狠刹奢靡之风，公款消费严格控制，高端商品销售大幅下降。由此，倒逼企业转型，但尚需时日。经济减速直接导致居民收入减速以及零售物价涨幅回落，使得消费增速放缓。中国老百姓的财产性收入（即非劳动性收入）主要是房地产、储蓄和股票等，房地产价格畸形是拉大收入差距的主要因素。由于收入差距大、福利覆盖水平低，导致居民消费倾向下降。长期因素主要是：股票市场熊霸全年，投资者资产缩水，储蓄利率自由化推动居民储蓄收入有所增加。2013年社会消费品零售总额同比增长13.1%，低于预期的14.5%。其中商品零售增长13.6%；网购占社会消费品零售总额达7.7%，提高1.5个百分点。

（二）并购重组加剧，商贸业集中度越来越高

2013年，大型商贸业并购交易36宗，交易额为2012年的四倍。沃尔玛收购1号店，王府井收购春天百货，翠微股份收购当代商城，物美收购卜蜂莲花，华润联姻Tesco成立合资公司……身处微利时期，零售业祈求通过并购重组，突破地域或业态瓶颈，抢滩薄弱市场，扩宽覆盖范围，实现规模效应。电商B2C前五名总计市场占有率超75%，京东占自营式B2C市场份额四成，大于第二至第九名总和。可见，在深化商贸流通体制改革过程中，弱肉强食、强者越强是必然趋势。

（三）激烈竞争导致大量企业关闭，行业创新带动新兴业态辈出

一方面，2013 年下半年是企业关闭高峰期。沃尔玛、王府井、百盛、巴黎春天均有门店关闭；沃尔玛未来 18 个月将再关 15～30 家门店，占门店总数的 9%。另一方面，竞争激烈倒逼行业创新，新兴业态辈出。1 号店、京东商城、顺丰优选、本来生活等电商强势进军生鲜领域，冷链物流成为物流行业新热点。

（四）电商 O2O 成为新贵，混战之下胜负难定

百联集团麾下百联电商，通过业务流程改革和供应链改革，投资 1 亿元与供应商和联营商推"百联电商线上线下业务合作"，实行"网订店取""店取电付"。万达广场提供免费 WiFi，为 O2O 上线做准备，打造"智能广场"。重庆百货聘请罗兰贝格为其订制 O2O 发展策略，以 1.68 亿元收购庆荣物流，以便能更好地适应网络营销。步步高和大润发也高调声称投资加盟电商。同行纷纷试水 O2O，哪一个企业可以凭着 O2O 率先走出困境，还将拭目以待。

二　广州百货业以创新驱动发展

广州商业发展既有"千年商都"的历史积淀，又有改革开放的强力推动。2013 年，广州百货业在全球经济增长不确定因素多、下行压力较大的大背景下，坚持创新驱动，找出符合广州自身发展特点的商业模式，保持了广州商业持续稳步发展的良好态势。

回顾 2013 年，变革与创新成为广州百货业发展的主基调。转变发展模式和管理方式，继续发力全渠道经营，优化供应链，增强消费者体验，使行业发展真正实现从规模数量型向效率效益型转变，从外延向内涵转变。

（一）增强购物娱乐，精心组织体验式营销

广州百货业从卖商品向卖服务转变。门店服务现场性、体验性和情感性特征，是网购难以替代的。现在很多购物中心去百货化就是降低百货业的比重、

增加服务业的比重，以服务元素、非百货元素来促进经营提升。为了摆脱沦为电商"试衣间"的尴尬，广州百货业已率先打响了营销战，把注意力从商品管理转向顾客体验、文化营销，精心设计和销售自己所能提供给消费者的"体验"，从而走出只会打"价格战"的怪圈。

广百百货打造"广百之夜"体验式营销活动，邀请了影视明星、600个真人模特、逾百场时装秀与市民零距离接触；各楼层布置成奇幻3D场景和童话城堡，把促销包装成为派对，给消费者以线上消费无可代替的感官体验。在天河和北京路店组织的两场"广百之夜"，共实现两店单日销售7300多万元，创当年单日销售新高，会员消费占比高达60%和77%，客单价、商品交易单价也创新高，体现出会员群体的消费潜力，体验式、家庭式消费成为主流。更重要的是，这种文化体验营销，产生的潜在和长远消费的刺激作用不可低估。广百北京路店还在准备做一个家居的3D体验馆，顾客只要报出家装面积和喜欢的风格，马上就可以模拟一个立体场面效果出来，一目了然。

广州康王路新光百货在2013年10月12日举办"2013腾讯网瓷肌S女郎全国总决赛"，这场选美比赛不仅为新光百货带来"爆棚"的人气，还为新光百货引驻的商户创造了一个展示的平台。同年举办的"2013CX极限运动中国挑战赛广州站""香港海洋公园欢乐嘉年华"等活动，都吸引了大量市民参加。

在圣诞节期间，投入几十万元甚至上百万元做圣诞装饰的广州商场不在少数。除了浪漫海洋风、甜美乐园、华丽圣诞等创意主题布置外，不少商场还下足血本，引进本土难得一见的"中华广场3D庙会""正佳广场多啦A梦展""天河城HelloKitty展"，吸引了大量顾客消费。

（二）强化市场细分，加快推进转型升级

在扼制"三公"消费的政策影响下，百货业"屋漏偏逢连阴雨"。在电商、购物中心冲击下，百货企业喊了多年的转型口号2013年终于真正行动起来。单纯依靠店面数量和规模获取竞争优势的发展并不具备可持续性，单纯的"专柜联营、分成扣点"模式造成毛利率下滑、赢利能力降低。百货业要根据企业自身特点，做出特色才有出路。2013年，广州百货业转型突出在三个方

面，一是购物中心化，打造生活体验馆，增加对体验、娱乐、餐饮、教育等业态引入和对整个商场动线的改造；二是加大直营模式的比重；三是走奥特莱斯路子。

新开业不久的太古汇，以其高端品牌、高雅环境、高级服务、高尚体验为特色，为广州市高端消费者带来了新的体验，受到广州市广大消费者的青睐，成为广州市商业的标杆之一。

2013年4月，广百百货将定位为年轻时尚类百货的风尚广百GBF北京路店创新升级转型为广东首家黄金珠宝专业店——广百黄金珠宝大厦。改变专柜联营的传统模式，引入直营模式，打造自主"广百黄金"品牌，同时，还代理国际知名黄金品牌。经营足金、千足金饰品、摆件、金条、钻石、翡翠、珠宝等上万种商品，为市民提供珠宝检测、鉴定、黄金实时交易、高级定制等专业服务；打造广州首条黄金大道，集结近300公斤的黄金、价值近6亿元的翡翠珠宝同时亮相；引入韩国服饰品牌，增加广百超市和知名餐饮等元素，增强购物体验。开业7个月实现销售1.45亿元，比转型前翻了一番。

在零售低迷、消费力下滑的状况下，奥特莱斯成为商家力求突围的转型之举。2013年11月30日，本土高端百货品牌友谊商店，将天河北时代广场店整体转型为奥特莱斯，取消超市和电器业态，以穿戴类为主，同期友谊线上商店——"友谊网乐购"专门开设OUTLETS频道，实现线上线下同款同价，打造天河商圈的首家奥特莱斯。同日，中华百货推出"皮鞋皮具馆"，对中华广场富一城后区近5000平方米进行装修改造和品牌招商，引进以鞋类为主的知名品牌近70个，成为泛中华广场商圈内规模最大的鞋类经营场所，经营面积由原来的1.4万平方米扩容至2万平方米。摩登百货北京路店转型为奥特莱斯，面积达1.8万平方米，正在做积极的探索。

（三）突破商品同质化，发力探索自营品牌

同质化竞争、电商挤压成为阻碍实体零售发展的因素，转变赢利模式、增加自营比例成为业界共识。从最初的开发自有品牌，到自营业态、自营模式的逐渐多元化，"自营"概念正逐步扩大。然而，尽管自营模式可以帮助打破行业同质化竞争，提高经营利润，但在资金、人才、品牌等多方挑战的背景下，

品牌自营仍是块难啃的骨头。例如百货做自有品牌所需启动资金颇多，不仅要成立专业部门，还需要招聘专业的采购人员，前期投入可能要占到公司资源的 10%，资金问题是其首要压力。中国市场还处于生产商一统天下的局面，消费者还是对专业生产商的产品更为放心，百货业自有品牌还面临着认可与信任的问题。但也有人认为，品牌自营越是难做，越说明这是一片潜力无限的蓝海。尽管品类自营举步维艰，但广州百货业做了很多工作，纷纷进行尝试。

王府井百货在自有品牌和买手制方面起步较早，做了很多工作，近期将推出一个自有的服装品牌。买手制方面，目前其线上的一些品牌，就是买手从国内、国外采购回来的商品。公司已经制定了《导购员分级管理办法》，将门店导购员队伍分为 6 个等级，并已完成各等级标准的制定。在此基础上，根据不同层级的导购员开展管理和培训，这实际是为门店卖手队伍的建设打下基础。

广百百货从创新品牌代理模式上寻求突破，强化品牌招商，去除中间环节，提升毛利空间，分别在湛江店、茂名店、揭阳店 3 家门店开出BOSSSUNWEN、佛伦斯、金利来 5 个专柜，销售比去年代理商模式同比升七成。

（四）建立互联网思维，试水 O2O 商业模式

在互联网冲击下，零售业态无论是在数量、销售还是在效益、发展空间等方面都面临较大的压力。随着智能手机、平板电脑等移动终端的普及，互联网产业正逐渐由传统互联网的信息网络向移动互联网时代的应用网络过渡，而中国的网民数量和互联网的普及率也呈现出了高速增长的态势：从 2002 年的5.9 万人、普及率仅 4.6%，发展到 2012 年的 5.6 亿人、普及率达到 42.1%，实现了 10 年间网民 10 倍的增长。中国的消费者将更年轻、富裕，消费方式趋向网络化、知识化，消费习惯将更追求个性化、多元化和品牌化。消费者的网购基因已经形成，网购能力和规模正在成倍增长，这极大地促进了中国网购环境的快速成熟。广州唯品会就是一个非常典型的例子，几年时间销售额达百亿元，并在美国上市。互联网的普及促成网购渠道的高速发展，在改变消费者购物行为的同时，也促使零售行业产生从单一实体渠道向线上线下融合的发展趋势。

2013 年，已有部分传统企业开始积极拥抱 O2O，实现了线上下单、线下提货、移动声波支付等尝试。随着对于技术的认知逐渐深入，会有更多实体零售商以移动技术为"工具"全力突围。一方面消费习惯发生了变化，呈现出智慧、互联和自主的消费特点，消费者更善于选择自己熟悉的渠道购物。通过手机、电脑、实体店等多渠道，购物者的花费比单一渠道平均值高 4~5 倍。另一方面，诸如阿里、腾讯、京东等的平台电商纷纷把"橄榄枝"抛向零售企业，也为零售业 O2O 策略创造条件。

面对电子商务的冲击，广百网购正在总结评估前几年的思路做法并研究探讨 O2O 的模式，打造"广百荟"平台，加大网购平台建设投入，推动 O2O 线下线上一体化发展。

2013 年，王府井的会员营销不是延续过去简单的打折促销套路，而是引导用户跨渠道体验商场优质服务。以"双 11"档期促销活动为例，从 11 月 8 日开始，王府井百货旗下 30 余家大型百货商场和购物中心全部执行"双 11"价格（含广州王府井），消费者可实际体验后再下单。具体的促销活动首先包括携万余家品牌供应商共同打造赢商网周末狂欢体验服务；其次，凡王府井百货会员门店购物满 2000 元即可获赠王府井网上商城千元优惠券，网上商城歌莉娅、ecco、兰蔻、Northface 等全线商品均可优惠。

2013 年 12 月 25 日，摩登百货网上商城"摩登网"（imopark.com）正式上线，整合八家直营店 1000 余个品牌，同时依托北京路店为实体，率先开设 100 多平方米的网店体验场所，朝着"实体店＋电子商务＋移动技术"的经营模式转变。

实体百货线上线下的"双线"发展还有较长的道路，但是，这个创新的方向必须坚持，必须打破传统思维，集聚专业团队，形成发展合力，加快迈进的步伐，否则，冲击所带来的压力是很痛苦的。

（五）坚持多业态拓展，积极谋划跨界经营

在整个行业进入慢增长期时，零售企业没有坐以待毙，而是再次掀起了多业态拓展的热潮。与之前在超市领域细分来开拓业态不同，这次企业把"跨界"的触角伸向了金融、地产等。

如今，跨界经营早已不是新鲜事，继天虹商场之后，百货零售商友阿股份又涉足互联网彩票领域，寻求从传统零售业中突围。2013 年 9 月份，广百股份作为主发起人牵头成立广百小额贷款公司，涉足金融业务，开业次月就实现赢利。这也是广州首家传统百货企业跨界涉足小额贷款行业。广百表示，投资的方向不会偏离主业，设立小额贷款公司的初衷也是为了服务零售业的上游和下游等合作伙伴，只有大家都做强了，才能打造健康的产业链生态环境。如广百小贷公司设计的一款产品"广百商务贷"，就是专门面向和广百有合作的品牌企业。由于是互相熟悉的合作伙伴，因此贷款审核简便，放款快捷，贷款利率也比市场的低，收到了很好效果。

2012 年以来，虽然国内不少零售企业营业收入获得了增长，但是由于房租和人工等因素，其净利润的增速反而下降。经营的压力和股东的压力，迫使零售企业急切地想摆脱高房租的禁锢，走出一条虽然投入较大，但是能够持续经营的发展道路。为此，零售企业开始热衷于自建、自购或持有商业物业。茂业是国内最早提出"百货＋地产"发展模式的，这种模式是茂业辉煌的基础，现在已由深圳推及全国。

银泰百货也以"百货＋地产"模式实现逆市扩张。2005 年，银泰百货引入美国华平投资集团之前，只有在浙江省内的 3 家店，随着银泰百货 2007 年 3 月在香港上市，该公司门店迅速扩张至 30 家。在银泰的疾进中，"百货＋地产"模式一直如影随形。银泰百货 2012 年 6 月 30 日总资产 177.8 亿元，其中物业、厂房及设备资产共 50.11 亿元。银泰的实体项目中有 40% 是自有物业、60% 是租赁模式，在今后新开店项目中将会有超过 50% 是自有物业，希望经过 3 ~ 5 年的调整后，银泰的商业项目中自有物业和租赁达到 1:1 的比例。

在广州，广百百货积极尝试广百商业地产新模式，即充分利用广百品牌等优势获取优质优价土地资源，以综合开发的方式发展商业地产、支撑商业主业，推动转型期集团健康快速发展的思路。2013 年，广百百货组织力量到梅州、湛江等多个省内地级市进行了商业地产深度考察和政府对接活动。

（六）积极开展资本运作，伺机实施并购重组

在零售业步入慢增长之时，企业效益也开始呈两极分化趋势。无论是大鱼吃小鱼还是强强联合，并购都被零售企业视为"救命稻草"。

2013 年 8 月 9 日，华润创业和 Tesco 乐购英国总部同时发布公告称，双方已签署谅解备忘录，利用各自的零售资源在华组建合资公司。10 月 2 日，Tesco 集团宣布，将中国大陆零售及房地产物业和现金 43.25 亿元注入华润创业子公司利原，打造一家多元化零售商。完成交易后，华润创业及特易购于利原公司的持股量分别为 80% 及 20%。该交易将在 2014 年上半年完成。

2013 年 10 月 15 日，物美商业与卜蜂莲花董事会签订框架协议，由物美收购卜蜂莲花位于大陆除广东、湖南省以外的全部共计 36 家门店，代价是 23.45 亿港元，双方为交叉持股。不过在 12 月 16 日，卜蜂莲花发布公告称，与物美商业之前宣布的分店转让及互购股份的合作协议已失效，双方未能就交易主要条款取得进展，认购事项将不会继续进行。

百货业的资本运作，不能是简单着眼于资本、着眼于并购、着眼于规模，而是必须坚持以经营为前提和基础，坚持核心业务的相容和协同效应的实现，着眼于文化、理念、团队的融合，以实现整体竞争力为目标。

三　广州百货业加强创新的措施

创新是百货业发展的永恒主题。今后，广州的百货业还将充分把握商贸业转型升级的时代特征，发扬创新精神，激发创新活力，大力实施创新驱动战略。

（一）加强创新研究

为了百货业的创新，必须进一步打造有利于商业发展的环境，加强行业创新的研讨。本文分析了目前广州百货业发展中存在的问题，作为今后行业创新的解决目标。

1. 服务模式未能完全满足顾客、客户需求

满足顾客、客户和供应商需求是商贸企业经营本质。互联网冲击、信息技术突飞猛进改变了消费者购物习惯，提升了消费者对服务的期望。广州百货业在消费者购物、供应商管理以及租户服务上，有时仍采取多年的传统服务模

式，存在个别需要顾客繁杂奔波才能完成交易的流程，效率较低，提供给顾客或客户的增值信息较少，处理顾客投诉环节过多、流程长、效率慢，顾客时有抱怨。服务模式是购物基本体验，是内部经营管理的折射。在大数据、WiFi、电子标签、二维码、智能货架、自动收银、移动互联等推动传统商业服务模式革新的时代，迫使百货业必须加快转型，更新思维模式，提升服务质量。

2. 拓展上下游渠道的能力还有待提高，维护渠道能力还需要更强

近两年，零售业务通过品牌代理加大自营商品经营规模，但整体渠道管理能力还有待于加强。零售业务大都采用专柜联营模式，没有定价权，掌控上下游的能力受限。现有业务竞争加剧，上下游侵蚀利润，导致百货业的经营越来越艰难。因此，必须加大力度、加快速度向渠道要效益，增强渠道拓展和管理能力。

3. 企业转型升级的速度还比较慢，商业模式创新的力度还比较弱

广州百货业体验式营销方式经过一段时间策划开展，每次都有亮点和创新元素加入，但消费者新鲜感要求越来越高，促销效果时强时弱，促销模式创新力度还可以加强。增加服装品牌代理可促进代理品牌的差异化经营、加大对外区门店品牌的管控力，但又面临了门店同质化和品牌重合的问题。跳出广州放眼同行，商贸业近年均重拳涉足新业态，大刀阔斧推动模式变革。如何占领行业发展先机，是我们需要思考的问题。

（二）加强创新指导

2013 年，广州市位列"福布斯中国大陆最佳商业城市排行榜"首位，说明广州市具有良好的商业环境，市政府以及社会组织和企业做出了很大的努力。今后，要推动百货业创新发展，更需要政府、商会协会共同努力对百货业创新进行指导和推动。可以通过认真调研、召开论坛或工作会议，进行规划，提出要求，加大对企业创新的推动力度。

1. 推动思维创新

要创新发展，首先高管人员、团队的理念要创新，从业者的知识要创新，要围绕创新转型来思考企业的发展，在百货业态整体规划、人才与战略匹配，以及企业管理制度等方面，都要符合创新转型的发展需求。创新思维，转变观念，是广州百货业创新发展的前提。

2. 推动商业模式创新

以创造和引领新的客户需求为导向，积极开展商业模式创新。

一是大力实施 O2O 商业模式。网购以不可阻挡的趋势高歌猛进，百货业界已经深切体会到这种变革的冲击。业界一直想把网购做好，但一直未成气候。商业转型是大战略，是发展的大趋势，关系到行业的未来，不能等，更不能回避，应该加大力度推进研究发展。因此，百货人要认真深入研究，破解瓶颈，推进已有网购网站的建设，完善优化运营平台，力争取得重大突破。

二是大力推进购物中心（综合体）业态的发展。积极稳妥在城市核心商圈或新城中心拓展购物中心新网点，形成购物中心与社区百货协同发展。特别是要在发挥购物中心体验功能上下功夫，在购物中心的综合性、体验性上提升质量。但是，当前有的城市购物中心的发展超出市场需求，面临供给过剩的问题，因此，必须加强投资规划的科学性。

三是积极尝试新业态。要加大对奥特莱斯折扣店、社区生活馆等新业态的研究和推进力度，实现多业态、多品牌融合发展。

3. 推动管理和技术创新

通过推行标准化管理，持续提升服务水平。同时，结合信息技术的发展，加大技术创新力度。如推进商场引入 APP 工作，通过无线 WiFi、二维码、手机 APP、微信等各种应用组合，逐步实现"线上预订""二维码扫描＋移动支付"等服务体系智能化功能。要研究利用云技术、大数据为进一步提升管理水平服务。

（三）加强创新激励

百货业的创新，不仅是企业的工作，也是全市经济发展系统工程的重要组成部分，需要政府部门、商（协）会、有关研究机构、企业形成合力，整合社会资源，方能使创新常态化、系统化，方能收到事半功倍的效果，为保持广州商业的发展优势、加快国际商贸的发展起到积极的推动作用。建议经贸部门研究提出创新补贴扶持政策，包括创新项目的设置和不同项目根据作用大小设立的扶持补贴标准，真正起到激励创新的作用。

B.10
广州城市物流配送的现状、特征及对策研究

张智勇　江　川*

摘　要:

　　城市物流配送是面对城市工商业活动和居民生活提供服务、实现城市物资内外交换的物流活动，是满足居民生产生活需求的重大民生工程和商贸业发展的重要支柱力量。近年来，随着经济的飞速发展和城市化进程的加快，城市物流配送的需求日益旺盛，尤其是随着电子商务、连锁经营等新型商贸业业态的快速发展，对满足小批量、多批次、多样化、个性化的现代城市物流配送提出了更高的要求。广州市城市物流配送与商贸业发展之间的矛盾和问题日益凸显，面对出现的新情况、新特点、新问题和新机遇，本文提出了广州市城市物流配送的发展态势及对策，通过加快与商贸流通业的融合来发展城市物流配送，提升商贸业活力。

关键词:

　　城市物流配送　发展对策　发展态势　业态融合

一　广州市城市物流配送发展综述

（一）城市物流配送的相关概述

1. 城市物流配送

城市物流配送是发生在城区及市近郊区域范围内的物流活动，物流企业按

---

* 张智勇，博士、教授，华南理工大学经贸学院物流工程系主任；江川，广州物流与供应链协会秘书长。

照客户多样化、个性化的物流需求，对货物进行一系列作业，以便将货物高效准时地送达目的地。城市物流配送在服务过程中追求的目标有：①高水平的准时到达率，及时满足顾客的生产、生活需求；②通过合理配载，提高车辆利用率，从而为企业节约运作成本；③降低车辆的空载率，协调经济与社会的关系，缓解交通拥挤。

2. 城市物流配送体系

城市物流配送体系涵盖城市物流配送的各个方面，是城市物流配送在发展过程中经行业和社会不断探索所取得的成果，推动城市物流配送不断优化。城市物流配送体系研究的空间范围是在一个城市内部，而研究的主要内容是城市物流配送体系内部是怎么运作的、城市物流配送体系内部是怎么构成的，以及该体系的组织协调等。

3. 城市物流配送的业务流程

在实际运作过程中，由于受不同配送企业的技术资金差异、货物属性不同、客户要求多样化等因素的影响，城市物流配送作业环节各异。但通常情况下，城市物流配送的业务流程包括以下几方面。

（1）进货，该环节一般包括采购货物、集中货源、组织货物入库、质量检查及其他财务工作。

（2）储存，包括长期性和短暂性两种，前者主要是为了满足生产与消费的时间差距，后者只是保证整个配送过程的顺利进行。

（3）分拣理货，主要是根据客户的配送时间要求确定的配送顺序以及货物属性而开展的活动，目的是为了完善和支持送货。

（4）配货与配装，配货是按客户个性化的货物组合要求进行的，配装则是按车辆的运能及确定的配送线路开展的。

（5）送货，综合考虑客户需求、自身运输工具能力等要素，通过运输工具及软件的辅助，将装配好的货物送达目的地。

（6）交货，标志着配送活动的结束，主要是将货物交给客户，完成相关手续的交接，如财务、产权等。

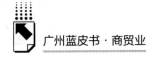

（二）广州市城市物流配送政策环境分析

1. 管理体制需继续完善

当前，广州市城市物流配送工作由市交委主管负责，同时市发改委、市经济贸易委员会、市城管委、市规划局、市环保局、市质监局、市科信局、市公安交警支队等职能部门对城市物流配送均有一定的管辖职能和权限。各职能部门根据其部门职权，从不同角度对城市物流配送进行管理：市发改委和市规划局负责物流规划和项目建设；市交委负责城市物流配送的具体规划，制定政策规范，对配送过程进行动态管理监控；市经济贸易委员会设立产业物流处，侧重于产业物流、物流与工商业的融合发展等工作；市公安交警支队则负责城市物流配送过程中交通运行的监管。在这种多头管理的体制下，需要建立统一决策和协调的机制，才能更好地管理城市物流配送行业，为其发展提供一个良好的体制环境。

2. 政策法规建设情况

近年来，国家及地方各级政府对现代物流业的发展给予高度重视。为推动物流业的健康发展，广州市物流主管部门依据国家和省级政策法规，结合物流业发展的实际情况，制订出台一系列促进物流业发展的政策法规。这些法规涵盖产业发展、市场准入和退出、财政和土地保障、运营监管、行业信息统计及从业人员培训等方面。

目前已经发布的涉及城市物流配送的政策法规相对较少，主要有《广州现代物流发展布局规划（2012 - 2020 年)》。这一规划指出城市配送工程为重点工程之一，明确采取"政府规划、企业运作、试点先行、全面铺开"的方式稳步推进城市物流配送体系建设。以第三方物流配送企业为主体，以城市物流配送专用车辆为载体，研究实施配套的通行、停靠政策，运用信息化、智能化技术优化配送流程，逐步形成共同配送，构建"高效、低碳、集约、智能"城市物流配送体系。

（三）广州市城市物流配送对商贸业发展的影响

1. 城市物流配送为商贸业发展提供重要支撑

广州市作为我国经济较发达的几大城市之一，商品交易、进出口贸易活动频繁，加上近年来网上购物的快速发展，商贸业衍生大量的物流服务活动，对城市物流配送需求越发强烈。广州市顺应国家的政策引导，在市场机制的作用下，积极推动城市物流配送试点工作，不断探索创新的配送方式，较好地适应了商贸服务业快速发展和居民消费升级的需求。城市物流配送对促进商贸繁荣、服务民生、改善消费环境发挥了积极作用，是支撑广州市商贸业发展的中坚力量。

2. 城市物流配送是商贸业竞争的新热点

随着电子商务时代的迅猛到来，尤其是网络购物、电视购物、电话购物等新兴购物消费方式的快速崛起，伴随新一代人群消费能力的爆炸式膨胀，便利、快捷、高效以及小批量、多批次、时效性强的城市物流配送逐渐成为商贸企业竞争的新热点。配送的质量、速度、方便程度等指标的优劣直接决定着城市居民消费的选择，从而影响商贸企业的经营绩效、市场份额等。商贸企业在发展过程中不得不将城市物流配送的合作商的选择、业务流程的改善等工作放在重要位置。

3. 城市物流配送为商贸业的发展注入新技术

高端、先进的物流技术在商贸领域得到了应用，如大型连锁企业的配送中心、自动化的立体仓库、自动化的分拣装备、信息的监控、全程的可视化管理。实现物流新技术与商贸业的融合，有利于降低商贸业的整体成本，推进流通方式转型升级，转变经济发展方式。

二　广州市城市物流配送发展现状

（一）广州市城市物流配送总体情况

广州市配送节点布局以中心区最为集中，并呈现出向外围区域逐渐递减的趋势。以 2013 年为例，白云区作为广州市的物流集中区和批发市场集中区，配送节点数量最多，占 17.13%；其次，广州市一半以上的配送节点集中于海珠区、越秀区、天河区、荔湾区等中心四城区，分别占 16.04%、15.78%、12.85%、12.48%，共占 57.15%；数量较少的是番禺区、花都区、增城市①、

---

① 2014 年 2 月，黄埔区、萝岗区合并设立新的黄埔区；从化市、增城市撤销并设立从化区、增城区。本文 2014 年之前数据均采用原先行政划分。

黄埔区、从化市，分别占 9.63%、5.51%、4.50%、2.89%、1.53%；数量最少的是萝岗区和南沙区，分别占 0.85%、0.81%。

广州市配送车辆总体规模大。截至 2013 年，登记在册营运货车为 196761 辆，其中小于 2 吨的货车共有 124256 辆，合计载重量 155825 吨，全部用于城市物流配送；2 吨~5 吨的货车共有 20087 辆，合计载重量 81916 吨，约有八成的车辆用于城市物流配送；5 吨以上的货车共有 52418 辆，合计载重量 1295670 吨，但这类型车辆不属于城市配送车辆，即登记在册的本市营运货车用于城市物流配送的数量约为 140326 辆。

（二）广州市城市物流配送市场现状及特点

1. 城市物流配送量快速增长

近年来，广州市城市物流配送保持着良好的发展势头。2013 年实现城市物流配送量 4449.06 万吨，远远超过 2008 年的城市物流配送量，增长 127.42%，实现大幅度增长。2008~2013 年广州市城市物流配送量平均每年以 415.46 万吨的规模增长，平均年增长率达到 21.24%（见图1）。这与广州市近几年经济的发展有关，网络购物逐渐兴起，商贸活动频繁，产生了大量的配送需求。

图1　2008~2013 年城市物流配送量变化情况

2. 配送商品所占比例变化不大

对比 2008 年和 2013 年广州市城市物流配送商品结构的变化，比重较大的商品为与居民生活衣、食、用、行密切相关的商品。

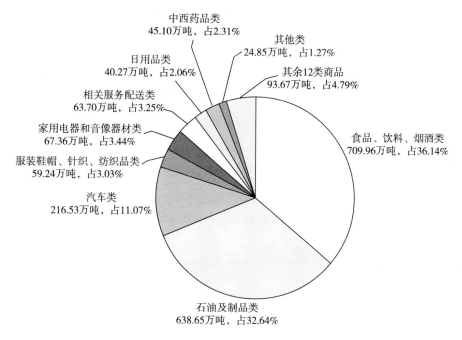

图2 2008年各类商品配送量占城市物流配送物流总量比重（占比1%以上商品）

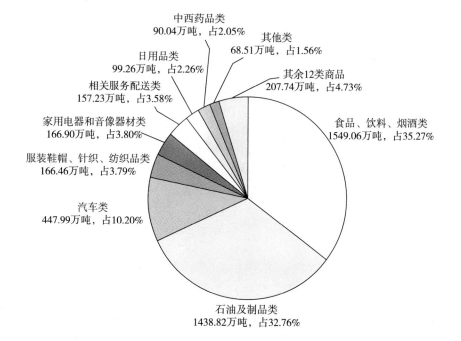

图3 2013年各类商品配送量占城市物流配送物流总量比重（占比1%以上商品）

从具体商品种类来看，2013 年与 2008 年相比占城市物流配送物流总量比重增长最快的商品种类是服装鞋帽、针织、纺织品类，食品、饮料、烟酒类商品比重减少最大，减少 0.87%（见图 2、图 3）。

在广州市城市物流配送的 21 大类商品中，汽车类、五金类、电料类、石油及其制品类、煤炭及其制品类、木材及其制品类等这些大宗产品和中西药品类专业性商品已基本实现了共同配送；快消品类（食品中的鲜活产品类、干货类、饮料类、烟酒类、日用品类）、文化办公用品类、服装鞋帽、针纺织品类等因其商品属性相似、体积较小、同类商品目的地基本相同，逐渐开始共同配送。

3. 城市物流配送量存在空间差异

从城市物流配送空间结构看，中心四城区（越秀区、天河区、荔湾区、海珠区）、番禺区以及白云区是广州市城市物流配送规模最大的城区，其中天河区为 831.41 万吨，占 18.93%；越秀区为 820.87 万吨，占 18.69%；番禺区为 621.91 万吨，占 14.16%；白云区为 558.66 万吨，占 12.72%；海珠区为 469.95 万吨，占 10.70%；荔湾区为 394.84 万吨，占 8.99%（见图 4）。这

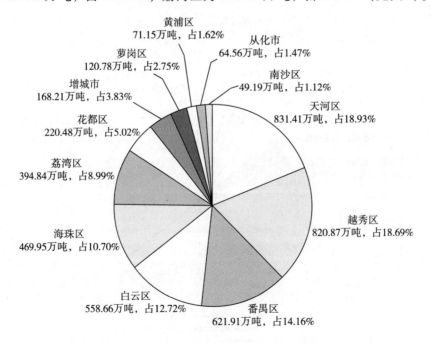

图 4　2013 年广州市各区城市物流配送量

六大城区的城市物流配送总量为3697.64万吨，占全市配送量的84.19%。从各区（市）的情况来看，天河区城市物流配送量最多，达到831.41万吨，所占比重是18.93%；而配送量最少的地区是南沙区49.19万吨，占1.12%，仅有天河区的5.92%。

（三）广州市城市物流配送企业现状及特点

1. 城市物流配送企业规模扩大，区域分布不均

当前广州市物流市场需求旺盛，物流企业数量在短时间内大幅度增加。2008年，广州市参与物流、仓储、运输的公司及分支机构约有26355家；2013年，约有33240家，增加6885家，增长26.12%。其中，天河区8113家（占24.4%）、越秀区7448家（22.4%）、海珠区4555家（13.7%）、白云区4023家（12.1%）、荔湾区3159家（9.5%），这五个区配送企业数量较多，占比达82.1%，与广州市商贸业集中在中心五区的现实相吻合（见图5）。番

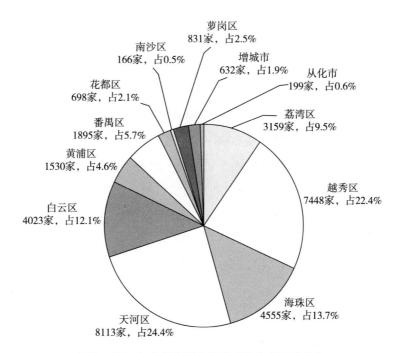

图5　2013年广州市城市物流配送企业区域分布

禺区（5.7%）、黄埔区（4.6%）、萝岗区（2.5%）、花都区（2.1%）、增城市（1.9%）、从化市（0.6%）、南沙区（0.5%）的配送企业所占比例较低，但随着产业布局的调整，入驻企业将会得到较快发展。

2. 配送企业规模以中小型为主

近年来，随着广州市城市物流配送需求的增加，物流配送的企业数量也大幅度增加。其中，中小型城市物流配送企业所占比例较大，大型城市物流配送企业的数量少，如表1所示。

表1　近年广州市城市物流配送企业规模一览

营业收入＼年份	2008		2013		增长率（%）
	数量（家）	占比（%）	数量（家）	占比（%）	
5亿元以上	190	0.7	385	1.1	102.6
1亿~5亿元	517	2.0	724	2.1	40.0
0.5亿~1亿元	514	2.0	529	1.6	2.9
0.1亿~0.5亿元	4958	18.8	3495	10.3	−29.5
0.05亿~0.1亿元	3172	12.0	2867	8.4	−9.6
小于0.05亿元	17000	64.5	25942	76.4	52.6

2013年，营业收入5亿元以上的企业仅占比1.1%，而营业收入小于0.05亿元的企业占比高达76.4%。另外，不同规模（按营业收入计算）的城市物流配送企业增长速度也不同。从2008年、2013年两年的城市物流配送企业规模的对比分析中可发现，营业收入5亿元以上的城市物流配送企业数量增长率为102.6%，营业收入0.1亿~0.5亿元的城市物流配送企业数量增长率为−29.5%，营业收入小于0.05亿元的城市物流配送企业数量增长率52.6%，呈现两端增长快、中间增长慢甚至负增长的哑铃形结构。大型城市物流配送企业将占据城市物流配送企业的主要部分，小型城市物流配送企业主要针对某一微小细分市场开展业务。

3. 城市物流配送企业数量具有行业差异

广州市各行业的产业规模、配送业务量、配送需求等都不相同，所以各行业的城市物流配送企业数量也有较大差别。2008年、2013年广州市各行业城市物流配送企业数量统计如表2所示。

表2　2008年、2013年广州市城市物流配送企业行业分布情况

年份 类别	2008		2013		增长率（%）
	数量（家）	占比（%）	数量（家）	占比（%）	
机械设备	7850	29.8	10217	30.1	30.2
纺织、服装、日用品	6214	23.6	6822	20.1	9.8
矿产品、建材、化工产品	4557	17.3	6279	18.5	37.8
食品、饮料、烟草制品	1692	6.4	2580	7.6	52.5
文化、体育用品及器材	1508	5.7	2070	6.1	37.3
医药及医疗器械	1180	4.5	1663	4.9	40.9
农畜产品	524	2.0	441	1.3	-15.8
其他未列明行业	2826	10.7	3869	11.4	36.9

　　2013年机械设备行业配送企业数量10217家（占30.1%），纺织、服装、日用品行业6822家（占比20.1%），矿产品、建材及化工产品6279家（占比18.5%），三大行业累计占比68.7%。从2008年、2013年两年的对比分析可发现，五年中增长最快的是食品、饮料、烟草制品行业，增长率为52.5%；其次是医药及医疗器械，为40.9%；再次是矿产品、建材、化工产品行业，为37.8%，而农畜产品呈现负增长，减少15.8%。

（四）商贸业发展给城市物流配送行业带来的新情况

1. 商贸业发展对城市物流配送提出新要求

　　近年来，受利好因素的驱动，广州市商贸业发展迅速，尤为突出的是以"双11"购物节为代表的网络零售市场发展。这一现象从侧面反映了城市物流配送发展的重要性和潜力，但同时也暴露出这一行业存在的问题，流通设施不足的矛盾更加突出。电子商务企业每一次大型的促销活动的开展，城市物流配送都得承受很大的压力。城市物流配送行业必须从根本上提升其服务质量，加大物流标准化建设力度，提高物流信息化水平，推动城市物流配送服务往更加专业化、规范化的方向发展。

2. 商贸业的发展凸显城市物流配送的重要性

　　在国家及广州市多项政策的支持下，近年来广州市不同类型的商贸企业竞争越发激烈，企业均试图寻找提高自身效益的途径。商贸企业逐渐意识到流通

渠道的重要性，产业界竞争焦点逐渐转向对流通渠道的争夺，城市物流配送已经成为降低成本、增加利润的重要途径。

3. 商贸业的发展影响城市物流配送不同商品的比例变化

近几年，服装鞋帽、针织、纺织品类成为广州市城市物流配送物流总量比重增长最快的商品种类，而食品、饮料、烟酒类是所占比重相比减少较大的商品种类。随着现代商贸业的发展，尤其是新的经营业态的出现和快速发展，人们对其他商品种类如电子产品、衣服等商品的配送需求增加，食品、饮料、烟酒类商品所占比例随之减少。可见，商贸业的发展对城市物流配送不同商品所占比重的变化产生较大的影响。

三 广州市城市物流配送存在的问题及对策分析

（一）广州市城市物流配送存在的问题

以现代物流的观点来看，目前广州市城市物流配送主要存在以下问题：一是网络布局不合理；二是信息化、标准化、国际化程度不够高；三是行业发展较慢，第三方物流企业较少、水平较低；四是相关行业政策的缺失造成配送成本偏高、"最后一公里"等问题日益突出。具体表现为以下几方面。

1. 城市物流配送的发展远远落后于电子商务的发展速度

据有关资料显示，广州市城市物流配送的发展跟不上经济发展与居民消费的需求，尤其是赶不上电子商务的发展速度，广州市全面提升商贸物流业的发展水平形势紧迫。数据显示，目前广州市有电子商务服务企业1800多家，涌现出环球市场、唯品会、梦芭莎等全国知名的电子商务龙头企业。据不完全统计，2013年广州市电子商务交易额已超过万亿元，其中网络购物消费额超300亿元。广州市电子商务发展态势良好，成为商贸业中新型业态模式的典型代表。网购产品种类、形态、内容和商品价值的复杂化和多样化特点，对城市物流配送提出较大的挑战。

随着电子商务热潮的掀起，原先城市物流配送发展相对滞后、商贸流通设施投入不足等矛盾更加突出。城市物流配送的发展落后于电子商务的发展，严重制约电子商务的进一步扩大，影响消费者的购物体验和消费感受。可见广州市城市物流配送的发展水平滞后于社会消费市场的需求，与不断转变、升级的居民消费模式还有较大的差距。

2. 第三方城市物流配送企业占比不足

在广州市物流企业中，第三方物流占物流市场的比重尚不足 25%，企业"自我配送"模式仍为主导，城市物流配送社会化、专业化和现代化水平偏低。从物流行业发展的角度来看，"自我配送"的模式不利于城市物流配送的发展，这种配送模式造成城市物流配送的高成本和低效率，不仅给生产厂商增加经营成本，还严重影响整个社会的商品流通速度，产生大量的资源浪费，效率不高。

此外，城市物流配送的特点是小批量、多批次，对安全性和快捷性的要求较高，有些还提供逆向物流和代收货款等增值服务。但就目前情况而言，由于社会化、专业化和现代化的第三方物流配送企业发展滞后，一方面，一些城市物流配送企业的服务费用太高；另一方面，部分城市物流配送企业的服务水平不能达到客户的要求，无法提供多元化、高标准和高要求的增值服务。

3. 城市物流配送的成本居高不下

近年来，广州市物流成本居高不下的问题频频引发争议。2013 年广州市社会物流总费用较高，占 GDP 的比重有 14.82%，与世界发达国家有很大的差距。从社会物流费用的结构上看，广州市各类物流费用所占比例依次为运输费用、保管费用和管理费用。同发达国家相比，运输费用与 GDP 的比重是发达国家的 1.3 倍，保管费用是 1.8 倍，管理费用高达 5.4 倍，差距十分明显。

造成这一现象的原因，主要有以下三方面：一是相关管理体制的问题，例如高速公路的乱收费、乱罚款问题；二是政策措施的局限性，如当下广州的"禁行""限行"等使得城市物流配送企业的运营成本不断加大；三是城市物流配送行业发展模式传统、落后、粗放，行业准入门槛较低，信息化、标准化程度低。

4. 城市物流配送车辆通行、停靠、装卸难问题突出

在城市物流配送车辆的通行方面，主要有以下一些问题：通行难、停靠难、装卸难，收费多、罚款多，概括起来就是"三难两多"的问题。由于城

市的交通管理压力较大，城市道路资源、交通资源还是普遍优先于公共客运和小轿车客运，对于进城的货运车辆有诸多限制。

广州市商贸业较为发达，在原有大量客流情况下，城市配送车辆也占有很大的比例，造成了严重的交通拥堵，"三难两多"问题更为突出。为缓解城市交通拥堵，货车限行政策日趋严厉，限制通行区域不断扩大，限行时间更长，城市物流配送车辆通行更加难以得到保证。城市物流配送车辆通行、停靠、装卸难的问题直接导致城市物流配送效率低、成本高和服务质量不高，制约电子商务、连锁经营、现代物流等现代流通方式的快速发展。

（二）广州市城市物流配送发展的对策

针对近几年广州市在城市物流配送领域出现的种种问题，物流有关部门计划并实施了一系列有助于城市物流配送行业发展的政策措施，加强试点工作的开展，加速制定多项标准规范和管理办法，加快城市物流配送的信息化建设。有关企业也积极配合政府工作，努力创新管理模式和服务方式，积极采用物流新技术、探索配送新模式，在增强自身业务能力和综合竞争力的同时，积极参与共同配送和城市物流配送公共信息平台的建设进程中。

1. 加快推动城市物流配送标准体系建设

加快推动城市物流配送标准体系，能够有效保障物流业的健康发展，有利于提高商贸流通业货物的流通速度，增强配送的及时性和有效性。此外，完善的城市物流配送标准体系有助于优化交通资源配送，整合社会物流资源，促进城市物流配送行业的发展。

加强城市物流配送标准规范体系建设，以制定城市配送车辆标准、城市配送服务规范、共同配送作业标准等为工作重点，通过开展城市物流配送企业试点，研究城市物流配送的车辆选型、车辆技术标准、配送中心建设、停车位设置等一系列亟须解决的问题，制定出适合广州市城市物流配送市场的标准规范体系。

2. 加强城市物流配送试点工作，鼓励发展专业化、社会化城市物流配送

根据《关于加强城市配送管理工作的意见》，市物流主管部门积极开展城市物流配送试点工作。根据有关规定，在各区（县级市）政府推荐的基础上，通过企业申报、专家评审、社会公示等程序，选取连锁分销、商贸分销、快递快运、冷链基地和电子商务等五类试点企业。

城市物流配送试点企业评选工作的完成，有利于树立行业标杆、优化物流资源、缓解城市交通压力，促进城市物流配送健康、有序发展。进一步扩大城市物流配送试点企业的范围，有以下几方面的建议：一是加快发展共同配送，实现社会效率的提升和收益共享机制；二是推动城市物流配送基础设施建设，尽快实现"4－4－8－12"的物流网络格局；三是加大对试点企业的政策扶持力度，鼓励企业自身创新发展，提高企业知名度。

3. 加强城市物流配送信息化建设，促进企业的转型升级

加强城市物流配送信息化建设，有利于加强与商贸企业的信息共享，实现合作共赢；有利于协调生产与销售、运输与存储等业务的开展；有利于优化供货程序，缩短配送时空距离，减缓城市交通拥堵等。然而，广州市大部分城市物流配送企业信息化基础薄弱，多数企业没有开发和利用现代物流信息系统平台。

因而，广州市应加快推进城市物流配送公共信息服务平台建设，整合物流服务供需双方信息资源，提供政府公共信息、物流交易信息和增值信息服务。加快提高广州市城市物流配送的信息化水平，鼓励企业进行信息化改造，推动行业信息的整合和共享，实现企业的转型升级。

4. 完善城市配送车辆通行、停靠管理机制，提高交通通行质量

切实解除城市物流配送车辆通行、停靠、装卸难的瓶颈制约，既是贯彻落实国家大力发展现代物流、提高流通效率相关规划、实施方案战略部署的迫切要求，也是广州市发展城市物流配送、加快商品流通、带动城市经济发展和满足居民消费的重要一环。

以规范配送车辆管理、完善配送车辆通行证管理机制、放开专业配送车辆通行权限为抓手，通过试点先行、稳步推进的方式，逐步缓解"三难两多"瓶颈制约。相关管理部门应当根据城市物流配送试点工作需要，结合试点企业车辆流量、流向、流时、货品货类以及城市物流配送需求，合理确定城市物流配送试点车辆通行政策，并在不占用主干道、不影响道路交通的前提下，设置城市物流配送专用停车位，解决配送车辆停靠和装卸作业遇到的问题。

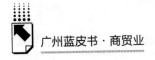

四　广州市城市物流配送发展态势

（一）城市物流配送基础设施网络更加完善

广州市城市物流配送基础设施网络主要由三级节点构成，分别是大型综合城市物流配送基地、专业城市物流配送中心、社区配送集散点。大型综合城市物流配送基地布局在广州市外围，与物流园区和大型商贸活动聚集区相配合，实现大批量货物的集中配送，有效减轻城市中心交通压力；专业城市物流配送中心，是专门从事某类商品配送企业以及相关配套服务企业聚集发展的共享配送平台；社区配送集散点是城市物流配送最末端的节点，具有停车、集货、组配、配送功能和仓储、装卸功能等。

构建发达完善的城市物流配送基础设施网络，有利于促进配送业务集成、协助分工，实施供应链管理和共同配送，大大提高城市物流配送的社会化、专业化和规模化水平；同时还有助于城市物流配送资源的整合，促进第三方专业配送企业的发展壮大。

（二）一系列重大项目正在规划与兴建中

今年以来，广州市继续推进重点物流项目的评审和实施工作，带动一大批重大项目的规划、建设和发展，包括基于公共交通大数据处理技术的城市物流配送公共信息平台、黄埔现代物流配送中心建设项目（一期）、基于全程冷链和共同配送的城市供应链建设项目、基于流通领域物流一体化平台等。至2013 年 12 月，重点物流项目的总投资额已超过 46.5 亿元，大大促进了广州市物流行业的发展。

港口、机场、物流园区等物流基础设施建设投资力度加大。南沙港区建设加快。白云机场"国际一号货站"建成使用，将发挥对腹地经济发展的辐射和带动作用，发挥临空经济优势，对积极承接国内国际产业转移有十分重要的积极作用。

（三）政府更加重视城市物流配送行业的发展

《广州市现代物流发展布局规划（2012－2020年)》颁布出台，对物流布局和物流节点建设给出了具体的方案。广州市政府各部门也更加重视城市物流配送行业的发展工作，积极组织城市物流配送试点工作，加大对龙头企业的扶持力度；加强城市物流配送车辆的管理工作，有效缓解城市交通压力；加快城市物流配送标准体系的研究实施工作，促进行业标准的建立；继续推进城市物流配送企业的统计工作，加强对城市物流配送行业的了解。

（四）城市物流配送与商贸流通业融合更加紧密

在制造业领域，有三个90％的定律：一个制造企业，纯生产时间只占全部生产流程总时间的10％，而各种物流时间占90％；一件工业产品，生产成本只占10％，而采购与物流成本占90％；一件工业产品，生产利润只占总利润的10％，而物流与销售利润占总利润的90％。由此可见，流通领域占据商品的大部分成本和利润，提高流通效率、降低流通成本显得尤为重要。

城市物流配送是商品流通的重要组成部分，一头连着生产，另一头连着消费。城市物流配送已经成为商贸业发展的命脉，城市物流配送的发展已经在无时无刻中影响商贸业的发展。部分城市物流配送龙头企业也通过自身的努力，利用自身发展经验，通过探索发展新型物流模式，促进商品流通效率的提升。如广东嘉诚物流公司以供应链的理念，深入企业生产到销售的各个环节，帮助客户降低物流成本，缩短了制造周期，实现了"零库存"。广东华新商贸有限公司发展"批发贸易＋物流"模式，代理销售100多个品牌，为上万个快速消费品零售网点提供配送服务。总的来看，商贸业的发展已越来越离不开城市物流配送，城市物流配送的发展会刺激商贸业业态和经营模式发生新一轮的突破和创新，两者相互融合越发紧密的趋势将势不可当。

广州"淘宝村"发展调研

罗翌洁 苏俊丹 刘 坤*

摘 要:

番禺区南村镇的里仁洞村,是目前我国已发现的 20 个"淘宝村"之一,也是广州市最具规模的"淘宝村"。经过几年的发展,"淘宝村"已聚集了 600 多家淘宝商家,并形成了较为成熟的商业模式。目前,"淘宝村"面临经营成本、社区管理、安全隐患及规范发展等诸多问题,影响"淘宝村"的生存和发展。本文探讨"淘宝村"的发展形成、存在的问题和政府在其发展过程中如何发挥作用。

关键词:

广州 里仁洞村 淘宝村 调研

针对"淘宝村"这个中国经济现象,2013 年 12 月,阿里研究中心发布了《淘宝村研究微报告 2.0》,公布了全国目前已发现的 20 个"淘宝村",广州市番禺区南村镇里仁洞村名列其中,也是广州市目前最具规模的"淘宝村"。

一 "淘宝村"的基本情况

"淘宝村"(里仁洞村)位于番禺区南村镇的西部,面积约 4.1 平方公里,目前已聚集淘宝网商 600 余家,快递投送点 20 余个。商家租用民房作为办公用房和仓库,分散于村内东、南、西三个区域。"淘宝村"以服饰产品为主

---

* 罗翌洁、苏俊丹、刘坤,广州市番禺区经济贸易促进局。

打，以淘宝平台为依托，借助商家的业务和关系网，形成了较为成熟的商业模式：商家租用民房作为办公地点和仓库→招聘员工开展业务运营→通过淘宝平台获取订单→根据订单委托潮汕及东莞地区的制衣厂生产成品或直接到广州市区的批发市场批发成品→联系村内的快递投送点投送货品并完成交易。几年来，"淘宝村"凭借房屋的租金优势和同乡的帮带关系，在短短几年的时间里便集聚了大批商家，使得"淘宝村"的规模得以迅速扩大。同时，部分商家借助"淘宝村"的迅猛发展势头和自己的聪明才智，顺利完成了原始积累，实现了从小网店到大商家的转型，年销售额超过千万元，并建设了现代化的办公场所。

二 "淘宝村"的形成

"淘宝村"是典型的自发形成的集聚区，其形成带有一定的偶然性，村内民房低廉的租金和创业群体的同乡帮带关系对其形成和发展产生了重要的作用。

里仁洞村相比于周边其他村庄最大的优势在于房屋租金低廉。2009年之前，里仁洞村依然是一个偏僻的村庄，但凭借着相对便利的交通条件和明显的房屋租金优势，这里逐渐集聚了最早的一批淘宝商家和快递商家。商家的不断进驻改善了村内的生活及创业条件，吸引了更多的商家和求职者前来创业和就业。在这个过程中，房屋的租金优势始终是一个关键因素。另外，同乡关系对推动"淘宝村"中创业群体的形成作用明显。"淘宝村"的从业群体绝大多数来自于潮汕地区，包括最早一批的创业群体。他们通过介绍或其他方式帮助同乡寻找就业及创业机会，逐渐在村内形成了相对集中的群体。这种同乡关系加快了商家聚集到"淘宝村"的速度，加速了"淘宝村"的形成。

三 "淘宝村"面临的问题

（一）成本的问题

随着商家的不断聚集，村内的房租水涨船高，特别是近一年来，房租上升的幅度部分高达100%，加上部分村民随意变动房租，商家普遍面临巨大的成本压力。据了解，仅2013年，"淘宝村"搬离的商家就多达100多家，目前仍有商家表示，如果房租持续大幅上涨，他们也将考虑搬离此地。除了房租成本，用工成本问题也日益严峻，特别是近年来员工招聘越来越难，成本越来越高，以至于目前只能通过同乡介绍才能部分缓解用工压力。

（二）社区管理的问题

除了房租、水电及基本生活需求外，商家与村民及村委的交集很少，以至于村委至今对村内租住的商家情况缺乏翔实的了解。虽然商家的聚集为村内的旅社、饭馆、商店等带来了稳定的客源，但这并未减少村民与商家之间的隔膜，双方时常因为一些小事发生矛盾和冲突。

（三）安全隐患的问题

目前，绝大多数商家都是租用民房作为办公场所或仓库，在里面放置了大量的服装、木架、办公用品等低值易燃物。这些民房大多排列密集，通风较差，消防设备缺乏，一旦发生安全事故，可能产生较为严重的后果。

（四）规范发展的问题

目前，"淘宝村"600多家商家中，进行过企业注册登记的不到1%。这有两个方面的原因：一是商家无意注册，主要为了避免缴纳税收；二是商家难以注册，因为国家规定民用住宅不可以用做企业（公司）的注册登记场所。即使可以解决办公场所的问题，商家也需要房东和村委开具租住证明才能办理相关手续，而房东和村委普遍对此积极性不高。

正是由于这些问题，商家对于未来是否会继续留在"淘宝村"发展缺乏长远的打算，这在调研的过程中得到了证实。商家们表示，相比于家乡潮汕地区政府大力扶持电子商务发展，本地的优势不是很明显。不过广州国际化大都市的开放和包容及本地目前仍具一定优势的低廉房租，使得他们在一定程度上愿意植根本地发展，但随着经营成本的日益上涨，未来何去何从面临不确定性。

四　促进"淘宝村"健康发展的思考

"淘宝村"的形成模式，类似于国内许多自发形成的集聚区，如北京通州宋庄艺术区、深圳大芬油画村、广州小洲村艺术聚集区及国内其他数以百计的集聚区。这些集聚区在形成方式上存在共同点，如租金和生活成本低廉、交通便利、资源丰富等，但在后续政府的引导和规划中，部分没落，部分平庸，部分则成为全国闻名的产业或艺术集聚区。因此，如何发挥政府的作用，在"淘宝村"后续发展过程中，给予一定的规范管理和扶持，以促进"淘宝村"的健康发展。

（一）加强规范管理和扶持

目前"淘宝村"存在着一定的治安和安全隐患问题，也存在一定的商家与居民矛盾和社区环境混乱等现象。如果不加强管理，必将使社区环境进一步恶化，甚至导致治安和安全事故，也将直接影响淘宝商家的经营运作，从而影响整个"淘宝村"的发展壮大。为了保障"淘宝村"的健康发展，发挥政府社区管理职能，加强对"淘宝村"的社区管理势在必行。在加强管理的同时，要通过采取有力的措施，优化发展环境，增强综合服务能力，促进"淘宝村"的健康发展，使其实现做大做强。

（二）主要对策

"淘宝村"能够发展到今天的规模，实属不易。因此，加强管理的目的是规范"淘宝村"发展秩序，消除治安和安全隐患，改善和优化社区环境，保护好这个草根创业家的摇篮，为小微创业商家创造更好的发展环境，让他们能够扎根本地获得更大的发展。在规范管理中切忌采取简单粗暴的方法，导致管死管跑。我们认为主要的管理内容和促进措施如下。

（1）建立沟通联系机制，包括与商家的沟通和与村民的沟通。充分把握好目前掌握的商家资源，鼓励和支持他们联系村内的其他商家，力争在商家之间建立沟通对话平台和对话机制，进而构建与政府部门的沟通对话机制。同时，主动与村委联系，向其反映问题，使其明晓商家聚集与本村发展之间的利害关系，争取在有关问题上取得村委和村民的支持。

（2）引导和支持村集体经济投资或对部分工业厂房进行改造建设"淘宝村"商务大楼，引导商家聚集发展，逐渐撤离居民社区，改善社区环境和与发展环境。同时在租金和办公设施以及发展环境给予大力支持。

（3）尽力帮助解决商家面临的迫切问题，主要是经营成本问题，包括用工成本和房租成本。关于用工成本，可借助新成立的番禺区电子商务协会，在村内商家与番禺人才市场及其他相关人才供应渠道之间搭建对接机制，缓解商家的用工压力。关于房租成本，积极促成商家与村委之间的对话，在固定房租的基础上，探索商家与村民之间的利益分成模式，以商家每年一定比例的收益给付，换取村民在房租浮动、治安环境等方面的保障，尽量为商家提供一个稳定的发展环境。

（4）尽力减少治安和安全隐患。争取取得村委及村民的支持，改善村内的治安环境，并定期对村内的出租房屋进行安全隐患排查，尤其是消防隐患的排除，提升村民及商家的安全意识，加强对安全隐患的整改，最大限度消除安全隐患。

（5）加强为商家提供综合服务的支持，特别是规范物流配送市场秩序，增强物流配送服务能力和服务水平，尽可能地提高物流配送服务的便利性和降低物流配送成本。此外，通过积极引进相关的服务机构及企业，如广告代理、研发设计、市场调研、金融保险、法律咨询等，为商家提供综合服务的支持。

（6）引导商家依法经营，杜绝假劣伪冒，并与工商等部门沟通，商讨解决商家难以进行企业注册登记的等问题。

行 业 篇

Industry Reports

B.12

2013 年广州外贸发展特点
及 2014 年展望

陈万灵　邓玲丽*

摘 要：

2013 年，广州外贸在复杂严峻的国内外经济环境中攻坚克难，推动外贸经济稳中有进；产品结构出现逆向调整；货物贸易和利用外资稳步增长；出口市场多元化继续深化；外贸主体仍然以外资企业和民营企业为主，但是外资企业比重下降；一般贸易上升，加工贸易出现下滑；服务贸易发展势头强劲。2014 年，尽管国内外形势较去年好，但仍然有很多不确定因素，广州外贸转型压力依旧很大。综述来看，2014 年广州对外贸易额增长3% 左右；其中，出口增长约为 3%，进口恢复为正增长，增长

* 陈万灵，博士、教授，广东外语外贸大学国际经济贸易研究中心主任，主要研究国际贸易与经济发展；邓玲丽，广东外语外贸大学国际经济贸易研究中心研究生。

率约3%，与全球贸易增幅相对应。在转型升级政策的支持下，贸易结构优化和市场多元化继续深化，加工贸易转型升级继续进行，服务贸易继续快速发展。

关键词：

外贸发展　外贸形势　外贸展望　广州

一　2013 年广州外贸发展的主要特点

世界经济经历了国际金融危机的几波冲击后，2013 年有所缓解，美国等发达国家开始恢复增长。但是国际市场需求仍然不足，并且结构不断变化，不确定性依旧存在。基于此，近几年，广州市政府采取了稳定出口和扩大进口、加快转变外贸发展方式、提高利用外资质量的外贸政策，启动外贸体制改革，使得广州外贸发展形成了新的特征。

（一）广州外贸总体增长乏力和月度大幅波动

2013 年，发达国家经济停止衰退、逐渐复苏，全球贸易增长停止衰减。中国开始部署体制改革，放低经济增长率，对外贸易整体上进入低速增长时期。2013 年，广州进出口贸易总值 1188.88 亿美元，增速为 1.47%，比上年增速 0.83% 上升了 0.64 个百分点。其中，广州出口贸易出现小幅增长，总值 628.06 亿美元，比上年增长 6.61%，比上年增速 4.33% 提高了 2.28 个百分点；进口贸易出现负增长，进口总值 560.82 亿美元，下降 3.67%，降幅比上年扩大 1.2 个百分点。这说明了广州外贸恢复的困境重重（见表 1、图 1）。近几年，广州对外贸易平均增速不断下降也说明这个问题。比较而言，广州外贸增长速度低于全国和广东全省速度。2007～2013 年，广州对外贸易平均增速进一步下降为 9.98%，同期全国为 14.11%，广东为 11.59%；2013 年，广州外贸增速仅为 1.47%，全国为 7.59%，广东为 10.95%（见表 2）。

表1 2007～2013 年广州商品进出口变化情况

单位：亿美元，%

年份	进出口		出口		进口		顺差
	贸易值	增速	出口值	增速	进口值	增速	
2007	734.94	15.26	379.02	17.06	355.91	13.40	23.11
2008	819.14	11.46	429.78	13.39	389.36	9.40	40.42
2009	768.02	-6.24	373.98	-12.98	394.04	1.20	-20.06
2010	1037.76	35.12	483.80	29.37	553.96	40.58	-70.16
2011	1161.72	11.94	564.73	16.73	596.98	7.78	-32.25
2012	1171.31	0.83	589.12	4.33	582.19	-2.47	6.93
2013	1188.88	1.50	628.07	6.61	560.82	-3.67	67.25

资料来源：《广州外经贸白皮书》（历年）、广州市对外贸易经济合作局《广州进出口统计简报》（月报）等资料。

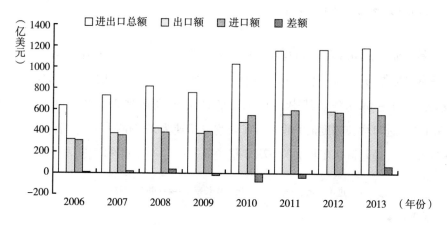

图1 2006～2013 年广州进出口贸易发展态势

资料来源：根据《广州外经贸白皮书》（历年）、广州市对外贸易经济合作局《广州进出口统计简报》（月报）整理。

表2 广州 2013 年进出口贸易与全国和广东的比较

单位：亿美元，%

地区	进出口		出口		进口	
	金额	同比	金额	同比	金额	同比
全国全年	41603.31	7.59	22100.42	7.86	19502.89	7.29
广东全年	10915.70	10.95	6364.00	10.84	4551.70	11.10
广州全年	1188.88	1.47	628.07	6.61	560.82	-3.67

资料来源：商务部、广东省对外贸易经济合作厅和广州市对外贸易经济合作局网站统计简报数据。

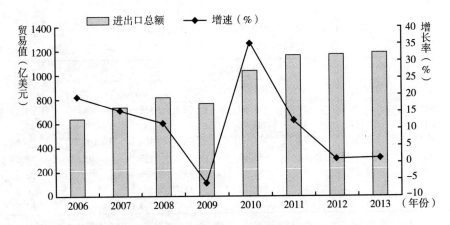

图 2　2006～2013 年广州进出口贸易增长态势

资料来源：根据《广州外经贸白皮书》（历年）、广州市对外贸易经济合作局《广州进出口统计简报》（月报）整理。

具体而言，2013 年广州对外贸易月度波动比较大，缓慢上升（见图3）。全年各月份数据与上年同期比较，进出口总值增速最高的 1 月增长 24.79%，增速最低为 2 月 -18.07%。其中，出口增速 11 月最高达到 28.47%，3 月最低为 -7.15%；进口增长幅度最大也是在 1 月份，增速为 27.96%，增速最低的 2 月为 -34.06%。逆差进一步扩大为 67.25 亿美元，比上年大幅度增长。

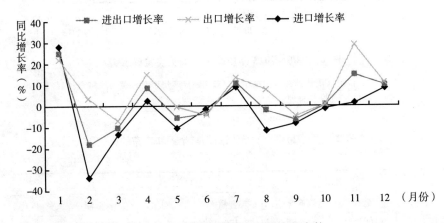

图 3　2013 年广州贸易年月度变化态势

资料来源：根据广州市对外贸易经济合作局《广州进出口统计2013年简报》（月报）数据整理。

（二）广州进出口产品结构出现逆向调整

在外需缓慢恢复的过程中，广州进出口产品结构出现逆向调整。2013 年，农产品增速不大，仅为增长 0.52%，使其占比下降 0.1 个百分点；机电产品出口 311.48 亿美元，同比增长 0.67%，使其占比下降 2.9 个百分点；高新技术产品出口 107.2 亿美元，同比下降 4.91%，使其占比下降 2.1 个百分点（见表3）。

表3　2011～2013 年广州出口产品结构变化

单位：亿美元，%

年份	出口	农产品		机电产品		高新技术产品	
	总额	金额	比重	金额	比重	金额	比重
2011	564.73	7.54	1.34	295.66	52.35	105.80	18.73
2012	589.12	7.64	1.30	309.42	52.52	112.73	19.14
2013	628.07	7.68	1.22	311.48	49.59	107.2	17.07
2013 年增长率	6.61	0.52	—	0.67	—	-4.91	—

资料来源：根据广州海关《广州地区进出口简报》（历年）数据整理。

从商品进口看，农产品进口金额减少，2013 年同比降低 3.92%，其占比下降 0.02 个百分点；机电产品减速为 8.88%，其占比下降 2.4 个百分点；高新技术产品进口也降低了，下降了 11.83%，其占比重下降约 2.4 个百分点（见表4）。农产品、机电产品及其高新技术产品进出口比重都出现下降，那么，劳动密集型产品进出口比重可能会增长，与预期的方向相反，这值得注意。

表4　2011～2013 年广州进口产品结构比较

单位：亿美元，%

年份	进口	农产品		机电产品		高新技术产品	
	总额	金额	比重	金额	比重	金额	比重
2011	596.98	39.75	6.66	259.07	43.40	149.61	25.06
2012	582.19	45.12	7.75	259.32	44.54	161.91	27.81
2013	560.82	43.35	7.73	236.30	42.13	142.76	25.46
2013 年增长率	-3.67	-3.92	—	-8.88	—	-11.83	—

资料来源：根据广州海关《广州地区进出口简报》（历年）数据整理。

（三）外贸主体微弱调整

在国际金融危机冲击下，参与广州外贸的国有企业、外资企业和民营企业等各类主体受影响的程度不同。2009 年，广州国有企业贸易值大幅度下降，比 2008 年降低 7.30%；外资企业贸易值下降 7.98%；相对而言，广州民营企业的优势凸显，贸易值下降幅度较小，仅下降 0.05%，表明民营企业在世界金融危机中所受到的冲击相对较小。当世界经济进入"再平衡"阶段，各类主体把握机遇和发展能力存在一定差异。2013 年国有企业、民营企业和外资企业进出口额分别为 229.17 亿美元、297.27 亿美元、644.27 亿美元，分别增长 4.02%、10.37% 和 - 3.28%；各类主体比重有微弱调整，国有企业的比重上升 0.47 个百分点，民营企业上升 2 个百分点，外资企业下降 2.68 个百分点（见表5）。这说明民营企业在广州进出口贸易中的地位越来越重要。

表5　2011～2013 年广州进出口主体结构情况

单位：亿美元，%

年份	进出口额	国有企业		民营企业		外资企业	
		进出口额	比重	进出口额	比重	进出口额	比重
2011	1161.72	223.88	19.27	263.06	22.64	659.50	56.77
2012	1171.31	220.32	18.81	269.35	23.00	666.12	56.87
2013	1188.88	229.17	19.28	297.27	25.00	644.27	54.19
2013 年增长率	1.47	4.02	—	10.37	—	- 3.28	—

说明：比重是某主体贸易额占广州贸易总额的大小，民营企业包括集体企业、私营企业。

资料来源：根据广州海关 2013 年 1～12 月《广州地区进出口简报》数据整理。

贸易与投资关系密切，与利用外资有重要关系。外资会带动贸易发展，特别是合同利用外资增减表明企业对未来形势的利弊判断。截至 2013 年底，外商直接投资实际利用金额 48.04 亿元，增长 5.0%[①]。从 1～11 月数据看，新批设立外商投资企业项目 1014 个，同比增加 20 个；合同利用外资达到 69.23

---

① 广州市统计局综合处：《数据诠释广州新型城市化发展之路——2013 年广州市经济运行情况综述》，2014 年 2 月 18 日。

亿美元，同比增长 4.94%。合同利用外资规模比实际利用外资大，增长率相差不大，说明外商对 2014 年全球经济形势并不乐观，将影响到未来投资和贸易的增长趋势。

（四）外贸市场多元化继续深化

2013 年，广州继续贯彻市场多元化建设的政策，贸易伙伴多元化继续优化。国际金融危机以前，欧盟、中国香港、美国、日本和东盟一直处于广州主要进出口贸易伙伴前五位。2009 年，中国香港、欧盟与广州的进出口总额分别出现了大幅度下滑，但是，欧盟仍然保持了广州第一贸易伙伴的地位；美国替代了香港，成为广州第二大贸易伙伴。2011 年，前五大贸易伙伴欧盟、美国、日本、中国香港和东盟贸易合计占比为 63.2%，2012 年继续下降为 62.6%。

2013 年美国超过欧盟跃居第一，广州前五大贸易伙伴及占比依次为：美国（14.5%）、欧盟（13.2%）、东盟（11.9%）、中国香港（11.8%）和日本（10.8%）。其中东盟由 2012 年的第五位上升至 2013 年的第三位，中国香港和日本分别退居第四位和第五位。韩国保持第六大贸易伙伴，但比重有所下降，比上年下降 0.8 个百分点。相对而言，2013 年广州与非洲的贸易额上升，占比 5.26%，比上年提升 1.1 个百分点；但广州与拉美的贸易额下降，占比为 5.11%，比上年下降 0.7 个百分点。这说明对广州贸易而言，非洲市场有较大潜力（见图 4）。

广州出口市场发展显著变化。2010 年，对中国香港、美国、欧盟三大市场出口比重占 61.14%，2011 年和 2012 年分别下降为 57.14% 和 55.95%，2013 年继续下降为 53.4%。第四大出口市场东盟占比 10.92%，占比上升 2 个百分点，日本、澳大利亚、印度市场占比略有下降，马来西亚、非洲、中东地区市场占比上升（见图 5）。

广州进口市场格局与出口市场不同，从日本、欧盟、东盟、美国市场进口量比较大，2013 年广州从这四大市场进口共占比 53.45%，其次从中东、非洲、马来西亚等市场保持一定进口规模，从非洲进口规模明显扩大（见图 6）。

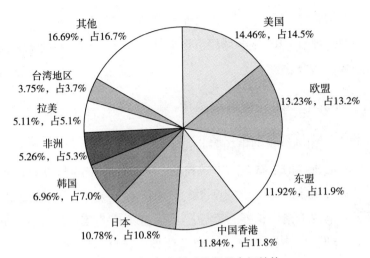

图 4　2013 年广州对外贸易市场结构

资料来源：根据广州海关 2013 年 1～12 月"广州地区进出口简报"（贸易伙伴部分）数据整理。

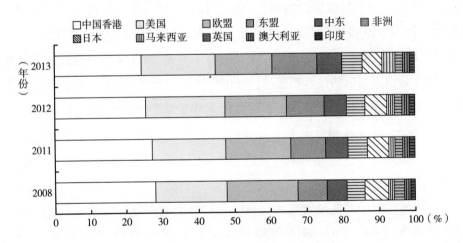

图 5　2008～2013 年广州出口市场结构变化

资料来源：根据广州海关历年"广州地区进出口简报"数据整理所得。

（五）一般贸易上升与加工贸易下滑

在国际金融危机背景下，加工贸易受到国际需求影响有所减少，一般贸易得到鼓励，特别是进口贸易得到支持，导致一般贸易正增长。近几年，世界经济缓慢复苏。2012 年，广州加工贸易增长缓慢，增长率仅为 1.31%；一般贸

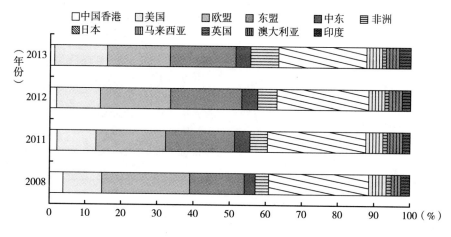

图 6　2008～2013 年广州进口市场结构变化

资料来源：根据广州海关历年"广州地区进出口简报"数据整理所得。

易呈现负增长，增速为 -2.21%。2013 年，广州加工贸易呈现负增长，增长率为 -3.88%；一般贸易增长较快，增速为 5.46%（见表 6）。

表 6　2010～2013 年广州贸易方式变化

单位：亿美元，%

年份	贸易总额	一般贸易		加工贸易	
		金额	比重	金额	比重
2010	1037.76	512.26	49.36	452.53	43.61
2011	1161.72	562.93	48.46	507.46	43.68
2012	1171.31	550.44	46.99	514.09	43.89
2013	1188.88	580.48	48.83	494.14	41.56
2013 年增长率	1.47	5.46	—	-3.88	—

资料来源：根据广州海关历年统计简报数据整理。

从出口方面看，2013 年以前加工贸易的贡献比一般贸易大，加工贸易出口占比一直稳居 50% 以上，一般贸易出口额在出口总额的占比一直处于 45% 以下。但是，2013 年改变了这种格局，一般贸易在总量和占比上均超过了加工贸易，尽管优势并不明显。一般贸易出口增长速度明显快于加工贸易，一般贸易出口 2012～2013 增速为 12.29%，加工贸易出口为 -3.12%（见表 7）。

表7 2010~2013年广州出口的贸易方式变化

单位：亿美元，%

年份	出口额	一般贸易出口		加工贸易出口	
		金额	比重	金额	比重
2010	483.80	202.59	41.87	259.65	53.67
2011	564.73	246.93	43.73	289.30	51.23
2012	589.12	260.19	44.17	299.06	50.76
2013	628.07	292.16	46.52	289.73	46.13
2013年增长率	6.61	12.29	—	-3.12	—

资料来源：根据广州海关历年统计简报数据整理。

从进口方面看，前几年，受到扩大内需和2010年广州"亚运会"的影响，一般贸易进口增长比较快，2009年大幅度增长20.05%。之后增长乏力，近几年连续下降，2011年增速为2.04%，2012年为-8.15%，2013年仍然负增长，为-0.66%。加工贸易受国际金融危机和国际市场影响较大，2009年进口下降9.92%，2010年迅速大幅度反弹56.77%，2011年增长13.11%，2012年下降1.44%，2013年下降4.94%。这其中有原材料大幅度上涨的关系（见表8）。

表8 2010~2013年广州进口的贸易方式变化

单位：亿美元，%

年份	进口额	一般贸易进口		加工贸易进口	
		金额	比重	金额	比重
2010	553.96	309.67	55.90	192.88	34.82
2011	596.98	316.00	52.93	218.17	36.55
2012	582.19	290.25	49.85	215.03	36.93
2013	560.82	288.32	51.41	204.41	36.45
2013年增长率	-3.67	-0.66	—	-4.94	—

资料来源：根据广州海关历年统计简报数据整理。

总起来看，一般贸易受国内消费和政策的影响比较大，进口与出口不同步，总体增长乏力，而且波动比较大；加工贸易受国际市场需求影响比较大，进口与出口同步变化，出口总是大于进口。2013年，加工贸易进口与出口绝对值下降，而且进口下降更多，说明次年加工贸易出口还会下降。

（六）服务贸易继续保持强劲增长发展

1. 广州服务贸易继续保持快速发展态势

近几年，服务业及服务贸易发展形势良好。2012 年，广州服务业增加值 8616.80 亿元，增长 12.76%，在 GDP 中占比 63.58%。服务业从业人员占全市从业人员的 53.88% 左右。广州服务业快速发展推动了服务贸易跨越式发展。近几年，广州服务贸易保持了高速增长，2007 ~ 2013 年平均增速 34.54%，比全国平均增速（12.91%）快 21.63 个百分点；从 2010 年到 2013 年连续四年实现了高速增长，服务贸易额达到了 567.0 亿美元，在全国 5200 亿美元（估计值）服务贸易中占 10.09%（见表 9）。从技术进出口看，2013 年各类技术引进 711 项，比 2012 年（767 项）下降 7.30%；合同额 160.03 亿美元，比 2012 年（141.74 亿美元）上升 12.90%。

表 9　2007 ~ 2013 年广州服务贸易收支情况

单位：亿美元，%

年份	第三产业增加值人民币元	贸易总额	贸易收入	贸易支出	差额	服务贸易总额增长率
2007	4164.67	95.61	60.00	35.61	24.39	38.76
2008	4890.33	131.30	82.24	49.06	33.18	37.33
2009	5560.77	125.96	62.96	63.00	-0.04	-4.07
2010	6557.45	164.75	87.63	77.13	10.5	30.8
2011	7641.92	239.59	125.63	113.92	11.71	45.43
2012	8616.80	403.28	206.48	196.79	9.69	68.32
2013	9963.19	567.0	—	—	—	40.60

资料来源：根据国家外汇管理局、广州市对外贸易经济合作局、广州市政府报告、广州信息手册数据整理。

2. 广州服务外包业态保持快速增长势头

广州的研发外包产业起步于 20 世纪 90 年代，起步较早，而且营造了一个良好的发展环境，发展速度较快，产业规模较大，涉及领域范围广。2007 年广州被认定为"中国服务外包基地城市"，2009 年被国务院认定为"中国服务外包示范城市"。近几年，离岸服务外包发展迅速。2012 年广州研发外包合同金额和执行金额分别同比增长 43.2% 和 41.3%，其中离岸合同金额和执行金额分别同比增长52.1%和42.1%。2013年，广州服务外包合同额62.0亿美元，增长25%。服务外包发展体系更加完善，知识流程外包（KPO）成广州外包业态的亮点。

二 2014年广州外贸发展趋势展望

（一）主要影响因素

总体来说，2014年国际外部环境比较良好，但不确定因素仍然存在。国内方面政府将继续发挥宏观调控的积极作用，进一步加快经济体制改革的步伐，中国经济将保持平稳较快增长态势。所以，2014年国内外环境有利于我国外贸继续稳定增长。

1. 国际经贸环境的影响

世界经济环境仍然复杂多变，世界银行集团在《全球经济展望》报告中表示，经过5年的全球金融危机后，发展中国家和发达经济体的增长率看来终于逐渐走出谷底，全球经济将迎来"拐点"。2014年全球经济增速将从2013年的2.4%提升至3.2%，之后逐渐趋稳，2015年的增速将达到3.4%。发达国家和发展中国家的经济增长看来都在逐步走强，但下行风险继续对全球经济复苏构成威胁。发达经济体表现出复苏势头，这会在未来数月里支撑发展中国家更强劲的增长。发达国家经济2014年的增速将从2013年的1.3%升至2.2%，2015年将进一步升至2.4%。发展中国家面临着来自发达国家的制衡，潜藏着复杂的挑战，就业、金融安全问题凸显。一方面，高收入国家的增长走强会刺激对发展中国家出口产品的需求；另一方面，利率上升会对资本流动产生抑制作用[1]。世贸组织预计，2014年世界贸易量回升将快于2013年。美国、日本、欧洲等发达经济体经济震荡回升，进口需求有上升趋势，有利于中国维持传统出口市场。[2]

（1）发达经济体经济趋于好转。美国经济有所好转，国际货币基金组织

---

[1] 《世行发布〈全球经济展望〉更新版，全球经济将迎来"拐点"2014年有望增至3.2%》，《金融时报》2014年1月16日。

[2] 《今年将影响中国外贸的外部风险》，《中国航空报》2014年2月25日。

预计美国 2014 年经济增长 2.6%，较 2013 年提高 1 个百分点，而工业复苏情况不尽如人意，净出口对经济增长贡献不强，最重要的是美联储退出 QE 和财政僵局可能给美国未来经济增长带来的负面影响难以预计。欧洲核心经济体呈现复苏的迹象，国际货币基金组织预计 2014 年欧盟经济将摆脱衰退，实现正增长 1%，但国内需求依然疲弱，边缘经济体情况仍不甚乐观，银行资产负债状况不确定给经济增长带来困扰。日本经济在"安倍新政"的刺激下实现复苏，货币大幅贬值推动出口增长，同时企业赢利状况改善，私人消费热情提高，但要实现持久复苏，仍面临财政治理与结构调整两大困境，国际货币基金组织预计 2014 年日本经济增长 1.2%，较 2013 年有所放缓。

（2）部分新兴经济体经济下行压力较大。新兴经济体或将成为 2014 年世界经济中的不稳定因素。新兴经济体经济结构存在突出矛盾，国内需求不足，经济增长动力趋弱。同时，为争夺国际市场，大部分新兴经济体采取货币贬值策略，本币对美元与一揽子货币明显低估，国内物价上涨，资本市场动荡，金融体系脆弱，滞胀风险上升。尤其是美国宣布退出量化宽松政策使全球资本市场资金流向呈现新变化，国际短期资本回流发达经济体，新兴经济体货币将进一步承受较大贬值压力，面临汇率和金融市场超调的问题。在增长放缓、资本外流和本币贬值三者叠加下，部分国家金融乃至实体经济可能出现危机并将影响所在区域的经济稳定。国际货币基金组织预计，2014 年新兴市场和发展中经济体 GDP 增长率分别为 4.5% 和 5.1%，其中中国为 7.3%。

（3）量化宽松政策退出与财政困境等问题增加全球经济不确定性。一是大国货币政策出现逆转。美国退出量化宽松政策对世界经济尤其新兴经济体增长将造成显著影响。二是欧元区国家深层次矛盾难以解决。部分国家由于实行严苛的减支计划，失业率居高不下，国内出现政治动荡，影响欧洲进一步落实财政整顿与金融改革措施，导致欧洲主权债务危机难以尽快根除。三是区域动荡给世界经济带来不稳定性。中东、北非动荡局势难以得到根本性好转，亚洲国土边界问题引发政治矛盾，局部小规模战争与对峙在所难免，错综复杂的利益格局和各方博弈仍将使部分地区经济发展出现动荡。

（4）新形式贸易保护主义抑制国际贸易增长。当前国际市场争夺更加激烈，贸易保护主义不断升级，形式更趋复杂，难以辨别防控。新兴经济体面临的国际贸易保护主义已经从关税、出口补贴等初级、明显的形式逐步演变为贸易监管和管制等隐蔽形式，部分国家以气候变化、绿色发展、反倾销、知识产权等为借口，设置市场准入壁垒与产品贸易门槛。

2. 国内宏观经济环境平稳

中国整体上进入体制改革深化阶段，同时，进入"十二五"规划关键的第四年，需要平稳增长并维持一定增速。归纳2014年宏观经济形势，应主要注意以下几方面。

（1）宏观经济将保持平稳增长态势。预计2014年，经济运行中存在的新矛盾和新问题会打压经济，而释放改革红利、基础设施投资和库存回补因素将推动我国经济稳定增长。国家信息中心开发的经济景气指数系统显示，我国先行指数已连续20个月稳中回升，表明中国经济2014年有望保持平稳增长态势。预计中国2014年GDP将增长7.5%左右，工业增加值将增长9.5%，同比略有放缓。

（2）对外贸易领域改革与支持政策不断落实深化。外贸领域改革力度加大，特别是中国（上海）自由贸易试验区成立，将会促进该地区对外贸易发展，同时强劲拉动周边地区进出口增长①。特别是上海自由贸易试验区改革试验一年，会逐步总结值得推广的经验。在2014年广州市外经贸工作会议上，广州市副市长陈志英提出抓紧推进自由贸易园区申报工作，充分发挥市场在资源配置中的决定性作用，进一步激发市场主体活力，争取一揽子对外开放试点政策。所以，下半年，可能会推动中国（广东）自由贸易试验区成立，将直接推动广州外贸发展。

（3）"海上丝绸之路"建设热潮会影响广州投资和经济发展。广州是"海上丝绸之路"发祥地，各界提出广州应该争取"海上丝绸之路"排头兵。在2014年广州市外经贸工作会议上，广州市副市长陈志英提出以"一带一路"建设引领区域经贸合作，深化穗港澳台更紧密合作，扩大与东盟的战略合作，拓展全方位对外合作。

（4）一些具体政策实施带来的影响。2013年7月以来，国务院出台了一

---

① 《国内外环境有利2014年外贸保持稳定增长》，《上海证券报》2014年1月2日。

系列稳定外贸增长的政策措施，如通关便利化、整顿进出口环节经营性收费、发展短期出口信用保险业务、支持外贸综合服务企业、为中小民营企业出口提供融资等等，未来政策效果将不断显现。其次，在现有政策基础上，新一批"有关促进跨境电子商务发展""有关外贸企业的综合服务和支持政策"等举措即将出台，将进一步提高贸易便利化水平，缓解外贸综合成本上升压力。

3. 加大外贸转型调整的政策因素

2013 年的结构变化出现逆向调整的势头，这给广州外贸转型增加了压力。实际上，近几年，广州加快了转变外经贸发展方式的行动。2013 年，成功争取海关总署批准广州海关特殊监管区域先行先试十条政策措施，南沙口岸"三个一"（一次申报、一次查验、一次放行）通关模式推广到全市各口岸，同时制定外资商业保理业试点管理办法等。9 月获批国家跨境贸易电子商务服务试点城市，跨境贸易电子商务、市场采购－出口贸易、外贸综合服务等外贸新业态将得到发展，将成为外贸增长新的拉动力量。已有 27 家企业申报广州市第一批跨境贸易电子商务试点企业，14 家企业申报提供外贸综合服务企业。有专家预计 2014 年广州地区跨境电子商务的交易规模将达到 45 亿美元以上，其中，推出的国际 e 邮宝业务的出口交易额将达到 15 亿美元。①

2014 年，广州市政府更加重视转型升级的各项工作，加大外经贸转型调整力度。广州市政府积极落实广东省委胡春华书记"加快转型升级，抢占经济制高点"的指示，广州市外经贸局谋划了"十大工程"——开放型经济新体制、"一带一路"桥头堡建设、平台优化提升、新业态培育、国际贸易枢纽建设、加工贸易转型升级、全球服务节点培育、产业高端集聚、跨国经营提升、营商环境国际化等。重点推进"一带一路"桥头堡建设，深化与东盟、中东、非洲、欧美等沿带沿路区域经贸合作；推进中新（广州）知识城、大坦沙更新改造等与东盟合作项目建设；以广州开发区为载体，加快建设中欧合作示范区；推动建设南沙海洋经济合作试验区。另外，广州市外经贸工作会议强调加强推动外经贸各项工作，加快转型升级，加快货物贸易结构升级，优化

---

① 许海跃、皮泽红：《国家跨境贸易电子商务服务试点城市花落广州》，中国经济导报网，2013 年 10 月 16 日，http://www.ceh.com.cn/cjpd/2013/10/250206.shtml。

提升服务贸易结构，加快外资产业结构升级，加快境外投资优化升级，加快发展各种新业态、新业务；健全开放型经济发展平台发展机制，优化重大发展平台管理模式，深化口岸管理体制改革，用好现有发展平台；推进营商环境和做事规则与国际接轨，加快政府职能转变，优化重点外经贸企业（项目）服务机制，加强贸易摩擦应对力度①。外经贸局局长肖振宇在会上强调2014年外经贸重点工作：一是全力以赴稳增长、促转型；二是创新思路促改革、促发展；三是努力抢占经济制高点；四是在机构改革中有所作为。这些政策将大力推进广州外贸转型升级。

4. 民营企业在逆境中保持外贸发展的活力

在外需脆弱的国际背景下，国有企业、外资企业和民营企业等外贸主体的力量有所调整。随着近几年广州营商环境的逐渐改善，各类外贸主体活力不断增强，各类主体不断增加，给外贸进一步增长带来了新活力。从统计数据看，2013年，新增对外贸易企业2403家，其中：国有企业9家，占0.38%；外资企业75家，占3.12%；私营企业2316家，占96.38%；个体户3家，占0.12%。与2012年相比，国有企业少增1家，外资企业少增1家，私营企业多增146家。从续存外贸企业看，截至2013年12月，广州续存备案登记的对外贸易经营者共17820家，其中，国有企业645家，占3.62%；外商投资企业1001家，占5.62%；私营企业15983家，占89.69%；集体企业118家，占0.66%；个体户73家，占0.41%。存量企业从2011年的15539家增加到2012年的17820家，净增2281家，其中，国有企业净增8家、外商投资企业净增62家、私营企业净增2208家、集体企业与个体户基本持平。② 可见民营企业保持较强的活力。

在利用外资方面，广州利用外资增长放缓，增长乏力，出现外资企业出口降低等势头。2013年1~11月，新批设立外商直接投资企业累计1014个项目，同比增长2.01%；累计合同利用外资69.23亿美元，同比增长4.94%；实际利用外资47.22亿美元，同比增长4.15%。近几年，广州加大总部经济、

---

① 广州市对外贸易经济合作局：《2014年广州市外经贸工作会议召开》，2014年2月28日。
② 广州市对外贸易经济合作局网站（www.gzboftec.gov.cn），《2013年12月份广州市对外贸易经营者备案登记情况》，《政务公开》栏目。

金融、科技三个重点领域等招商引资力度，特别在战略性主导产业方面，加强全球招商力度，积极引进外资公司总部和世界 500 强企业。截至 2013 年底，累计引进世界 500 强企业 234 家，比 2008 年底增加 65 家；500 强企业在广州累计投资总额 412.6 亿美元，比 2008 年底增加 252.9 亿美元。累计认定外商投资总部企业 76 家，比 2012 年增加 20 家。这说明广州没有出现传说中的外资企业倒闭和外迁，而是新增企业超过倒闭、迁移的企业，出现了更有活力的新型企业。预期外资企业投资将保持一定增长速度，为 2014 年外贸稳定增长提供支撑。

5. "走出去"助推外贸增长

国际金融危机后，国际投资和产业转移出现新趋势，给企业带来了对外投资新机遇。近几年，广州企业"走出去"步伐不断加快，呈现出项目规模提升、投资领域扩大的良好发展态势。2011 年广州企业对外投资项目突破 100个，总投资额 4.2 亿美元，其中中方投资额 4.1 亿美元，分别是 2006 年的 5.1倍、3.8 倍和 5.1 倍。2012 年广州对外投资企业（机构）119 个，比上年增加16 个；完成对外投资 6.85 亿美元，同比增长 70.9%，比 2011 年的负增长（-18%）高 88.9 个百分点。2013 年广州对外投资企业（机构）116 个，比上年减少 3 个；完成对外投资 18.18 亿美元，同比增长 165.3%，比 2011 年的增长率（70.9%）高 94.4 个百分点。企业"走出去"在开发资源、融资租赁、地产服务和跨国并购等方面取得一定成效，成功推动 9000 万美元以上境外投资大项目 8 个。

在广州外贸发展"十二五"规划中提出了初步形成 2～3 家具有国际竞争力和影响力的本土跨国公司，推动本土企业"走出去"，到境外直接投资设厂，鼓励国有和民营企业与外资企业"联姻"，互相参股和双向并购。2011 年广州市对外经济贸易合作局通过专项资金继续支持企业"走出去"。[①] 这些政策在 2014 年及其以后会逐渐发挥作用，促使广州企业扩大对外直接投资，支撑广州进出口贸易持续稳定发展。

① 广州市对外贸易经济合作局：《关于做好 2011 年广州市支持企业"走出去"专项资金申报工作的通知》（穗外经贸合函〔2011〕39 号）。

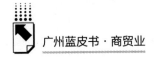

（二）发展趋势展望

2014 年，国际环境会好于 2013 年，加上广州市政府继续落实"十二五"规划各项措施，2014 年体制改革年和前期转型的政策措施逐渐发挥效应，广州外经贸发展形势向好。

1. 广州 2014 年对外贸易基本走势

国际经济环境的持续改善将对广州外部需求带来正面的刺激作用。2014 年中国对外贸易的增长既面临着国际需求和国内宏观政策环境改善等积极因素，也存在着成本要素上升和贸易摩擦加剧等制约因素。如果国际国内经济不出现大的风险，我国对外贸易将步入平稳增长期，外贸发展的质量和效益也有望进一步提升。[①]

从内部看，广州市委加强贯彻落实《中共中央关于全面深化改革若干重大问题的决定》，新一轮改革的力度增强。随着市场在资源配置中的决定性作用不断加大，阻碍开放的体制机制将进一步被打破，涉外法律体系、政府管理模式、市场运作方式将进一步与国际接轨，改革红利将陆续释放，外经贸将有望在巩固传统优势的同时增加创新优势，迎来新的发展机遇。广州外贸企业经过多年应对各种国内外经济困难，已经有了稳增长、促转型的经验和实力。[②]2013 年，广州经济增长面临较大下行压力，面对一系列挑战，广州在复杂环境中攻坚克难，推动经济稳中有进。2013 年，广州地区生产总值（GDP）为 15420.14 亿元，比上年增长 11.6%，增速较上年提高 1.1 个百分点，为广州外贸增长打下了基础。

综合起来看，2014 年全年广州对外贸易额预计增长 3% 左右，与全球贸易增幅相对应；出口贸易增长大约为 3%，进口贸易增长率大约维持 3%，进出口同幅度增长。

2. 广州出口贸易保持稳定

2013 年，广州除进口负增长外，货物贸易总体平稳。全年进出口额 1189

① 海关总署：《2014 年我国对外贸易将步入平稳增长期》，新华网，2014 年 1 月 10 日。

② 郑彩雄：《广州外经贸加速转型》，《中国日报》2014 年 2 月 27 日。

亿美元，增长 1.5%，其中出口额为 628.07 亿美元，同比增长 6.6%。2014 年出口贸易的增幅在 3% 左右，其根据以下几方面。

（1）世界经济风险仍然不容忽视。发达经济体长期的极低通胀率可能会对消费需求产生压抑作用；美联储逐步退出量化宽松政策导致部分新兴经济体金融市场和资本流动的波动性增大；贸易保护主义仍在升温，影响全球贸易复苏进程。目前经济结构调整仍未完成，主要体现在部分产业供过于求矛盾凸显，传统制造业产能普遍过剩，一些行业利润大幅下滑，很多中小企业经营困难。调整的阵痛将在短期内不可避免地对外贸产生影响。

（2）出口企业面临较大挑战。商务部发言人沈丹阳在 2014 年 1 月 16 日举行的例行新闻发布会上指出，目前世界经济整体保持复苏，出口有望延续企稳增长的势头。随着国内宏观经济发展继续向好，改革创新动力不断激发，内生增长动力有效增强，进口需求也将持续增长，从大趋势上判断，对于 2014 年外贸的发展可持谨慎乐观的态度。但是，由于受成本高企、资金短缺、竞争加剧等因素的影响，2014 年我国外贸形势将十分严峻复杂。① 在这样的形势下，2014 年的外贸预期增长很难准确判断，一般认为不可能高于上年水平。

（3）从近几年周期性月度数据看，2009 ~ 2013 年五年出现周期性变化，在 2 月、10 月出口都有不同程度下降。受金融危机影响，2008 年发展缓慢，2009 年 3 月开始回升并实现比较稳定的增长，年底还出现翘尾；2010 年与 2011 年增长过程基本相近，2011 年底与 2008 年底类似，出现 5.8% 的下降幅度，一直延续到 2012 年；2013 年 2 月、3 月、6 月、7 ~ 9 月出口出现下降，11 月上升较快，12 月份继续上升（见图 7、图 8）。

总之，2013 年的月度出口变化波动较大，11 月大幅度增长，12 月大幅度下降，可能会延续到 2014 年的 1 ~ 2 月。这是因为各级政府为了完成指标任务，动员企业提前发货，"寅吃卯粮"，所以 2013 年底和 2014 年初进出口贸易可能会下降。总体看，2014 年难以回到 2010 年和 2011 年的增长水平。2014 年会比 2013 年态势略好一点，上半年增速会有所上升，下半年的增幅会大于

---

① 《商务部召开例行新闻发布会》（2014 年 1 月 16 日），http：//live. people. com. cn/note. php？ id =998140115161314_ ctdzb_ 006。

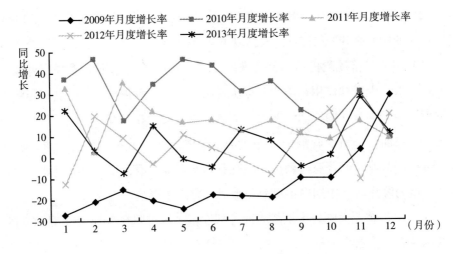

图7 2009～2013年广州出口月度变化态势

资料来源：根据广州市对外贸易经济合作局网站历年统计简报数据整理。

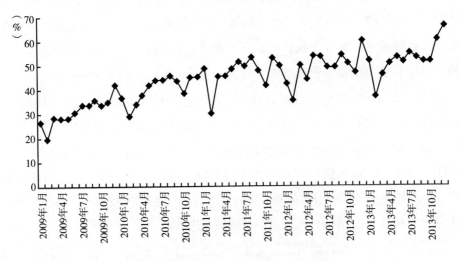

图8 2009～2013年广州月度出口变化情况

资料来源：根据广州市对外贸易经济合作局网站历年统计简报数据整理。

上半年，预计全年增长3%。

（4）2013年第114届广交会展览面积116万平方米，展位总数59539个，境内外参展企业24517家，出口成交1946.1亿元人民币（折合316.9亿美元），环比下降10.9%（扣除汇率波动因素），同比下降3.0%。本届广交会采购商与会人数以及出口成交额皆出现下滑，给未来的外贸蒙上一层阴霾。①

3. 广州进口贸易可能实现正增长

近几年，广州进口贸易出现负增长趋势。2011 年进口需求不足，增速为 7.78%；2012 年走低，呈现负增长，增速为 - 2.5%；2013 年继续走低，呈现负增长，增速为 - 3.67%。广州进口负增长，远远低于全国和广东平均水平，预计 2014 年会有所突破。2014 年中国外贸发展仍然面临着比较困难的局面，外贸发展要以稳增长为主。进口贸易受到以下几个因素影响：从宏观形势看，2014 年整体经济形势较好，国内外环境趋于良性化，但是，由于受成本高企、资金短缺、竞争加剧等因素的影响，2014 年进口贸易形势将十分严峻复杂。其次，"走出去"战略逐步见效，与新兴市场国家的经贸合作加强，促进能源、矿产品等初级产品的进口。再次，我国城镇化、社会保障水平的提升，会增加消费者信心，推动进口需求的上升。预计 2014 年 1 ~ 3 月会延续下行趋势，后半年进口将会有所回升，全年可望实现正增长。

4. 外贸转型升级进一步加大

近几年，广州进出口产品结构出现逆向调整，初级产品、机电产品、技术密集型出口比重降低的势头给外贸转型带来了一定难度。近几年，广州市政府加大了转变外贸增长方式和优化外贸结构的政策实施力度，比如鼓励低碳排放、节能环保产品贸易，严格控制"两高一资"产品出口。2014 年，原有的外贸平台建设可能会借助广东自由贸易园区的批准成立而得到发展，3 个国家级开发区（黄埔、南沙、增城）、4 个省级开发区、5 个海关特殊监管区域、11 个国家级外贸进出口及转型升级基地等的发展，将促进外贸转型升级。

近几年，鼓励"走出去"对外投资、开拓新兴市场的多项政策、措施逐渐发挥效果，将促使对外投资带动进口市场结构的调整，以及出口市场结构多元化的提升；初级产品进口将进一步加快，占比将有所提高。

在转变贸易方式方面，加工贸易转型升级是国家外经贸政策的重点。2013

---

① 《2013 年第 114 届秋季广交会展后数据报告》，中展网，http://news.ccnf.com/news/n2013 11130008.html，2013 年 11 月 13 日。

年 8 月广东省政府公布施行《推进加工贸易转型升级三年行动计划（2013 - 2015 年)》,力争至 2015 年末,全省加工贸易整体水平进一步提高,进一步为全国加工贸易转型升级积累经验、提供示范①。广州被列为广东省加工贸易转型升级重点城市,11 家企业获评为全国加工贸易转型升级示范企业,40 家企业获评为省加工贸易转型升级示范企业,3 个国家级外贸转型升级示范基地、2 个省级外贸转型升级示范基地获得认定。2013 年,加工贸易 ODM 和 OBM 混合出口占比达 66.3%;加工贸易企业累计设立研发机构 210 个,拥有自主品牌 1679 个。

2014 年的广州外经贸工作会议指出:推动企业"走出去",引导 50 家有实力、有跨国经营需求的大型本土企业加快制订实施品牌、资本、市场、人才、技术国际化战略和跨国经营发展计划。积极引导越秀集团等 10 家企业发展壮大其境外金融服务业务。推进 7 个境外生产加工园区、产品销售中心等海外基地建设。建立境外投资指引和预警制度,加强监管和风险防范,将政府服务平台延伸到境外。其次,推进加工贸易转型升级,鼓励和引导企业开展自主研发、创建国际品牌、搭建营销网络。深入推动加工贸易产品扩大内销。力争全年外资加工贸易企业新设研发机构 20 个,加工贸易内销总额增长 3%。②

5. 服务贸易继续快速发展

近几年,广州加大国际商贸中心城市建设,营商环境得到逐步改善,现代服务业得到支撑和发展,为服务贸易和服务外包业态的发展提供坚实产业基础。2013 年,广州第三产业保持较快增长,其增加值增速比 GDP 快 1.7 个百分点,服务业对经济增长的贡献率为 70.6%,其中金融、交通运输、旅游保持较快增长。民间金融街进驻机构 102 家,国际金融城启动建设,金融业发展成效明显。12 月末,金融机构本外币存款余额 33838.20 亿元,同比增长12.1%;金融机构本外币贷款余额 22016.18 亿元,增长 10.4%,其中中长期贷款增长 8.2%。交通运输业持续较快发展,货运量和货物周转量保持快速增

---

① 广州市对外贸易经济合作局:《广东省人民政府办公厅关于印发〈广东省推进加工贸易转型升级三年行动计划（2013 - 2015 年)〉的通知》,2013 年 8 月 5 日。
② 广州市对外贸易经济合作局:《2014 年广州市外经贸工作会议召开》,2014 年 2 月 28 日。

长，增速分别为 19.6% 和 41.2%；港口货物吞吐量和机场货邮吞吐量分别增长 4.8% 和 5.7%。旅游业平稳发展，白云国际机场旅客吞吐量突破 5000 万人次，达 5246.42 万人次，首次跻身全球"五千万级"机场行列；全年旅游总收入达 2202.39 亿元，增长 15.2%。① 这些形成了多点支撑格局，促进服务贸易发展。

在服务贸易和服务外包业态的发展方面，创造了良好条件和重大机遇。首先，服务外包平台体系更加完善。广州拥有广州经济技术开发区、南沙经济技术开发区、天河软件园、黄花岗科技园、番禺区、白云区等六个服务外包示范园区。广州被认定为"中国服务外包基地城市"（2007 年）、"中国服务外包示范城市"（2009 年），设立了中国（广州）国际服务外包合作发展交易会，这些给广州带来更多机会，承接更多国际外包项目转移，吸引更多国际知名接包机构投资落户。其次，广州服务贸易的特点是穗港澳经贸合作，随着积极落实 CEPA 先行先试政策，广州服务贸易将获得扎实的发展支撑。广东省政府做出决定，争取到 2014 年底率先实现粤港澳服务贸易自由化，打造"落实 CEPA 的升级版"，还有可能是在 2014 年内成立"广东自由贸易园区"。广州将会在自由贸易园区框架下，充分发挥 CEPA 效应，进一步扩大金融业商贸服务、现代航运服务和专业服务等领域对港澳地区的开放，放宽或取消对港澳投资者资质、股份比例、经营范围和从业人员专业资格等的限制措施，适当降低港澳金融机构在园区内设立机构及开展业务的准入条件。建立与自贸园区相配套的人民币金融服务框架，允许园区试行市场化的跨境双向人民币投融资服务，推动扩大跨境人民币结算规模和出口信保覆盖面。广州外经贸厅工作会议指出：促进服务贸易发展，出台服务贸易发展的指导意见，组织服务贸易企业参加香港资讯展、京交会、大连软交会等国际展会，加快服务外包示范城市建设，重点引进信息技术、生物医药等领域 100 家服务外包企业。这些体制改革和政策举措必然促进广州服务贸易大发展。

---

① 广州市统计局综合处：《数据诠释广州新型城市化发展之路——2013 年广州市经济运行情况综述》，2014 年 2 月 18 日。

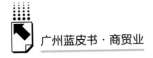

参考文献

陈婉清：《数据诠释广州新型城市化发展之路——2013 年广州市经济运行情况综述》，2014 年 2 月 18 日，广州统计信息网，http：//www. gzstats. gov. cn/tjfx/gztjfs/201402/t20140217_ 35605. htm。

广州市对外贸易经济合作局编《广州外经贸白皮书2012》，广东人民出版社，2012。

海关总署：《2014 年我国对外贸易将步入平稳增长期》，新华网，2014 年 1 月 10 日。

许海跃、皮泽红：《国家跨境贸易电子商务服务试点城市花落广州》，中国经济导报网，2013 年 10 月 16 日，http：//www. ceh. com. cn/cjpd/2013/10/250206. shtml。

张环：《全球经济将迎来"拐点"2014 年有望增长 3. 2%》，《金融时报》2014 年 01 月 16 日。

郑彩雄：《广州外经贸加速转型》，《中国日报》2014 年 2 月 27 日。

B.13
2013年广州零售业发展特点 及2014年展望

郭 雄*

摘 要:

2013年，在经济增速放缓的大环境下，零售市场环境面临着成本费用上涨、利润大幅回落、机关团体消费下降、同业竞争加剧等多重压力，零售行业将进入长时间的微利和微增长期。随之而来，广州市零售业态也正在发生重大而深远的变革，购物中心迎来建设高峰，增加体验业态应对高空置率；传统百货超市增长放缓，主动转型求变；电子商务快速发展，但赢利模式仍需探索。可以预见，2014年仍然是广州市零售业一个重要的机遇期和调整期，市场环境的重大转变必然会激发新的商业模式，带来整个行业的创新与突破。

关键词:

广州零售业 业态 转型 趋势

一 2013年广州市消费市场总体情况

2013年，广州市消费市场总体保持平稳较快发展。全年实现社会消费品零售总额6882.85亿元，同比名义增长15.2%（以下如无特殊说明，增长率均为名义增长率），扣除价格因素实际增长14.6%。增速与上年持平，比全国（13.1%）高2.1个百分点，比全省（12.2%）高3个百分点。

---

* 郭雄，广州市经济贸易委员会经济运行处。

从各月增速看,一季度消费市场波动较大,二季度起呈平稳较快增长态势;受2012年同期基数逐月抬高影响,8月份增速摸高后开始回落;全年累计增速(15.2%)分别比上半年和1~3季度回落0.4个和0.7个百分点。

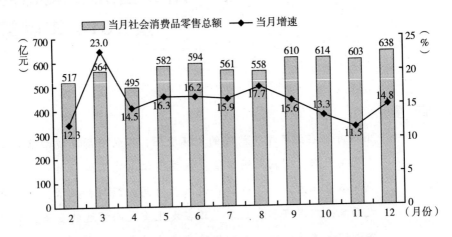

图1 2013年广州市各月社会消费品零售总额及同比增速

从区域来看,城镇消费品零售额6819.70亿元,同比增长15.3%;乡村消费品零售额63.15亿元,同比增长3.6%。受益于电子商务的高速发展,萝岗区和荔湾区增速较快,其中萝岗区社会消费品零售总额同比增长达18.1%,居各区(县级市)首位;天河路商圈引入太古汇、时尚天河、万菱汇等时尚业态,实现第二次扩容后,形成面对中高端消费群体的地标性商圈,带动天河区零售总额占全市比重持续提升,达21.8%,比上年提高2.8个百分点,总量保持各区(县级市)榜首;越秀区、海珠区、番禺区等主要居民聚集区增速保持15%左右;从化市和增城市两个副中心同比增长16%以上;白云区、花都区、黄埔区、南沙区商业氛围尚未培育成熟,支柱限额以上企业占比较低,增速较慢(见表1)。

从行业来看,占社会消费品零售总额3/4的零售业实现零售总额5268.83亿元,同比增长14.3%,增速比上年提升1.2个百分点;餐饮业实现零售额836.34亿元,同比增长11.4%,增速比上年下降6.5个百分点;批发业实现零售额717.05亿元,同比增长28.1%,增速比上年下降4.5个百分点;住宿业实现零售额60.63亿元,同比增长4.7%,增速比上年下降2.4个百分点。

表 1　2013 年广州市各区（县级市）社会消费品零售总额情况

单位：亿元，%

区　域	社会消费品零售总额		区　域	社会消费品零售总额	
	总量	增速		总量	增速
越秀区	1070.72	15.2	番禺区	886.72	15.3
荔湾区	612.42	16.1	花都区	337.82	14.0
海珠区	731.31	15.2	南沙区	147.31	13.0
天河区	1499.79	15.3	萝岗区	256.24	18.1
白云区	855.10	13.7	增城市	272.90	16.1
黄埔区	107.46	13.0	从化市	105.06	16.5

从零售业态来看，限额以上零售业有店铺企业实现零售额 2415.22 亿元，同比增长 18.0%；无店铺企业实现零售额 320.47 亿元，同比增长 63.5%，比有店铺企业增速高 45.5 个百分点。

从商品类别看，在楼市热销、居民消费升级等带动下，限额以上批发和零售企业建筑及装潢材料类、家具类、家用电器和音像器材类商品零售额同比分别增长 180%、60.6% 和 51.0%，增速比上年提高 81.5 个、31.8 个和 48.3 个百分点；受限牌政策调整和限行政策暂缓影响，汽车类零售额同比增长 30.2%，增速比上年提高 19.8 个百分点；移动互联时代智能手机继续热销，通信器材类零售额同比增长 61.4%，增速比上年提高 11.3 个百分点；穿戴类商品保持较快增长，服装鞋帽针纺织品类、金银珠宝类、化妆品类商品零售额同比分别增长 46.4%、32.5% 和 22.6%；刚需型民生商品需求基本稳定，零售额增速略有放缓，食品饮料烟酒、日用品、中西药品、石油及制品等类商品零售额分别同比增长 15.3%、11.3%、13.9% 和 14.8%，增速比上年分别下降 2.3 个、14.6 个、13.2 个和 5.8 个百分点。

表 2　限额以上批零企业主要商品零售分类

单位：%

商品类别	2012 年增速	2013 年增速
1. 食品、饮料、烟酒类	17.6	15.3
2. 服装、鞋帽、针纺织品类	52.5	46.4
3. 化妆品类	52.5	22.6
4. 金银珠宝类	13.0	32.5

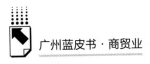

续表

商品类别	2012 年增速	2013 年增速
5. 日用品类	25.9	11.3
6. 五金、电料类	50.4	41.2
7. 体育、娱乐用品类	53.5	31.8
8. 书报杂志类	4.0	24.2
9. 电子出版物及音像制品类	16.3	9.8
10. 家用电器和音像器材类	2.7	51.0
11. 中西药品类	27.1	13.9
12. 文化办公用品类	41.6	33.3
13. 家具类	28.9	60.6
14. 通信器材类	50.1	61.4
15. 石油及制品类	20.6	14.8
16. 建筑及装潢材料类	93.6	175.1
17. 汽车类	10.4	30.2

二 2013 年广州零售业主要业态发展现状和分析

近年来，随着广州市经济社会迅速发展，各种零售业态逐渐成形并成熟。目前已经形成购物中心、百货店、大型超市、社区超市、便利店、专业店、专卖店、折扣店、仓储商店、网络零售等多业态共同发展的局面。其中，购物中心、网络零售等新兴业态快速发展，比重逐渐提升，对居民生活和业态创新影响越来越大。

（一）购物中心：在扩张中调整

作为内地购物中心起源地，2013 年，广州市度过了大型购物中心大幅扩张和内部调整并存的关键一年。

2013 年，全国新增购物中心总量迎来高峰，20 个主要城市有约 150 个购物中心开业，新开业购物中心平均面积超过 8 万平方米。购物中心在广州同样出现集体涌现的现象。第一太平戴维斯、戴德梁行、仲量联行等各大地产研究机构的数据显示，广州购物中心当年新增面积创下历史新高，为 2012 年的 3 倍。随着城市扩张，在交通网络日趋成熟、城市扩展及成熟商圈土地紧张等因素的推动下，顺应就地消费和便利消费需求，购物中心正由老城区逐渐转移到番禺等非中央商务区。未来在金沙洲、花都、增城，甚至从化等郊区，都将涌现出越来越多的中大型购物中心。

表3　2013 年广州市新增大型购物中心一览

单位：万平方米

项目	位置	建筑/商业面积
永泰站生活广场	白云区同泰路	2
乐峰广场	海珠区工业大道	10
天河乐都汇购物中心	天河区东圃	1.9
高德置地四季 Mall·冬	天河区珠江新城	10
花城汇（二、三区）	天河区珠江新城	7
永旺梦乐城	番禺区市桥	17
汇珑新天地	番禺区市桥	15
雅居乐鸿禧优活商场	番禺区市桥	2.3
圣鑫商业广场	番禺区市桥	11.3

商业设施飞速发展的同时，购物中心"饱和"迹象也开始显现：空置率上升，租金下行压力增大，购物中心正逐渐成为租户市场。仲量联行的数据显示，由于有大量的新开业或即将开业的项目加紧预招商，加上已开业购物中心租赁情况不理想，三季度广州优质购物中心的空置率从二季度的 3% 上升至 3.7%，并预计年末全市购物中心空置率达到 5%，超过 2012 年水平。开业已 2 年，占据花城汇核心位置、面积近 8000 平方米的 8090 荟潮坊近半数店铺处于关门或围挡装修状态。李嘉诚旗下的西城都荟购物中心空置率同样高，开业一年来除了首层以及地下一层的商户基本开业之外，二、三层的不少铺面依然处于空置状态，已于 8 月抛售。

面对购物中心的集中放量，以及电商飞速发展等内外因素带来的竞争加剧，使得广州的大型购物中心不论新旧都纷纷在 2013 年调整战略，积极应对。

由于百货业和服装零售的销售额增长放缓，以百货和服装品牌专卖为主要业态的购物中心，为提高商场人气和抗衡电商行业快速发展带来的冲击，纷纷打造新的特色区域，创新商业模式，提高休闲娱乐和餐饮等体验式业态的比例，以期给予顾客新的消费体验。电影院、儿童城、美食城、游乐城等体验式消费，成为各大购物中心新宠。有些商场将餐饮娱乐功能的比例大幅上调，也有商场腾出一个楼层打造美食街。正佳广场餐饮业态面积约2.4万平方米，占总面积的18%，承载了90多间餐饮店，是全国单体购物中心餐饮面积最大的。正佳广场主打全年不间断的跨界合作：6月花2000万元打造了全国商场中最长的观赏鱼馆"海洋世界"，缸内放养护士鲨、黑鳍鲨等2000多鱼类；9月举办了广州国际购物节、中法文化艺术节，邀请法国顶级涂鸦大师绘制了两幅巨型作品，并演出环境舞蹈《衣食住行》；12月邀请钢琴家郎朗上演钢琴独奏音乐会。天河城在每一层的中庭，添设一家休闲饮品，其餐饮比例也大幅度提高。番禺奥园广场餐饮业态占比达22%，场内不设百货主力店，而以快时尚与社区型、亲子型消费为特色。白云万达广场对二楼进行调整，零售业态全部撤出，改为体验业态。丽影广场腾出C区1000平方米做餐饮，餐饮比例由18%提升至20%，同时对B区进行全面改造装修，引入快时尚品牌、国内外知名服饰品牌以及时尚个性化餐饮，打造"自然森林"主题长廊。海印又一城力图以"购物中心的体型、百货的结算方式、奥特莱斯的业态"的混搭来突围。各类护肤沙龙、彩妆课程、品酒会活动在友谊正佳店轮番上阵。针对年轻家庭消费群体的太阳新天地力推明星签唱类的"星文化"和各种儿童才艺表演和竞赛活动。新光百货则举办了全球七大极限轮滑赛事"2013CX – OPEN中国极限赛"。高端购物中心太古汇逢周末举办钢琴、小提琴"小型室内音乐会"。凡此种种，都重在满足消费者新的体验式消费需求。

（二）百货店：多元化转型路

2013年，对于广州市百货业是一个非常艰难的年份。网购带来的冲击、逢节就折引起的审美疲劳、品牌同质化造成的低价竞争、"三公消费"限制对购物卡销售的影响等多因素叠加，导致广州市百货业疲态渐显。据市统计局数据，全年限额以上百货店业态实现零售额 290.53 亿元，同比仅增长 7.6%，比限额以上零售企业增速（22.0%）低 14.4 个百分点，也比全市社会消费品零售总额增速低 7.6 个百分点。在国庆节黄金周，广百百货（含广百股份和新大新）、广州友谊、天河城百货、摩登百货、广州王府井、新光百货、东山百货等七大百货公司 7 天销售额为 7.05 亿元，同比增长 6.7%，传统旺季不再旺。更值得注意的是百货企业利润下滑，市经济贸易委员会重点监测的 10 户百货企业 2013 年销售额同比下降 0.2%，利润总额更是同比下降 15.09%。

面对市场持续低迷，高密度、深折扣已不能挽救业绩，广州百货企业在 2013 年已经主动出招，寻求突围。

一是转型购物中心。针对品牌组合、业态单一、同质化经营 60% 以上等问题，各大百货店均以集合丰富的娱乐、休闲业态和功能满足消费者的各项需求，加入购物中心化的转型中。友谊对环市东店男士馆和综合馆进行优化调整，南馆初步形成了"男士服饰＋高端电器＋高端餐饮"新业态组合格局。

二是改做奥特莱斯。"五一"前夕，天河城百货将白云新城五号停机坪店转型成奥特莱斯名牌折扣店。9 月 13 日，摩登百货光明广场店再次调整定位，转身变成奥特莱斯店。广州友谊的时代广场店改为奥特莱斯，取消了超市和电器业态，以穿戴类为主，引入 150 多个国内一线和国际二线品牌，于 11 月 30 日正式营业，成为天河路商圈的首家奥特莱斯。11 月开业的番禺区汇珑新天地主力店也是奥特莱斯业态。由于百货店主打的服装、鞋都是大受电商冲击的品类，库存积压严重，奥特莱斯可以帮助供应商去库存，"名牌＋折扣"的销售模式也很受消费者青睐，因而向奥特莱斯延伸成为百货业的顺势之举。

三是走专业化路线。4 月 29 日，由广百 GBF 北京路店转型而来的广百黄金珠宝大厦正式营业，当天销售业绩超过 500 万元。这是华南地区首家黄金珠宝专业店，场内除广百自主品牌"广百黄金"外，还包括各类投资品、收藏品、钻饰、翡翠玉器等 40 多个品牌。虽然网购珠宝低价便利，但实体店在现场体验和售后服务方面更有优势。本次广百股份走黄金珠宝专营的专业化路线，与其 2012 年开设的广百尚宜国际保健精品城一脉相承。中华百货将富一城后区改造为"皮鞋皮具馆"，引进 70 余个鞋类相关品牌，成为商圈内规模最大的鞋类经营场所。

四是牵手电子商务。随着网购消费群体越来越庞大，为了避免沦为电商线下的"试衣间"，广州市百货企业前两年开始纷纷触网。多数百货企业套用线下联营模式，自建网络平台，但与专业网购平台相比，无论是品类还是价格均无优势，使得多数网上商城日均 IP 浏览量不足 1000，交易量难过两位数。因此，百货企业不约而同地采取新的触网模式——不再与电商搞对抗，而是双方融合合作，打通线上线下，开启 O2O 模式（Online to Offline）。广州友谊、广州王府井、新光百货纷纷推出微信平台或 APP，有查询最近商场的折扣、停车位、免费 WiFi 密码等信息功能；正佳广场、百信广场开通了微会员卡特权，与场内餐饮、服饰、个人护理、家电等商家联动；摩登百货的网上商城"摩登网"于圣诞前夕上线，推出 2 万余件低价商品，消费者可以享受线上下单、线下配送的免运费服务，并在北京路店开设 100 多平方米的网上商城线下体验店，促进线上与线下的融合。

（三）超市：高端化与社区化

商铺租金和人员工资不断上涨以及电商促销一浪高过一浪的冲击，使得广州的超市业态发展不容乐观。据市统计局数据，全年限额以上零售业大型超市实现零售额 201.46 亿元，同比仅增长 4.7%，增速比限额以上零售企业增速低 17.3 个百分点，也比全社会消费品零售总额增速低 10.5 个百分点。

以满足刚性需求和经营快速消费品为主的超市，在广州并未停滞拓展，逐渐向"高端化"和"社区化"发展。

一是超市高端化。根据发达国家和地区的经验，当人均 GDP 达到 1.5 万美元时，就进入了精品超市和精品专卖店大发展阶段。广州人均 GDP 在 2011 年突破了 1.5 万美元，高端超市加快发展。在天河区不到 10 平方公里的中轴线上，有位于太古汇的华润万家旗下 Ole 高端超市、位于万菱汇的全悦食品零售超市、位于珠江新城太阳新天地的 Maxvalu 美思佰乐中国一号店超市、刚进驻东方宝泰购物广场的日式精品超市大创生活馆、转型后的正佳广场百佳 TASTE 高端超市。广百精品超市、永旺超市天河城店和高德置地广场店、友谊超市国金店等也加入更多精品元素。

所谓"高端超市"或者"精品超市"，主要是针对本土高端消费者及居住在本土的外籍人士而开设的超市，一般采取自购自营的经营模式，以销售进口食品为主。目前广州的高端超市，进口食品占比一般在 50% 以上，生鲜、食品类的比例占了大部分甚至接近 90%；虽然不乏一些"亲民商品"，但较之普通超市，其进口食品价格高出 30% 左右。随着市民消费能力的提升以及对食品安全的重视，高端超市销售较好。它的密集出现，标志着广州超市业态从"一站式购物"进入细分市场时代。

二是超市社区化。随着广州城市化进程的持续加速和社区形态日趋成熟，社区商业成为超市发展的"蓝海"。相比于大型超市，其更具便利性和体验性；相比于电子商务，其更加贴近消费群体；相比于便利店，从产品数量、丰富程度以及价格水平，也更具优势。同时，由于社区超市剔除了大型超市的百货、服装等购买周期较长的商品，通过更细致地优选产品品类，在人工、租金等方面减少成本，单店赢利能力更强。

广州社区超市加速"跑马圈地"。华润万家 2013 年除了新开 2 家大卖场和 9 家便利店外，最大的动作就是在全市各区新开社区超市 40 多家。自 2001年在五羊新城开设第一家分店以来，华润万家目前广州门店数量已超过 150家，其中社区超市门店 130 多家。2014 年，计划在广州及周边地区新开设门店 53 家，其中社区超市 50 家。同时，华润万家与广州羊城通公司合作，在市区的社区超市都开通了羊城通充值服务。

（四）便利店：转型第三代店

1986 年，南方大厦开设了内地第一间 24 小时便利店——西濠便利店，此后便利店以其便利性和多元化在广州快速发展。但 2010 年亚运会后，广州商业网点密度越来越高，在电子商务冲击、社区超市拓展和租金工资上涨多重压力下，便利店的生存环境越来越艰难。市统计局数据显示，2013 年限额以上便利店全年零售额为 27.35 亿元，同比增长 23.8%。零售额的快速增长并没有带来利润的同步增长。市经济贸易委员会重点监测的连锁便利店数据显示，2013 年销售、管理、财务等三项费用暴涨 30% 以上，利润总额同比负增长。

面临发展困境，各大连锁便利店从过去的主攻社区和地铁站转向主攻写字楼办公区，针对消费群体逐步转向白领，主推兼具餐厅功能、一店多能的

"第三代店"。其特征是扩大店内购物空间与休闲区，丰富熟食和饮品款式品种，店内设有餐饮区；发挥"一店多能"的优势，拓展羊城通售卡与消费、银联消费、电影卡、网游点卡、即开彩票、鲜花代订、票务代售、EMS 快递、电话套卡和充值服务、拉卡拉等更多的商务功能，已经是便利店的标配。如，喜市多便利店精选了一些中西式、清真类的速食盒饭，提供咖啡馆式的餐饮座位区，提供免费 WiFi 服务，可以兑换中国移动积分；全家便利店保留自有品牌饮品和盒饭，进一步提升休闲座位区；7—11 便利店有自主品牌的冰沙以及鱼蛋、关东煮等轻食；Ok 便利店有"好知味"中央配给的食品自有品牌，提供柠檬茶、玉米汁、豆浆等多种饮料以及面包蛋糕类食品，增设茶餐厅的卡座；美宜佳支持顾客用支付宝软件进店消费和支付，并免费提供"天猫社区服务站"服务，符合条件的淘宝、天猫包裹都可以免费代收货；广州石油的287 个易捷便利店更是将加油、洗车、餐厅、咖啡馆、书店、水果蔬菜店、超市等各项功能汇集于一身，把一站式服务演绎到极致。

（五）电子商务：光环下的骄子

电子商务是广州落实新型城市化、建设国际商贸中心的支撑产业之一。2013年，《广州市人民政府办公厅关于印发加快电子商务发展的实施方案（试行）的通知》出台，市财政将连续 5 年每年投入 5 亿元用于扶持电子商务发展，在电子商务应用推广、产业发展和环境改善等方面均取得了显著成效，全市 72% 的重点企业开展了不同程度的电子商务活动，被评为国家移动电子商务试点示范城市、中国电子商务应用示范城市、中国电子商务最具创新活力城市。2013 年，广州市电子商务成功实现了对传统百货业的逆袭。限额以上网上商店 1～7 月零售额（167.96 亿元）首次超过限额以上百货店零售额，全年达 316.85 亿元，是限额以上百货店零售额的 1.1 倍；同比增长 64.5%，增速是限额以上百货店的 8 倍。

1. 电商在快速发展的同时，持续在竞争中转型

广州电商领头羊——广州唯品会信息科技有限公司（以下简称唯品会）曾经定位为面对国内奢侈品折扣的电商平台，采取不同于传统百货业的买手制，由 300 多时尚买手精选奢侈品牌折扣商品。面对越来越多的海淘分食高端市场份额，唯品会主动改走平民路线，转型为中端品牌垂直折扣电商平台，用限时超低折扣吸引这部分价格敏感度高的消费者，从而赢得了生存空间和忠诚度。唯品会财报显示，2013 年三季度总净营收为 3.837 亿美元，同比增长 146.1%；净利润为 1200 万美元，净利润率为 3.1%（2012 年同期净亏损率为 0.9%），已连续四个季度赢利；季度活跃用户 400 万，却保持着 90% 的超高重复购买率。第三方机构数据显示，唯品会在全国前三季度 B2C 电商市场份额排名第 5。中国最大的女性时尚网购品牌——广州摩拉网络科技有限公司（梦芭莎），自 2007 年成立以来，不断创新商业模式，国内首创"女装自主品牌＋电子商务"模式，专做产业链前端的开发设计和后端的品牌推广。2013 年，梦芭莎在广州、青岛、上海相继开设线下实体体验店，将电子商务、目录营销、直营体验店融为一体，再次领先推行网上虚拟向实体体验模式演进。

2. 传统企业也纷纷通过电商平台转型

龙头百货企业和大型购物中心纷纷设立网上商城，85% 以上的品牌专卖店开展了网络零售。在 2013 年"双十一"支付宝成交金额排名前十单店中，有 2 家来自广州，分别是排名第三名的骆驼服饰和第十位的茵曼女装，两店成交额分别为 1.7 亿元和 1.2 亿元。骆驼品牌于 2009 年开始触网，起初只是将电子商务作清仓方式，在意识到电子商务巨大的覆盖面后，于 2010 年进入天猫商城，针对性开发更适合网络年轻人群的更年轻化、更时尚化的特供商品，由原来单纯的清库存重新定位于一种区别于线下实体的新的销售渠道。在 2013 年"双 11"，骆驼品牌包揽服饰品牌单店第一、男鞋类目第一、户外类目第一、女鞋类目第一。同时，拥有线下优势的骆驼品牌，部分品牌直营实体店开始试水 O2O 模式。做外贸服装起家的茵曼女装自主研发供应链系统，针对网络顾客需求提前企划设计产品，推行大数据分析，步步都走在同行的前面。2012 年放弃了外贸和线下批发业务，专注电子商务；2013 年"双 11"，茵曼成功冲上天猫女装类成交额第一位。

（六）专业店＆专卖店：新一轮洗牌

专业店和专卖店是广州零售业占比最大的两个业态，几乎涵盖了所有商品类别。市统计局数据显示，2013 年，限额以上专业店零售额为 1179.74 亿元，同比增长 9.6%；限额以上专卖店零售额为 636.35 亿元，同比增长 46.4%，两者合计占全市限额以上零售业零售总额的2/3。

面对着电子商务的冲击，紧随购物中心业态调整，专业店和专卖店已经进入新一轮的洗牌，其中电器卖场、儿童商业以及快时尚品牌最引人关注。

1. 家电专卖店撤并调整

维多利广场的国美电器旗舰店原先占据负1层至4层，但在10月份1~4层的区域被腾出来，国美电器退缩至负一层。同月，国美电器中华广场富一城西南区的5000平方米分店租约到期后不再续约。丽影广场B区拟升级改造，位于该区的国美电器将于2014年2月撤离。这种现象一方面是由于电器专业店吸客能力和租金水平低，遭到购物中心业主驱逐；另一方面也是电器专业店主动优化网络、关闭亏损门店的结果。2013年，广州地区国美门店数比2012年减少了8家。广州国美在2014年初和摩登百货达成战略性合作，双方将采取联营扣点的方式，在摩登百货门店中划出家电专区，由广州国美全权负责家电品类的采购、销售、配送、售后等业务。苏宁新一代实体零售门店——广州达镖国际Expo超级店围绕家电娱乐、家居生活、关联产品等进行商品规划和品类拓展，经营品类涵盖3C、传统家电、图书、百货、日用品、金融产品、虚拟产品等，带给消费者一站式购物体验。

2. 儿童商业成购物中心新宠

儿童商业主要指经营儿童服饰、儿童玩具、儿童娱乐和儿童服务等。目前广州的儿童业态多以上述几种形式的综合体出现，由于稳定性强、连带消费多，虽然租金低廉，但深受购物中心青睐。儿童商业成了广州各大购物中心的"标配"，甚至是"豪配"。正佳广场"家庭时尚体验中心"的Grandview Kids Park，除主力店玩具反斗城外，还有30余家儿童零售品牌和10余家儿童体验及服务品牌。2011年以来，小Q反斗城在广州已开4店，预计未来3~5年会开设30家门店。其中，高德汇奥体店的航母店有1万平方米的户外游乐场，1.5万平方米的室内儿童购物中心，集儿童教育、娱乐、零售、餐饮四大模块于一体。5号停机坪的儿童天地，目前规模近万平方米，加上将来开业的户外儿童乐园和另一家主力店母婴百货——孩子王，总规模有望增加到1.5万平方米。儿童天地商铺开得满满当当，从儿童体验到零售、服务，一应俱全。

表 4 儿童天地品牌商家一览

儿童主题乐园		星期八小镇、开心哈乐儿童乐园、奇乐儿儿童主题公园、儿童沙滩乐园、花朵爱乐园
儿童服务		爱学习、金宝贝国际早教中心、巧虎·乐智小天地
儿童零售	服饰	比比安、皇家宝贝、MINI PEACE、KAMINY、DR. KONG、品之比、AIMER KIDS、母婴合生元、Dears Care 缘贝心、CROCS 等
	玩具	Kidsland、S - up kids 儿童玩具
	儿童用品	IQ PLUS 天生赢家、好学宝、小天才、步步高

快时尚品牌专卖店加速进入购物中心。日本快时尚品牌无印良品（MUJI）在东方宝泰购物广场和 5 号停机坪连开两店，西班牙著名的快时尚品牌 ZARA 和 H&M 联手进入奥园广场；ZARA 及其姊妹品牌 PULL & BEAR、STRADIVARIUS、西班牙男装品牌 SPRINGFIELD 以及日本休闲品牌优衣库等进驻新开业的乐峰广场；意大利时尚品牌 Moschino 和 Etro 在环市东路丽柏广场开设了广州首店；随着西城都荟店的开业，H&M 短短三年间已经在广州开了 7 家店。

三 广州市零售业面临的机遇和挑战

（一）良好的发展机遇

1. 从政府政策层面看，国际商贸中心建设必将促进零售业大发展

2012 年 9 月出台的《广州市委市政府关于建设国际商贸中心的实施意见》，对国际商贸中心建设作出更加明确的全面部署。随着广州建设国际商贸中心发展战略的实施，大型零售商业网点规划逐步落实，全力打造"购物天堂"和"网络商都"，重点打造 11 个都会级商圈，提升 21 个区域级商圈功能，完善商业公共服务平台和连锁服务网络，将有力推动广州市零售业高端化、品牌国际化、功能集聚化发展。72 小时过境免签政策有望推进旅游业和零售业的互动。

2. 从经济发展水平来看，广州零售业发展的市场空间广阔

广州市 2012 年人均 GDP 为 17274 美元，达到中等富裕国家水平。2013

年，城市居民人均可支配收入 42066 元，同比增长 10.5%；农村居民人均现金收入 18887 元，同比增长 12.5%；年末金融机构个人储蓄存款余额达 12254 亿元，同比增长 8.6%。广州经济和居民收入的持续增长，为零售业发展提供了强大的内部需求。珠三角五个一体化稳步推进，周边地区居民收入和生活水平不断提高、消费需求不断升级，以及交通网络不断完善，广州将集聚更多的人气和商机，为零售业的健康发展提供更大的市场空间。

3. 从基础设施条件来看，广州零售业的辐射力和集聚力不断增强

广东省交通大会战已经展开，广佛肇、穗莞深等城际轨道线路建设及白云国际机场扩建工程等正加快推进，全省将纳入广州 3 小时交通圈，广州的影响力和辐射力将不断延伸。天河路等大都会级商圈汇聚了大型都市购物中心、国际知名百货店，全市 10 万平方米以上的购物中心和商场近 150 个，成功创建全国首批现代物流技术应用和共同配送综合试点城市，枢纽性物流平台设施不断完善，将更加吸引国际品牌和其旗舰店、亚太地区商贸跨国公司地区总部入驻。

4. 从营商发展环境来看，广州相比其他城市更具优势

2013 年，广州市第三次荣登福布斯大陆最佳商业城市榜首。作为华南门户，广州拥有海运、铁路、航空、公路方面强大的物流能力，在货运、客运方面具有绝对优势。相比于其他大城市，作为"千年商都"，广州有着深厚的商业文化底蕴，更具宽容的商业环境，相对偏低的经营成本，新生业态良好的生存发展机会，以及一贯较强的经济活力。

（二）面临的诸多挑战

1. 从消费来源来看，居民消费意愿下降，机关团体消费继续收紧

人民银行广州分行四季度对广州地区储户调查问卷显示，广州居民消费意愿未能保持前三季度的上升势头，认为当前"更多消费"更合算的居民占比为 18%，较上季下降 5 个百分点。随着经济增速放缓，居民收入和单位利润增速有限，加上中央一系列严控公款消费规定的出台，预计机关团体消费将继续下降，居民消费增幅有限。

2. 从商品市场来看，大件耐用商品消费增长放缓

人民银行广州分行四季度对广州地区储户调查问卷显示，未来三个月打算购买大件和汽车的居民占比分别为 29.5% 和 17.8%，较上季分别下降 2.8 个和 3.5 个百分点。预计未来一段时间，汽车、白色家电等大件耐用品传统消费热点将受到制约，增长放缓。

3. 从行业环境来看，高成本、低收益、低增长将成为普遍现象

门店租金、人工成本、物流成本等各项费用仍有上涨迹象，渠道下沉和电商冲击带来了更加激烈的同业竞争，传统实体销售的回报率越来越低，电子商务也面临着越来越多的跟风者带来的压力。

四 2014 广州零售业发展趋势展望

（一）消费市场总体增速稳中趋缓

受经济增速放缓、企业效益不佳、资本市场低迷等因素影响，广州市居民工资性收入、经营性收入以及财产性收入增长放缓。随着房地产调控政策延续，与此相关的家电、床品、家具、建材等商品零售额同比增长 30% 以上的高速增势可能减弱；随着近 2 年通信技术快速升级带动的市民通讯器材等更新换代，预计新技术应用进入稳定期的 2014 年，消费升级步伐将会减缓；汽车限牌政策调整，将降低市民"贪大求贵，一步到位"心理预期，汽车档次可能趋降，汽车类商品零售额在高基数的情况下增速有所减缓。2014 年，全市社会消费品零售总额预期增长 13%，较 2013 年增速减缓 2 个百分点左右。

（二）"80 后""90 后"成为消费主力人群

从消费人群结构看，随着"80 后""90 后"新一代消费群体的成长，网络消费、时尚消费、信用消费等模式不断发展，享受型消费、娱乐休闲消费、文化服务消费将有所提高，而且其消费模式逐步由"量入为出"转变为"超前消费"，信用消费比重越来越大。

（三）"八项规定"对消费影响减弱

中央下达"八项规定"与"六条禁令"，倡导厉行节约，严格管理"三公消费"等政策效果在 2013 年集中释放,部分零售企业正在转型求变、创新经营模式,政策对高端消费和机关团体消费影响将逐步退出。另外社会部分消费能力转向其他领域,对居民消费整体增速的影响不明显。

（四）大型企业扩张速度明显放缓

传统大型百货店和大型超市利用渠道优势,靠扣点返利、进场费导致规模快速扩张的风光时代已经远去,面对销售收入增幅下降、成本加大、利润减少的严酷现实,其扩张速度将有所减慢。电商企业连年依赖高投入下带来高增长,面对着利润率极低、消费者货比三家、定价权遭受供应商挑战等问题,实现赢利是 2014 年的首要任务。随着更多消费转向境外,奢侈品牌和快时尚品牌的销售增速也在快速下降,预计 2014 年进入调整期。

（五）线上线下互动重塑商业格局

无论传统实体零售企业,还是新兴电子商务企业,O2O 已经成为 2014 年最主流的转型思路。对于传统实体零售企业而言,借助 O2O 探索发展线上线下相结合的零售新模式,可以利用自身的客户资源与渠道资源优势,通过信息化技术手段分析消费者行为,选择提供什么和打造什么,更好地迎合消费者需求,从而留住和聚揽顾客。对于新兴电子商务企业而言,借助 O2O 可以充分发挥物流资源优势,拓展商品多元化销售,快速实现全渠道销售。

（六）实体店向特色化、社区化发展

在消费者购物加快向网店转移的环境下,实体店将侧重细分市场、突出体验特色、贴近消费人群来寻求生存发展空间。2014 年,实体店将加快向特色店和社区店发展,越开越小、越开越精、越开越零距离、越开越有特色是发展趋势。传统百货企业将从传统商品销售向融合娱乐、文化、艺术等综合体验式零售转型;发展零售企业的自有品牌,增加自营比重,促进盈利模式转变;奥特莱斯、主题百货、高端超市、社区生活中心等新模式将加快发展。此外,随着中心城区批发市场的转型升级,也将向零售、商业街等业态转营,促进零售业的集聚发展。

2013 年广州会展业发展
特点及 2014 年展望

叶静敏　易钧*

摘　要：

广州会展业发展条件得天独厚，通往欧亚海上"丝绸之路"始发港名传海外，十三行时期的对外展贸鼎盛非凡，新中国成立后的广交会引领风骚数十年。特别是近几年来，随着区域经济实力的增强、区位优势的彰显、产业支撑的强健、开放型市场体系的建设，以及经验的积累和软硬件设施的不断完善，目前广州会展业在展会设施、行业规模、品牌展会等方面都实现了较高的发展水平。

关键词：

广州　会展业　概况　展望

一　2013 年广州会展业发展概况

2013 年，广州市 20 个重点场馆举办展览 480 场次，同比增长 27.3%；举办会议 7919 场次，同比增长 18.5%；接待会展活动人员 1405.93 万人次，同比增长 7.7%，行业总体发展呈现良好势头。

（一）产业规模快速增长

2013 年，全市重点场馆举办展览 480 场次，较 2012 年增长 27.3%。展览面

---

* 叶静敏、易钧，广州市经济贸易委员会经贸合作处。

积 832 万平方米，较 2012 年增长 0.3%，较 2008 年的 369 万平方米，五年间增长了 125%。展览平均面积达 1.73 万平方米/场，全市拥有面积超过 10 万平方米的展会 16 个，超过 2 万平方米的品牌展览达 50 个，其中展览规模世界第一或亚洲第一的展会 5 个。全市 2013 年重点场馆接待各类会展活动人次同比增长 7.7%。其中，接待境内 1298.50 万人次，接待境外 107.43 万人次，分别增长 7.8% 和 5.7%，对全市消费、餐饮、酒店住宿等行业的拉动效应愈发明显。

（二）展会品牌专业化水平稳步提升

广交会单展面积达 116 万平方米，展览规模世界第一。广州国际照明展展览面积达 22 万平方米，位居世界同类展会第一，中国（广州）国际汽车展览会、中国广州国际家具博览会、广东国际美博会、广州酒店用品展等大型展会也在原有基础上进一步做大做强。全市专业展总体比例不断上升，占比已超过九成。家具展、建材展、橡塑展等大型专业展会面积占总展览面积的 30% 左右，代表我市产业转型升级发展方向的自动化展、汽车改装服务展、模具展等展会不断发展壮大，涌现出国际保健产业博览会、国际绿色创新博览会、国际节能展览会等一系列新兴专业展会。

（三）行业模式不断转型升级

一是数字会展发展迅猛。广州光亚展览贸易有限公司推出"阿拉丁会展电子商务"新模式并首创"行业展览＋行业网站＋行业电子商务平台"的"三位一体"系统化运营方法，目前已成功创建了 10 多个行业门户平台和垂直电商平台。阿里巴巴集团已成功举办了 4 届"网货交易会"，吸引了全国数万淘宝网卖家和"广货"供应商参展。二是通过"展览＋峰会"，推动展会与招商相结合。以新世纪 LED 高峰论坛等为代表的一批在国内具有较大影响力的会议（论坛），以会引展，以展促会，吸引总部企业落地发展。三是通过"展览＋奖项"，推动展会与专业奖项相结合，以广州国际设计周设立的"CDA 中国设计奖（红棉奖）"、广州国际照明展设立的"阿拉丁神灯奖""中国动漫金龙奖"为代表，通过提升业界对奖项的关注度，大幅提升企业参展的积极性和展会的知名度。

（四）制度建设取得一定成效

在行业管理方面，由市政府主要领导任组长、市各有关单位主要负责人任成员的市建设国际会展中心领导小组已正式成立。《关于支持广交会做大做强的工作意见》等政策文件已陆续出台，《广州建设国际会展中心城市发展规划（2013－2020 年）》也在 2013 年完成了起草工作，即将正式发布。同时还在前期工作的基础上，进一步强化了展会知识产权保护等措施，指导会展行业协会加强行业自律，不断优化综合反映会展业发展情况的统计报表体系为行业服务。

二 当前会展业发展态势分析

随着世界经济一体化的不断深入，许多国家和地区经济发展、对外贸易对会展业的依赖程度越来越高，会展业成为世界各国的朝阳产业。随着发达国家继续向服务经济转型，国际贸易快速调整，会展作为全球资源聚散的平台，开始由货物贸易为主，转向技术贸易、服务贸易的快速发展，会展的内容由具体的商品交易向技术交流、服务展示综合发展转型。随着世界会展经济的全球扩张，大型国际会展企业向新兴经济体特别是中国转移的趋势越发明显。据国际展览业协会统计，近年世界前十的国家中只有中国和巴西的会展面积分别保持了 6% 和 4% 的增长，其他国家均呈下降趋势。除欧洲、美国外，中国已成为世界会展业的第三个重要市场。会展经济在我国作为一个新兴的经济形式已经日益显现出其强大的生命力，日益成为城市新兴产业的制高点。目前，全国形成了以北京为中心环渤海会展经济产业带，以上海为中心的长三角会展经济产业带，以广州、香港为中心的珠三角会展经济产业带，以武汉、郑州、成都、昆明等城市为龙头的中西部会展中心城市群和以大连、哈尔滨等城市为中心的东北边贸会展经济产业带。"十二五"期间，北京、上海、天津等国家中心城市不断加快推进大型专业展馆规划建设。作为华南地区当之无愧的会展中心，近几年来，广州会展业实现了跨越式的发展，在硬件、规模、展会等方面都领全国乃至全球之先，这些都为建设国际会展中心城市打下了坚实的基础。

但对比国内外先进城市，我们还要清醒认识广州会展业目前面临的压力和存在的问题。全球范围内，与法兰克福、汉诺威等国际知名会展城市相比，广州在国际上的影响力还整体偏弱，具有世界级地位的展会偏少；而聚焦国内，处于领先地位的北京、上海继续高度重视会展业发展，积极新建场馆等基础设施，大力吸引及培育品牌展会及龙头企业，领先优势有不断扩大的趋势，部分广州本土展会出现外迁现象。因此，面对全球会展业日新月异的发展形势，广州要把握国际会展中心向亚洲特别是向中国转移的契机，利用珠三角一体化和粤港澳会展黄金带的优势，通过提升软实力和整体实力进一步做强做大会展业，使广州会展在全省、全国、甚至全世界更有竞争力。

三　2014年广州市会展业发展思路及对策

（一）发展定位

按照广州新型城市化的总体部署和"123"城市功能布局，打造"1334"的国际会展中心城市功能定位。

1. 一流的会展基础设施

加快广州会展场馆设施规模化和现代化建设，力争会展场馆硬件设施达到世界一流水准，推动广州从国家级会展中心城市向立足华南、辐射长三角、环渤海、服务全国、面向世界的国际会展中心迈进。

2. 三大突出的会展功能

一是突出的经济先导功能。通过形成以广交会为龙头、以展览业为主导、以会议业为增长点、以节事活动为亮点的与国际全面接轨的广州会展特色产业体系，迅速崛起一批具有世界竞争力的会展企业舰队，实现"五个转变"，引领全国贸易格局转变。二是突出的产业联动功能。通过高度发达的会展经济，不仅促进外贸、旅游、宾馆、交通、运输、零售、房地产、保险、金融等产业效益实现几何级增长，而且使会展业成为新产品、新技术、新产业、新市场的晴雨表和风向标。三是突出的集聚辐射功能。通过全方位的展城融合，集聚国内外人流、物流、资金流、信息流，增强广州在先进理念、经营模式、关键技术、资本运作、自主品牌、供求渠道、人才储备等方面的全球资源整合能力，提升广州作为国家中心城市的辐射力。

3. 三大会展功能中心

一是展览中心。依托广交会和"千年商都"的品牌效应以及珠三角地区乃至全国产业基础,形成世界展览中心,增强广州乃至我国商贸流通业在全球价值链条中的影响力和定价权。二是会议中心。依托历史文化名城的旅游资源、多元文化以及国家级中心城市的影响力、辐射力,形成国际会议首选地之一,促进国内外经济、文化、科技、教育、医疗卫生等领域的资源传播和融合,提升广州在全球事务活动和价值体系中的话语权。三是数字会展中心。依托广州作为全国三大国际电信出入口之一、城市信息化程度居全国十大城市之首的优势,推动电子商务、移动互联网与会展业融合发展,打造"网上会展""智慧会展"等新模式,形成全国数字会展创新地,加速全国会展业数字化进程,成为全球会展资源无缝衔接的重要平台。

4. 四大会展功能区

按照"一次规划、分步实施"等原则,重点建设以广交会和国际专业展为核心的琶洲会展总部功能区,分步建设空港、番禺、增城三个区域特色鲜明、展贸结合型会展副中心,构建"一主三副"的广州会展业空间格局,实现展城互动。

(二)发展措施

1. 进一步优化工作机制

充分发挥市建设国际会展中心领导小组的统筹协调作用,落实广州建设国际会展中心的具体工作任务。充分发挥区(县级市)和企业的作用,做好市、区联动,努力办实事、解难事,共同促进会展业持续较快发展。同时充分发挥会展行业协会、商会等行业组织的作用,引导会展行业协会加强行业协调能力,在掌握行业情况、数据统计、信息发布等方面做好工作,及时为企业提供信息做好服务,也为政府部门加强行业管理和公共服务提供有力支撑。

2. 强化规划指引

要在年内正式出台广州会展业发展中长期规划,并按照规划进一步优化会展业空间布局,规划建设好琶洲会展总部功能区,完善商业、餐饮、娱乐、物流、停车等配套设施,重点提升会展总部的集聚辐射功能,与中心城区联动形成全市会展产业的中枢，同时积极推进增城、番禺、空港等会展副中心的规划建设。特别是要注重全面配套、展城互动，将会展设施的建设与加快城镇化步伐结合起来，加快会展功能区周边各种交通方式之间的有效衔接，加强信息基础设施建设。通过会展区域一体化配套设施建设，带动城市功能开发，促进区域经济社会发展。

3. 强化扶持引导

优先考虑、重点扶持具有示范性、导向性的会展项目、企业、公共服务平台和硬件设施建设项目。对符合广州市战略性新兴产业发展、促进行业做优做强、符合国际化、品牌化、信息化发展方向的展会给予扶持培育。要加大力度推进会展业"线上＋线下"融合发展，大力发展"网上会展"和"数字会展"。

4. 加大培育国际一流品牌展会、会展企业和会展人才

坚持自主培育与积极引进相结合，一方面大力支持本土展会做大做强，一方面积极引进国际专业品牌展。将更多10万平方米以上专业展发展打造成为世界一流的品牌会展，扶持一批高、精、专的中小型展会做大做强，培育一批与新行业发展的展会发展壮大。同时吸引国际知名会展集团来穗设立区域总部、办展机构，支持和鼓励广州市会展龙头企业以多种形式整合打造会展业航母级企业，扶持一批世界一流专业会展企业，提升广州市会展企业整体实力。鼓励与国际会展组织或机构合作，积极引进现代会展人才，构建会展高级人才资源库。

2013 年广州专业批发市场
发展特点及 2014 年展望

李干洋　郭楚涛*

摘　要：

2013 年，广州市区联动，大力推动专业批发市场转型升级，一批市场主体主动出击、顺势而为，做到外迁承接有规划、评价管理有示范、硬件改造有提升、商业模式有创新，批发市场转型升级取得积极进展。2014 年，广州将贯彻落实《广州市人民政府关于推动专业批发市场转型升级的实施意见》，依照"市区联动、属地管理，试点推进、典型示范，规范提升、整合转型"的原则，以专业化、国际化、现代化为导向，分类指导、突出重点，采取原地转型、关闭搬迁、业态转营和规划调整等方式，积极整合市场资源、提升服务功能、加强产业对接，推动传统专业批发市场升级改造。

关键词：

专业批发市场　转型升级

广州市专业批发市场早期的兴起和发展，是通过广泛吸纳本市的社会劳动力、充分发挥千年商都商品集散、价格形成、服务产销等功能，缓解大批中小企业小生产和需求多样化大市场的矛盾，对繁荣国民经济、增强中心城市竞争力以及促进就业做出了积极贡献。但随着全球经济一体化发展、现代信息与通信技术的应用以及现代交易方式与交易模式的出现，广州国际商贸中心的建设，对广州市专业批发市场的发展提出了更高的要求。

＊ 李干洋、郭楚涛，广州市经济贸易委员会市场体系建设处。

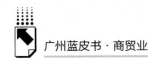

一 广州市专业批发市场发展现状

广州专业市场发展起步早，历史长，总体规模大。目前，广州市有近700个单体专业市场、15个专业批发市场园区，涵盖皮革皮具、鞋业、纺织服装、水产品、珠宝、茶叶、酒店用品、化妆品等多个领域，形成了享誉全国的白马服装、花都狮岭皮具和增城牛仔服装等产业集群。据行业测算市场年总交易额约5000亿元，超亿元市场158个，超百亿元市场10个。近年来，在市委市政府的部署下，广州市积极推进专业批发市场升级改造工作，改进交易方式，促进提升批发市场现代化、国际化水平。

二 广州市专业批发市场转型升级主要成效

一是外迁承接有规划。编制出台《广州市产业物流发展规划（2010 - 2020年)》，规划形成专业市场与现代物流接轨的科学布局，强化城区外围用于承载迁移的大型现代展贸市场园区，加快城区批发市场有序外迁提升。目前已在番禺区化龙镇规划占地4800亩的广州国际商品展贸城，首期"广州光谷"和海印国际名车城已陆续建成、首期已经投入使用。同时，积极推动花都狮岭皮具和增城牛仔服装两大批发市场实现规模效益双提升。

二是评价管理有示范。出台《广州市专业批发市场转型升级评价管理办法》，认定15家示范市场；涌现了由单体市场向园区化集聚发展的站西鞋城、白云皮具等一批大型批发市场集群，培育创建站西鞋城商圈、三元里皮具商圈两个广东国际采购中心；打造了"广塑指数""鱼珠·中国木材价格指数""狮岭皮革价格指数"等一批国家、省级价格指数。

三是硬件改造有提升。选择荔湾区、白云区作为广州市专业批发市场转型升级的试验区，市区联动推进广州国萃花卉市场、站西鞋城、天健建材市场等一批市场与物流企业对接，通过硬件改造实施推动商流物流分离，向电子化、展贸化转型发展，一批现代展贸型市场初显雏形。

四是商业模式有创新。利用电子商务、现代分销等新商业模式，引导海印电器城、天雄布匹市场等传统批发市场向零售、商业街等业态转型；推动太平洋电脑城、增城牛仔城等开展网上交易平台建设；推动衣联网、爱购网、人文网、汇美等电子商务专业运营公司与传统批发市场对接，建立"线上＋线下"经营模式；推动广东塑料交易所等一批大宗商品交易平台建设和发展，形成集电子交易、仓储配送、质押融资等功能于一体的新型综合服务平台，推动传统流通方式转型升级。

三 广州市专业批发市场主要发展特点

广州市专业批发市场发展逐渐呈现以下三大特点：

一是交易方式上，专业批发市场开始向电子商务化、展贸化转变。随着互联网产业发展以及电子商务迅速崛起，"网上展销""网上支付"等交易方式成为了传统有形批发市场的有益补充。一定程度上加强了专业批发市场供需双方的信息互通，延伸交易半径，优化商品展示、结算、物流调度等功能，提高商品流通效率，推动了专业批发市场整体竞争力的提升。

二是在空间分布上，专业批发市场的商流、物流逐渐分离。随着城市建设的发展，批发市场空间布局逐渐分化，物流商流逐步剥离，形成了"展示交易在城内，仓储物流在城外"的发展趋势。在布局形态上呈园区化、品牌化及功能一体化；在建设模式上，由"街"型批发市场向"城""市"型批发市场发展。

三是在经营模式上，专业批发市场逐渐由纯批发向零售、批零结合发展，并逐步向产业链上下游延伸拓展。如工业品批发市场通过强化展贸和电子商务功能，逐步向现代采购中心、展贸中心、品牌批发中心和零售企业配货中心等方向转型；农副产品批发市场逐步向产销集散中心转型；生产资料批发市场向专业交易中心和物流服务方向转型。

四 广州专业批发市场发展主要存在问题

一是专业市场空间布局过于集中在中心城区。主城区市场数量占广州市市场的比重约八成，这种空间布局不仅浪费了中心城区宝贵的土地资源，也带来了人口、交通等诸多问题，对城市环境、卫生、治安、消防亦造成较大压力，给城市形象造成负面影响，不利于专业市场自身升级发展。同时，市场发展初期准入门槛低，带来单体规模简陋、经营档次低、管理不规范等问题。

二是专业批发市场的用地权属多样化，包括村社集体用地、部队、铁路及省、市国有企业用地等，市场利益主体构成复杂，牵涉的利益链条长。近年来，在遏制利用违章建筑滥开市场、着力减少违章市场经营等方面取得了较好成效，但由于专业市场的历史形成原因，用地权属涉及用地权属者、建筑业权人、物业投资开发商和租赁经营商以及从市场运营中获利的单位或个体，致使专业市场转型升级成为一项极为复杂的系统工程，不仅涉及政府多部门的工作职权，而且触及社会多环节的利益。

三是专业市场现代流通服务功能还有待提高。市场大多仍以传统"现金、现货、现场"交易为主，商流与物流混合，信息流、资金流、商品流低层次结合，较少采用电子商务网上交易等先进交易方式，大大限制了专业市场吞吐、集散和辐射功能的发挥，传统交易方式已很难满足当前和未来大规模商品流通的发展需求。

四是市场交易主体企业化组织程度不高。广州市专业批发市场的交易主体（入场商户）大多数是个体商贩，以个体或家族经营为主，大多不具法人资格，组织化程度较低，税收贡献非常有限。且市场之间呈现低层次的价格竞争，甚至采取不正当竞争，无序竞争、恶性竞争现象仍然存在。

五　广州专业批发市场下一步的发展思路

2014 年伊始，广州市委、市政府召开了广州市专业市场转型升级现场会，进一步提高了各级政府部门和专业市场业界推进专业批发市场转型升级的思想认识，进一步增强了加快推进专业批发市场转型升级的责任感与紧迫感。围绕"科学规划布局、转变经营方式、经营场所安全化和舒适化"总体要求，广州市正以《广州市人民政府关于推动专业批发市场转型升级的实施意见》为发展"纲领"，依照"市区联动、属地管理，试点推进、典型示范，规范提升、整合转型"的原则，依托千年商都的传统优势、全国领先的物流优势和会展优势，推动专业批发市场向展贸化、国际化、信息化、园区化、标准化转型提升，推进市场价值链从低端向高端发展，辐射面从国内向国际延伸，交易和结算手段从传统向现代转变，抢占专业批发市场转型升级的制高点，推动广州乃至广东经济转型升级。

（1）优化产业布局，引领转型升级。按照优化增量、提升存量的原则，结合广州城市规划和广佛同城化、广清一体化发展需要，分类推进、系统优化专业批发市场、货运站场规划布局，同步推进完善公共配套设施和建立信息发布、价格指导、在线交易等行业性公共服务平台，依托商贸优势打造精品型的都会区现代展贸市场群，依托产业优势做大黄埔区、南沙新区生产资料市场群，做强花都、从化、增城与产业集群互动发展的专业市场群，并建设2~3个业态新、规模大、功能强、交通优的现代化综合展贸园区，引导"散小乱"市场分期分批搬迁入驻，抽疏都会区市场密度。在清远和梅州两市交通便利的区域分别选址建设1个大型冷链物流中心，无缝对接广州农副产品市场，推进广佛同城化、广清一体化发展。

（2）结合"三旧"改造和城镇扩容提质工作，推动转型升级。对花都狮岭皮具、增城牛仔服装两大专业批发市场园区，制定规划实施方案，综合改造、拓展市场综合服务功能，鼓励建设涵盖物流、会展、检验检测、研发设计、时尚创意、教育培训、融资服务以及价格风向等服务功能的公共平台，建成以产业为基础、以市场为依托，集批发交易、旅游购物、流行趋势发布和仓储服务、物流配送于一体的专业市场综合体，促进市场集群与产业集群融合发展。对白云区罗冲围农副产品集散地，进行市场与城市一体化改造，高标准、高起点规划建设大型农副产品批发市场，实行商流和物流分离，以市场转型升级带动提升区域发展水平。

（3）坚持一场一策，分类转型升级。一是对服装、鞋业、酒店用品、茶叶、牛仔服等在国内外有较强行业影响力的市场，实施原地转型升级，推进商流物流分离，创新经营业态，提升市场发展水平。二是对皮革皮具、纺织辅料、水产品、化妆品、中药材等在华南地区有较强行业影响力的市场，根据实际情况推进原地转型升级、异地搬迁或业态转营。三是对蛋品、钟表、五金建材、花卉苗木等在市域范围有一定影响力的市场，加强服务与管理，对不符合规划及消防规范要求的，依法予以关闭。

（4）发展新兴业态，加速转型升级。积极发展电子商务、现代物流、现代会展、跨境电子商务等新业态，引导大型批发市场创办网上市场，建立与现货交易并行的电子商务模式。引导产品标准化程度高、品种单一的市场，试行发展会员制网上交易，完善信息、交易、结算、第三方物流配送、大宗商品现货交易等电子商务平台。探索建立广货 B2R 模式（通过"互联网＋仓储配送"模式将市场商品直接供应给各地零售商），建设全球广货网货中心。利用会展经济优势，大力发展"网上交易会"，引导白马服装市场、步云天地鞋城、白云世界皮具贸易中心等开展电子招商招展，打造永不落幕的"网上广交会"。推广"前展后场"模式，集聚跨国贸易企业、采购商、品牌商，实现展贸联动、以展促贸。

（5）健全工作机制，保障转型升级。抓组织领导。建立市、区（县级市）两级专业批发市场转型升级联席会议制度。由党政一把手挂帅，制定相关配套政策措施和年度工作计划，明确工作目标、标准、要求及措施，完善专业批发市场转型升级检查督办机制。抓政策扶持。各区抓紧制定推动专业批发市场转型升级的具体实施方案，充分发挥财政资金引导作用，利用好市战略性主导产业专项资金，对主动从中心城区向外搬迁发展的专业批发市场，以竞争性配置方式给予资金支持。抓配套服务。做好重点市场及其周边的水、电、交通、银行等公共服务配套工作，支持有条件的市场在交易区或周边地区建设配套服务、公共服务平台，推进商事登记制度改革，激发市场主体活力。抓行业监管。建立批发市场开办联合审批机制，严格执行规划、环保、交通、消防等各项有关规定，都会区严禁开办"三现"（现金、现场、现货）批发市场，开展出租屋仓储、经营秩序、交通秩序、消防安全等系列专项整治行动。抓行业组织。充分发挥专业批发市场行业协会桥梁纽带、行业自律和行业服务作用，建立技术信息交流合作平台，引导、服务、规范专业批发市场发展。

2013 年广州餐饮业发展
特点及 2014 年展望

黄 飞[*]

摘 要：

2013 年，广州编制实施《广州市餐饮业产业发展和空间布局规划（2012 - 2020 年）》，大力推动餐饮集聚区建设，加强餐饮业品牌建设，成功举办 2013 年广州国际美食节，"食在广州"的品牌影响力进一步提升。广州市住宿餐饮业预计实现零售额 896.97 亿元，同比增长 10.9%，城市居民人均年餐饮消费额超 6000 元，位居国内大城市首位。2014 年，广州将加大力度推动餐饮业转型升级，支持餐饮业产业融合联动发展，推广餐饮业电子商务，发展网络预订、在线购买、跨店电子点菜等新模式，积极构建"全国点菜、广州吃饭"的餐饮新格局。

关键词：

餐饮业 美食集聚区 转型升级

2013 年，广州加快推进餐饮业转型升级，编制实施《广州市餐饮业产业发展和空间布局规划（2012 - 2020 年）》，大力推动餐饮集聚区建设，加强餐饮业品牌建设，组织协会联动各大媒体加大"食在广州"的宣传，成功举办 2013 年广州国际美食节，支持广府庙会、美食兵团等饮食文化推广活动，挖掘和发扬餐饮文化，"食在广州"的品牌影响力进一步提升。广州市住宿餐饮

---

* 黄飞，广州市经济贸易委员会商贸服务业处。

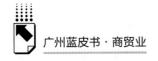

业预计实现零售额896.97亿元，同比增长10.9%，城市居民人均年餐饮消费额超6000元，位居国内大城市首位。

一 2013年餐饮市场特点

（一）行业规模持续扩大

2013年，广州市餐饮业继续呈现快速增长态势。据初步统计，2013年广州市住宿餐饮业实现零售额896.97亿元，同比增长10.9%，占全市社会消费品零售总额的13%，增速高于北京、上海等国内主要城市。广州市人均年餐饮消费额超过6000元，居国内大城市首位，体现出广州市良好的大众化餐饮基础（见图1）。

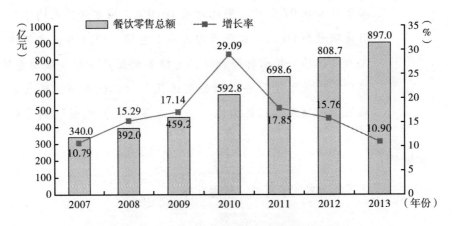

图1 2007~2013年广州市零售业销售总额和增速

（二）产业化趋势明显

以广州酒家、绿茵阁、半岛餐饮为代表的餐饮企业加快转型升级，产业化经营趋势明显，开展中心厨房配送、食品产业化生产基地等基础设施建设，经营业态更加丰富，菜品创新和融合趋势增强，企业抗市场变化能力得到提升。广州酒家集团2013年营业收入增长11.1%，其中食品工业强势增长 16.8%。耀华集团、陶陶居、莲香楼、黄埔华苑等餐饮企业通过产业化生产、技术化改造和品牌化推广，加快企业餐饮食品产业化步伐，取得较好的市场业绩。

（三）企业连锁化发展速度加快

餐饮企业朝着规模化、连锁经营方向发展，形成集团优势。耀华集团致力产业化、连锁化、规模化发展，建立集团配送中心，致力打造"鹅仔饭店"连锁餐饮品牌，半年新开 11 家连锁门店。金谷园、一日三餐、都城、真功夫等品牌快餐连锁企业通过食品工业化生产，实施薄利多销的经营策略，主打单位团餐、社区快餐和白领工作餐市场，取得了较好的市场反响。绿茵阁通过直营和特许加盟方式在全国发展连锁店 110 家，营业收入超过 5 亿元，成为本土连锁餐饮企业的知名品牌，连续多年入选"全国餐饮百强企业"。

（四）餐饮集聚区建设取得新发展

坚持因势利导、突出特色、分区建设的原则，加强规划引导，重点推动商旅文融合的番禺大道地标式美食集聚区，完善提升兴盛路国际美食街、沙面欧陆风情美食街、广州美食园、惠福美食花街等集聚区，初步形成东西南北中"食在广州"特色美食集聚区发展格局，成为弘扬"食在广州"饮食文化的主要窗口和重要载体。在发展方式上，与以往自发形成集聚的发展模式不同，出现了以中森食博汇、中华美食城等为代表的，以平台公司整合餐饮资源形成餐饮综合体项目的新模式。

（五）大众化餐饮消费畅旺

广州市餐饮市场的刚性需求旺盛，高频次、低支出的餐饮消费成为广州市餐饮市场的主要趋势。据行业调查数据，人均餐饮消费 50～100 元的家庭消费已成为广州市餐饮消费市场的主流。随着居民生活、工作节奏的加快，营业网点多、品牌形象好、就餐便捷卫生、人均消费适中的大众化连锁餐饮企业赢得了众多消费者的青睐。较早转型开拓家庭消费市场的南园酒家、幸运楼、莲香楼、绿茵阁等餐饮企业的销售情况良好，顺峰滨江东店、泮溪酒家、真功夫连锁等深耕社区消费市场的餐饮企业销售额同比增长明显，主打个人消费的社区餐饮店、"农家乐"等销售持续旺盛。

二 目前餐饮业发展存在的问题

（一）餐饮企业综合实力偏弱

目前大部分餐饮企业仍然奉行传统、粗放型的经营方式，缺乏统一的现代经营标准，呈现出规模小、单店多、龙头企业少的特征。据中国烹饪协会公布的数据显示，2011 年度中国餐饮百强企业中，广州只有 2 家餐饮企业入围。其中餐饮百强营业额超过 10 亿元企业的有 44 家，广州市仅有广州酒家营业额超过 10 亿元。

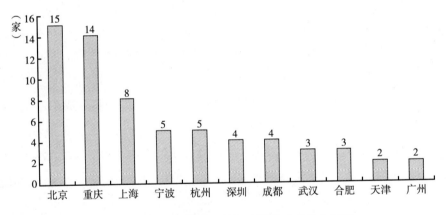

图2 2011 年全国主要城市百强餐饮企业分布情况

（二）餐饮品牌效应和文化内涵有待加强

部分餐饮企业品牌意识不强，产业链条延伸不充分，重产品轻文化。对"食在广州"饮食文化内涵的挖掘整理和宣传推广有待加强，缺乏对粤菜知名企业、品牌、菜式由来、典故、传说等历史文化的收集整理。2006 年以来广州市有16 家餐饮"老字号"停业或歇业，广州岭南餐饮文化特色与优点未能充分展示。

（三）美食街区整体运营水平有待提升

目前，广州市域内大部分的美食街区以自发形成为主，公共服务设施配套不够完善。与香港兰桂坊、新加坡克拉码头、上海新天地等世界闻名的美食街区相比，广州美食街区在品牌影响、宣传推广、营运管理、饮食文化等方面差距较大，缺乏世界级特色美食街区。

三 2013 年推动餐饮业发展的主要做法

（一）编制实施餐饮业发展规划

结合广州"123"空间发展战略，编制实施《广州餐饮产业发展和空间布局规划》，立足区域资源禀赋、产业特征和城市功能，规划形成"一心五片，九大功能区"的餐饮业发展总体空间结构，为广州市餐饮业的持续发展和素质提升提供规划指引。"一心"指都会核心餐饮区，主要包括越秀、荔湾、天河、海珠等广州中心城区的核心范围。"五片"分别指东部增城餐饮片、东部山水新城餐饮片、南部南沙餐饮片、北部空港餐饮片和北部从化餐饮片。"九大功能区"分别指传统历史餐饮功能区、现代商务餐饮功能区、花地生态餐饮功能区、番禺商贸餐饮功能区、增城综合性餐饮功能区、东部山水新城餐饮功能区、南沙滨海餐饮功能区、从化生态餐饮功能区、北部空港餐饮功能区。

（二）推动餐饮集聚区规划建设

坚持因势利导、突出特色、分区建设的原则，通过优化产业结构，提升产业品质，大力推动番禺大道、天河食博汇、中华美食城等餐饮集聚区的规划建设。其中，重点推动具有地标效应的番禺大道（美食集聚区）建设，编制完成了《番禺大道五星休憩带发展策划和概念规划》，加快推进中华美食城二期、美食广场等重点项目建设，组织品牌餐饮企业实地考察对接，加强品牌企业招商，提升番禺大道（餐饮集聚区）的品牌影响力。

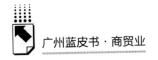

（三）成功举办2013年广州国际美食节

从2013年11月29日至12月8日在番禺大道美食广场成功举办2013年广州国际美食节。今年美食节系列活动由主会场"食在广州"美食展销、"名厨风采"技艺表演、"欢聚广州"文艺表演、全国餐饮业发展交流会，以及各区、县级市美食节分会场、美食街区和餐饮名店名厨名师名宴大联动等板块组成。美食节主会场总面积超过3万平方米，设立餐饮名店风采特装、中华特色美食、港澳台和国际美食、广州手信等6个展销区域，着力提升国际美食廊和特装展区组展水平，吸引广州酒家、耀华集团、黄埔华苑集团、皇上皇等餐饮业和老字号食品加工的龙头企业搭建特装参展。开通美食节官方网站和微信公众服务平台，网上网下联动扩大美食节的影响力。据初步统计，美食节10天番禺大道主会场接待入场人数超过120万人次，消费总额超过1.5亿元，拉动广州市餐饮业消费总额超过10亿元。

（四）引导餐饮业加快转型升级

制定《广州市餐饮业转型升级示范企业（门店）认定管理办法（试行)》，并组织开展申报认定工作，经企业申报、区县推荐、专家评审，认定18家餐饮企业为2013年广州市餐饮业转型升级示范企业（门店）。继续开展国家级酒家创建工作，积极组织餐饮企业按照国家级酒家的标准开展升级改造，努力培育品牌响、效益好、发展大的餐饮服务品牌。2013年广州市新评复评国家级酒家19家，其中在国家五钻级酒家的基础上通过改造提升新评国家白金五钻酒家1家。制订《2013年促进餐饮企业转型升级扶持工作方案》，通过商贸流通业发展项目资金对餐饮企业的转型升级项目进行扶持，支持实现广州市餐饮业的素质提升。

（五）开展"食在广州"宣传推广

指导行业协会举办首届"食在广州金羊奖"颁奖典礼，并通过南方电视台向全球录播，进一步加大"食在广州"饮食文化对外宣传力度。联合全国酒家酒店等级评定委员会举行"全国年夜饭展示展销广州启动暨国家白金级酒家揭牌仪式"，向全国的主要媒体宣传报道了广州市品牌餐饮企业开展年夜饭展示展销活动的情况，同时充分展示广州市南园酒家、空中一号 2 家新评国家白金级酒家的风采。支持世界中国烹饪联合会在广州举办第十三届中国饭店论坛，广州市 20 多家餐饮企业入选第十三届中国饭店金马奖餐饮百佳企业并上台领奖，进一步打响"食在广州"品牌。

四 2014 年推动餐饮业发展的设想

（一）继续推进美食集聚区建设

加强规划引导，推动番禺美食大道餐饮集聚区整体规划的实施；进一步加强重点项目建设和引进，引导知名餐饮企业进驻发展；全面推进建设番禺美食网，线上线下联动，构建"全国点菜、广州吃饭"的餐饮业模式。在越秀、荔湾、天河等区研究建设夜宵集聚区，发展广州夜宵餐饮文化。

（二）加快推动餐饮业转型升级

研究起草促进餐饮业发展的实施意见，争取以市名义印发，进一步明确推动餐饮业转型升级的发展方向和工作重点，为餐饮业产业化发展和转型升级提供政策支持；实施《广州市餐饮业发展和空间布局规划》，继续推进国家级酒家创建工作，新培育一批国家级酒家，树立广州餐饮品牌；加强对重点餐饮企业转型升级项目的扶持，实现餐饮业的持续发展和素质提升；继续加强"食在广州"品牌的宣传推广。

（三）支持餐饮业产业融合联动发展

引导餐饮企业完善餐饮产业链，向农副产品种植及加工基地、养殖业、批发市场等上游延伸，提高餐饮产业集聚度、安全度，在产业链各环节之间实现战略有机协同和更为高效的资源配置，获取规模效应和成本优势，提升餐饮企业竞争力，形成产业优势。鼓励餐饮业横向拓展，加强与旅游、酒店、休闲娱乐、会展等行业的融合。将餐饮美食街区纳入旅游景点项目，拓展广州国际美食节、"广州美食一日游"等美食专题旅游项目，同时深化餐饮业与酒店业、娱乐业的融合发展，利用产业相关性，打造"吃、住、游、玩"一条龙的休闲旅游路线，弘扬"食在广州"美誉。

（四）加快中央厨房和物流配送体系建设

鼓励餐饮企业有效整合餐饮生产、采购、储存、加工、配送产业链的优势资源，加强物流配送中心、中央厨房、食品产业化生产基地等基础设施建设，改变传统餐饮企业作坊式的全流程运作模式，提升餐饮行业产业化水平。开展农餐对接，组织广州市品牌餐饮企业与大型种植、养殖基地对接，建立长期稳定的订单合作机制，帮助企业减少进货流通环节，降低经营成本，提高企业的产品竞争力。

（五）推动电子商务在餐饮业的应用

加强餐饮业与电子商务的融合，支持打造餐饮业电子商务平台建设，将实体经营与网络营销相结合，积极引入无线点菜、移动支付、团购、微博、微信等各类信息新技术，促进餐饮营销模式和服务方式创新，构建"全国点菜、广州吃饭"的电子商务餐饮新模式。

区 域 篇

Regional Reports

B.17
天河路商圈升级改造路径研究

广州市天河区经贸局

摘　要：

商圈是城市商业集聚地与扩散源，也是城市形象的展示窗与名
片。天河路商圈是自发形成的中国最大规模商圈，如今也进入
发展升级的周期。本文通过对芝加哥北密歇根大道、新加坡乌
节路、台北信义商圈等知名商圈的发展模式研究，与天河路商
圈进行对标分析，在此基础上，提出天河路商圈的战略定位、
提升策略及改造项目，力促天河路商圈在华南/中国/亚太地区
商业竞争格局中实现跨越式发展。

关键词：

天河路商圈　对标　升级改造

一　知名商圈特征与发展经验

商圈是指具有一定辐射范围的众多商业网点的集中地或者指客流、物流、

商流、信息流及资金流的汇聚地。商圈本身是商业经济各种因素交互融合的场所和载体，优秀的商圈引领国际商业发展的潮流与趋势。我们在世界最优零售商业街区中进行初选，结合商业在亚太地区的独特发展背景，遴选出芝加哥北密歇根大道、新加坡乌节路、台北信义商圈，分析这些知名商圈在品牌结构、功能业态、商旅结合、交通组织、购物环境、空间景观、宣传营销、管理机制、运营模式等多个方面的特征与经验。

（一）芝加哥北密歇根大道

1. 芝加哥城市品位的展示窗口，打造"非凡华丽一英里"

北密歇根大道是芝加哥市中心南北方向的一条主干道，总长约2.4公里，建有一系列地标景观建筑，与购物商店、国际美食、顶级酒店、娱乐活动、自然美景有机融合，给购物者和游客创造了独一无二的都市体验，使芝加哥成为国际旅游目的地。

2. 打造商业和景观共同轴线，良好的景观形象创造步行体验

北密歇根大道的景观和街面设计具有整体的风格和形象，创意舒适的灯光体系、高品质的城市小品和花园景观设计、沿街分布多个公园和休闲绿地等重要的观光节点，将芝加哥最受欢迎的旅游景点和重要的公共机构串联起来，使购物者在逛街过程中也能体验建筑、环境和公共艺术的乐趣，让游客在游玩过程中被整条街的商业氛围所感染，在步行体验中变成消费者。

3. 良好的路网、公交和步行体系促其成为最受欢迎的旅游目的地之一

北密歇根大道是芝加哥最宽的街道之一，双向六车道，作为主干道承担大量交通。其中部分路段被抬高以减少交叉路口影响，两侧密集的支路网保证了交通的分流和引导，并在各自部分形成内部微循环。在商业区内有近100个停车点保证停车需求，5~10米的宽阔步行道保证游客与消费者购物的舒适性和便利性。芝加哥每年接待近4000万人次游客，而北密歇根大道区域几乎是所有游客必到之地。

4. 百年商会作为管理机构引领公私合作，负责营销和活动举办。

北密歇根大道商会是一个有百年历史的私人非营利性社区倡议组织，是商业区的主要管理机构。目前有来自商业区内零售业、酒店业、娱乐业、专业机

构、地产业等不同领域的 700 多名会员，还吸纳了政府不同部门、行业协会、高校、专业公司和其他社区组织参加。商会通过会员制和委员会制独立运作，协调各方利益制订商业区发展计划，通过活动营销和环境维护不断提升商业氛围。

（二）新加坡乌节路

1. 创立"购物中心带状集聚、立体发展的城市空间建设标准"

乌节路是坐落于新加坡市中心的一条时尚豪华大街，总长约 2.2 公里。道路两侧布满特色和标志性的购物中心和酒店，是本地居民和国外游客必到的旅游胜地，也是新加坡最有名的购物、餐饮以及娱乐中心。乌节路是衔接城市休闲、公众活动、文化生活的重要商业走廊。新加坡政府将乌节路地区划为特定区域，制定针对性的城市设计导则以稳固商业发展与混合开发。

2. 鳞次栉比的百货和购物中心布满乌节路

整条乌节路几乎由各种体量巨大、业态混合的商业综合体填满。裙楼商业、塔楼高档酒店和住宅，这种垂直发展的城市空间与功能复合的街道空间保证了乌节路商业和休闲的活力。乌节路有近 30 家购物中心和百货商店，商业总面积超过 80 万平方米，汇聚 5000 多家流行和生活时尚零售店以及奢侈品专卖店和时尚旗舰店。此外，800 多家餐馆成为新加坡各种风味美食的汇集地，风情酒吧、爵士俱乐部使夜晚的乌节路成为激情四溢的狂欢之地。

3. 城市设计引导建设高品质"城市客厅"，激发商业与文化活力

新加坡市政府专门为乌节路出台的城市设计导则对整个街区的建筑和开发进行控制。导则关注建筑之间的协调和街道界面景观整体性的营造，详细规定了各种空间形态元素，鼓励建筑细节的创意性与独特性，引导丰富多样、个性鲜明的街道空间。乌节路也是新加坡重要的景观和活动廊道，包含多种类型的公共空间和主题景观节点。这些场所在串联连续商业设施的同时也提供多样性的活动选择，激励文化艺术活动与作品的出现，吸引消费者和旅游客群介入公共空间进行娱乐、交往、休憩、艺术行为、文化表演、节庆等活动。

4. 建设多层次立体步行网络，合理组织车流优先公共交通

乌节路主要通过城市连廊、垂直空间连接、地下步行网络及地铁站连接等

方式构建商业立体步行体系，解决人流车流交叉混合的问题，保障步行者的安全和商业街界面的连续性。新加坡政府在乌节路实施"公交优先""公交优惠""公交优秀"战略。三个地铁站与多个商业建筑实现无缝连通。乌节路通过收取通行费控制汽车流量，通过智能系统自动观察并调整收费，进行动态管理。

5. 乌节路发展委员会和商业联合会共同管理，相互辅助支持乌节路运营

乌节路发展委员会通过城市设计导则主导乌节路的规划发展和建设管理，对规划特区内开发提案和改造项目进行评估，集中控制土地的使用和开发，引入为乌节路增加价值的项目并给予激励政策。同时管理乌节路沿街的广告、活动等，提出"A Great Street"的乌节路品牌路线，致力于使乌节路成为世界上最主要的购物和生活休闲目的地之一。

（三）台北信义商圈

1. 完善的都市计划指导下打造"台北曼哈顿"

信义商圈位于台北市信义区核心区，总面积约1.5平方公里，商业设施主要在长约1公里的带状区域内。信义商圈在白天是一个节奏忙碌快速的商务和金融中心，到了夜晚变为聚会地和时尚都会中心，在周末假日又神奇地转变为展示不同品味表演和活动的超大型舞台。作为国际化新台北的标志，信义商圈被喻为"台北曼哈顿"。

2. 百货商场错位发展，休闲娱乐场所创造台北夜生活

信义商圈内有10多座不同类型的商场，总商业面积超过50万平方米。每家商场都以其各自特色吸引特定客群，又相互凭借连廊连通，共同创造整体商业氛围。诚品信义旗舰店是台湾书店新形态的代表，成为国外观光客的一个热门景点。信义商圈还集中了大部分台北知名的夜店和音乐酒吧，成为上班族及时尚男女追求新潮、表现自我的空间，是台北夜生活的代表。

3. 信义空桥缓解交通，贴心服务消费者购物

信义商圈内日平均30多万的行人曾造成商圈内交通严重堵塞。台北都市发展局规划兴建了信义空桥，将区内大型建筑物连接起来，提供市民更便利的休闲购物环境。空桥全长超过2.5公里，采用造型轻巧的设计，特别设置LED彩色广告牌以及装饰性照明，方便行人安全通行。

4. 政府主导商业开发规划，引进公私合作，大力支持各类节庆活动

信义商圈的形成与发展与政府的推动密不可分，政府经过近 20 年的研究、讨论、计划和调整，使计划区整体定位吻合市场期待，又在整个开发过程中成功地运用了 BOT、容积率奖励、公私合作等手段模式促进土地的合理利用，建设公共服务设施。台北和商圈内的各商家在每年年底将信义商圈打造成一个巨大的欢乐节庆派对，同时也成为代表台湾在国际舞台展示和营销台北的重要机会。

二　天河路商圈对标分析

（一）商圈分析的顶层设计与评价体系

为系统全面地分析知名商圈发展模式，进一步具体指引商圈的改造提升和开发策略，基于传统经济学针对商圈发展中的可让渡价值、结合商圈动力学与商业生态学的理论，本文在梳理和归纳现有文献的基础上，提出商圈对标分析的顶层设计与评价体系。顶层设计的一级指标是商圈发展的六大客观驱动因素，包括区位、客群、功能业态、品牌、空间环境和软实力。每个一级指标下设多个二级指标，是对一级指标更加完善的分解诠释，指标的设立要求规范、独立、完整，又体现创新性与策略性。

表 1　商圈分析的顶层设计与评价体系

一级指标	二级指标	备　注
区位	地理区位	地理位置、发展腹地、自然资源、人力资源、土地资源和气候特征等
	经济地位	经济发展水平、发展态势、产业结构、主导产业、经济首位度和人均 GDP 等
	对外交通	可达性、主要交通方式、耗费时间、交通工具和转换便利性等
客群	消费客群	包含本地、区域客群及旅游客群的收入结构、消费潜力、年龄结构、消费偏好、消费习惯和消费结构等
	商务客群	商务群体的消费频率、消费偏好、出行目的和活动范围等
	投资客群	房地产投资商、开发商、运营商、跨领域投资商和投资基金等

一级指标	二级指标	备注
功能业态	商业业态	业态的丰富程度,包含百货店、超级市场、大型综合超市、便利店、专业市场、专卖店、购物中心、仓储式商场、折扣店、食杂店及厂商直销中心等
	商务服务	商务服务档次,包含办公、酒店、会展和会议等
	公共服务	公共服务质量,包含文教科普、体育运动、医疗卫生及公共安全等
品牌	多样化	满足不同类型消费客群的品牌丰富程度、商品供给渠道等
	档次性	品牌的档次(如大众化,中高端,高端,奢侈)、各业态档次的匹配程度等
	创新性	原创性、设计感及与相关产业的联动作用等
空间环境	空间组织	商业消费场所感、空间序列和功能布局等
	内部交通	内部交通组织、公交地铁班次频率、站台与商圈节点距离、人流车流疏密程度等
	景观	商业消费环境的营造、绿化面积、灯光照明、城市家居和广告标识等
	视觉系统 VI	视觉吸引性、辨识性、直观表达、外观与整体环境协调性等
	文化底蕴	商圈风格、历史韵味、时尚引领性等
软实力	政策	规划指导、功能引导、专项扶持、税收优惠、基础及配套服务设施建设等
	管理	区域间商会、政府、非营利机构的交流及合作、旅游咨询服务台、消费者权益保护机构、商业专业仲裁机构、公共设施及服务管理等
	营销	市场推广、形象宣传、活动组织、事件经济等

(二)与知名商圈对标总结

根据顶层设计和评价体系,对芝加哥北密歇根大道、新加坡乌节路、台北信义商圈与天河路商圈进行对标分析。

1. 区位

芝加哥北密歇根大道:美国中西部首位城市,美国第二大金融和服务业中心,连接美国东西海岸交通枢纽,覆盖五大湖地区腹地。

新加坡乌节路:东南亚地区的知名城市,国际航运中心,金融和服务业中心,知名旅游城市,辐射东南亚广阔腹地。

台北信义商圈:台湾的首府,台湾的政治、经济、金融和贸易中心,国际企业总部集聚地,辐射中国东南部、日本以及台湾全岛。

天河路商圈：华南地区的商业和贸易中心，广州的中心区与城市窗口，辐射珠三角都市圈和华南腹地。

2. 客群

芝加哥北密歇根大道：芝加哥都市区消费者超过50%，其他城市游客占40%，国际游客占10%。

新加坡乌节路：国际游客成为消费的主力，同时服务当地工作、居住的高端人群；吸引新加坡本地和亚洲其他知名零售商或地产商。

台北信义商圈：本地客群作为消费主力，特别是青年时尚人群；吸引亚洲或国际知名地产商和文化娱乐企业合作投资。

广州天河路商圈：广州本地消费客群为主，外籍游客稀少；国际知名零售商和地产商吸引力不足。

3. 功能业态

芝加哥北密歇根大道：多样化城市乐园，主干道以零售专卖店、旗舰店为主；周边高端办公、酒店、会展等商务配套完善，同时具有教堂、医院、博物馆等公共配套设施。

新加坡乌节路：乌节路两侧遍布大型城市综合体，低层空间主要是购物中心和百货，餐饮和娱乐活动分布在购物中心内，高层空间主要是酒店、办公和居住。

台北信义商圈：主题百货和购物中心集聚地，台北的夜生活和休闲娱乐中心；台湾最大的办公集中地和商贸中心；有大量博物馆、医院、学校等公共服务设施。

广州天河路商圈：商贸基础扎实，规模优势显著，超大型购物中心和百货集聚，具有购物娱乐、专业市场、文体休闲、中介服务、总部经济等完备的服务体系，但业态业种比例不合理，体验式商业较少。

4. 品牌

芝加哥北密歇根大道：整体定位为中高端，品牌层次丰富，涵盖大多数国际主流品牌和大量美国本土品牌。

新加坡乌节路：高中低档区别分布，品牌层次丰富，涵盖大多数国际主流品牌，独立设计师品牌、东南亚本土元素的特色品牌，是新加坡流行时尚先锋地。

台北信义商圈：品牌多样，吸引大量国际知名主流品牌，会聚了大量台湾本地设计师和创意文化品牌，是台北流行时尚的集中地。

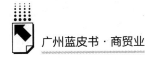

广州天河路商圈：品牌整体档次中等，数量众多，但同质化较严重，国际主流的时尚和奢侈品品牌不全，设计师品牌和创意品牌较少，本土、原创的老字号品牌和广货名品亦不突出。

5. 空间环境

芝加哥北密歇根大道：路网密集，公共交通串联重要的景点和公共活动空间；打造景观和商业共同轴线；区域内部标识系统指引形成密歇根大道的整体辨识性。

新加坡乌节路：统一的城市设计，宽阔步行道上设置艺术展示；良好的慢行系统，空中连廊、地下步行街和地铁公交通道连接各大购物中心。

台北信义商圈：空桥系统串联各大商场，缓解行人压力，广场和绿地上展示艺术作品和人文活动。

广州天河路商圈：交通便捷，但"宽马路、大街区"的路网结构减弱商业氛围；天河路交通干道功能和商业主轴功能重合，缺乏舒适的开放式休憩空间，城市公共设施小品和景观资源稀缺；指示标识系统不明，商圈整体辨识性差。

6. 软实力

芝加哥北密歇根大道：商会协调政府和私人商家合作，"华丽非凡—英里"形象推广，在交通枢纽和景点放置宣传册，举行大型节庆活动。

新加坡乌节路：政府主导乌节路复兴计划，通过设计导则进行规划管理，为符合要求的项目提供奖励；商会协调商家和政府利益，举办四季大型营销活动。

台北信义商圈：政府通过规划和土地政策主导商业开发，并采用多种公私合作模式；政府各部门协助推动商圈重大活动和营销，积极宣传商圈并提供各种旅游购物信息。

广州天河路商圈：成立天河路商会、天河路商圈管委会；但商圈整体品牌知名度不高，未能与旅游、体育表演联动；天河路作为严管路，在街头活动、户外广告、城市小品等方面受限；商圈对于新技术和多媒体的利用刚刚起步，与消费者的互动不足。

三 天河路商圈战略定位与提升策略

为明确天河路商圈升级改造顶层设计，天河区政府通过国际招标聘请了国际顶级策划机构编制了《天河路商圈整体策划》（以下简称《整体规划》）《天河路商圈立体步行廊道系统规划》《交通组织规划及重点地段城市设计》。《整体策划》通过天河路商圈与知名商圈的对标分析，借鉴优秀商圈的发展经验与思路，明确了天河路商圈的升级改造思路，提出天河路商圈要立足于广州城市转型升级与国家中心城市建设，发挥天河路商圈的资源优势，实现与珠江新城协调发展，构建广州 CBD 的有机整体。

（一）商圈战略定位

天河路商圈的战略定位：将天河路商圈努力打造成立足华南、面向亚太的世界级商业门户，构建国际商贸中心核心承载区，塑造亚太潮流生活时尚引领区，建造美丽商都绿色人文窗口区。

（二）商业空间布局

天河路商圈的商业总体格局为"一核、两轴、双廊、六主题"。

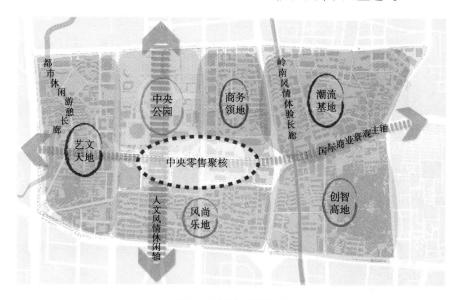

图 1　天河路商圈格局

1. "一核"——中央零售聚核

由购书中心、广百中怡、天河城、正佳广场、宏城广场、太古汇、万菱汇等购物中心，以及时尚天河、天河又一城地下商城等共同构成的中央零售聚核，从功能上继续提升强化其商业档次与服务水平，规划通过地下空间将各大商场与各公共交通站点有机串联起来，形成一个连续的步行环路，成为整个天河路商圈的零售购物核心。

2. "两轴"——"天河路国际商业景观主轴"和"人文风情休闲轴"

以中央零售聚核为中心、东西向延伸的"天河路国际商业景观主轴"，通过街道剖面的重新设计人流引导、建筑立面改造、街道家具、公共艺术、视觉标识系统的综合空间规划，打造独一无二的线性世界级购物大街空间意向。南北向拓展的"人文风情休闲轴"是城市绿洲的重要空间载体，通过串联体育中心、宏城广场以及六运小区，向北串联火车东站板块，向南衔接珠江新城板块，成为城市新中轴的重要组成部分。

3. "双廊"——"都市休闲游憩长廊"和"岭南风情体验长廊"

将沙河涌打造成集文化娱乐、餐饮美食等功能的都市休闲游憩长廊，将石牌涌分段打造岭南风情景观，创造小资氛围的河涌体验。

4. "六主题"多条特色商业支马路体系构造而成的主题街区

包括体育中心板块的中央公园、购书中心板块的艺文天地、六运小区板块的风尚乐地、体育东路板块的商务领地、龙口西板块的潮流基地和石牌村板块的创智高地。

（三）优化提升策略

根据商圈驱动因素，结合天河路商圈的战略定位与空间布局，提出天河路商圈升级改造的策略。

1. 调整功能业态

优化零售业态格局，补充特色精品业态与主题街区；联动高端商务消费，增加餐饮与休闲娱乐项目；融合文化创意特色，提升旅游服务功能；完善区域公共配套，提升商圈城市综合服务功能。

2. 优化空间景观

强化天河路商圈门户感，营造商圈意向与各分区独特气质，于街区内部规划"绿洲"休憩空间，优化商圈的道路铺装、植栽、标识系统、公共艺术、灯饰、城市家具、公共空间广告、建筑立面，设置旅游问询点，构建体验丰富的购物休闲空间。

3. 优化步行系统

通过打造地下、地面及空中三层于一体的立体步行廊道系统，提高商圈步行设施的服务水平。新增规划的立体步行廊道设施总共 20 处，其中地下通道（含过街隧道）17 处、新增二层步行连廊 1 处（附带过街天桥 6 座）、独立天桥 2 座，将地铁站、公交站、停车场、出租车上落客区等交通设施与商业空间相互串联。

4. 优化交通组织

提倡以公共交通为主导的低碳绿色交通，提高各种交通之间换乘的无缝衔接。推进智能交通系统建设，在商圈内试行交通组织微调整，优化路边停车管理，科学规划设置旅游大巴停车场及上落客点，提升旅游服务，以吸引更多的目标客流。

5. 实施整体营销

通过统一识别系统，整合形象，开展以天河路商圈整体形象为主题的事件，举办重大节庆活动，维持和提高天河路商圈的品牌知名度和内涵。打造天河路商圈公共服务平台，线上线下共同推广。研究建立国内首个商圈景气指数"天河购物指数"。

6. 完善运营模式

强化天河路商圈管委会以及天河路商会统筹协调的力量，探索建立政府、商家、商会良性互动的体制及运营模式。尤其要充分发挥天河路商会作为行业协会，在加强政企合作、协调各方利益、整合各方资源方面的作用，推动天河路商会发展成为独立运营管理商圈的非营利性社会组织，最终形成符合市场经济体制的天河路商圈运营模式。

B.18
推进越秀区文商旅融合发展研究

余 伟 纪丽萍 刘雅琴*

摘 要：

作为跨界整合资源、延伸产业链条、推动优化提升的经济发展新型模式，文商旅融合是增强经济增长活力的重要引擎，将助力越秀区加快新型城市化建设取得新的突破。近年来，越秀区围绕"优化提升"都会区的总体要求，立足区域特色，坚持文化引领，大力推进北京路文化核心区建设、多措并举擦亮"广府文化源地"品牌、挖掘人文历史资源打造特色商街，力争在广州新一轮发展中抢抓机遇、迎头赶超、加快发展。

关键词：

文商旅融合　广府文化　文化核心区

一 文商旅融合发展模式概况

改革开放以来30余年的高速发展，使中国成为世界第二大经济体，创造了令人瞩目的世界经济奇迹。但随着促进经济快速增长的人口红利、资源红利等基本要素的逐渐消失以及环境污染、生态破坏等问题的日益严峻，加快转变经济发展方式，推动产业结构优化升级成为关系国民经济社会全局的重要而紧迫的战略任务。2012年党的十八大报告鲜明地指出"在当代中国，坚持发展是硬道理的本质要求就是坚持科学发展。以科学发展为主题，以加快转变经济发展方式为主线，是关系我国发展全局的战略抉择"。

---

* 余伟、纪丽萍、刘雅琴，广州市越秀区经贸局。

面对加快转型升级的艰巨任务，近年来，北京、上海、成都等多地政府陆续认识到文商旅融合发展模式的重要作用和价值，积极探索研究推动文商旅融合的有效路径，形成了各自独特的文商旅互动模式。以北京为例，在北京市、区政府的大力推进和积极谋划下，前门大街、大栅栏、南锣鼓巷等北京最古老的街区街市陆续修缮整治，再现了清末民初时期独特的历史人文风貌，在发扬传承传统历史文化的同时，吸引了各地游客前往旅游及购物。上海则紧紧围绕其时尚之都的定位，重磅打造了享誉全球的"环球港"国际商业购物中心，一站式集合奢华购物、休闲、娱乐、运动、商务、教育、文化、旅游八大功能于一体，构成了完整的购物体验消费链和商旅文结合联动发展的大平台，不仅让艺术走出演艺厅、渗入商业空间，也让普通消费者在购物之余轻松接触艺术文化，获得愉快的购物体验。

所谓文商旅融合发展，是指通过整合文化、商贸、旅游资源，形成特色突出、优势互补的"文商旅"一体化产品链，以文化为魂、旅游为体、商业为力，在提升文化产业发展水平、扩大文化服务消费的同时，大力振兴商贸业，带动提升旅游业，以达到提振内需、提升地区经济发展整体水平和质量之目的。文商旅融合作为一种跨界整合资源、延伸产业链条、推动优化提升的经济发展新型模式，是增强经济增长活力的重要引擎，是提升区域经济运行质量和效益的迫切需要，更是助力越秀加快新型城市化建设的有力举措。

二 越秀区文商旅融合发展的优势分析

（一）内在优势

1. 悠久的文化底蕴

越秀是广州最古老的中心城区，自公元前214年秦朝在此设南海郡治以来，历经千年时光的变迁和古老历史的沉淀，自广州建城两千多年以来一直是亘古未变的城市中心，是广州传统城市中轴线所在地，也是广府文化的发源地和核心区。得天独厚的地理位置和悠久的发展历史赋予越秀深厚的文化底蕴，积淀了丰厚的文化资源，荟萃和浓缩了广府文化精华。

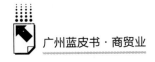
2. 丰富的旅游资源

作为"三朝十帝"的都会所在地，两千多年的发展变迁，在越秀的土地上留下了深深的历史烙印。区内汇聚了8个朝代、上下跨度2000多年的文物古迹，包括闻名中外的五羊石像、镇海楼、千年古道北京路、中山纪念堂、五仙观、六榕寺、光孝寺、石室圣心大教堂、西汉南越王博物馆等，可以说，越秀33.8平方公里土地上"处处是文物、遍地是宝藏"。今天的越秀，当之无愧是全面集中展示广府文化的重要窗口，是广州建设世界文化名城的核心区域，也是外地游客领略岭南风情的必游之所。

3. 雄厚的商贸基础

作为广州市行政、商贸、金融、文化中心，经过改革开放30多年来的探索和实践，越秀区依托独特的区位优势和优良的资源条件，商贸服务业快速发展，取得了优异的成绩。区内集中了各具特色、闻名全国的北京路商圈、环市东商圈、一德路商圈、英雄广场－农林下路商圈、流花－矿泉商圈、海印商圈等六大商圈，聚集了多家国际知名品牌商贸企业，以及爱群大酒店、宝生园等众多"老字号"企业。2013年，越秀区商贸业实现增加值509.66亿元，增长11.2%，拉动经济增长2.2个百分点，占GDP的比重达到21.37%。全年实现商品销售总额7992.88亿元，增长22.9%；实现社会消费品零售总额1070.72亿元，增长15.2%，两个指标均在广州市各区中名列前茅，商贸中心地位进一步凸显。

（二）外部机遇

1. 广州建设世界文化名城契机

世界文化名城已成为广州未来城市发展的战略定位之一。2011～2012年，广州市委、市政府先后出台了《广州建设文化强市培育世界文化名城规划纲要（2011－2020年）》《关于培育世界文化名城的实施意见》等系列政策文件，提出了实施文化发展优先战略、加快培育世界文化名城的任务目标，为全市文化产业事业下一阶段的发展提供了明确指引，也为越秀区推进文商旅融合发展创造了良好契机。

为强化城区文化引领功能，大力推动城区文化资源优势向现实生产力的转化并成为加快经济发展方式的内在驱动，越秀区紧紧围绕广东省委提出建设文化强省和广州市委提出打造世界文化名城的目标，加强对历史文化资源的挖掘、保护、开发和利用，加快文化产业的发展。努力巩固文化引领地位，优化文化发展格局，提升文化发展能级，建设全国文化软实力一流的现代化历史文化名区，为广州市文化引领功能的提升和区域文化教育中心的建设奠定基础。

2. 休闲旅游产业迅猛发展

近年来，随着国民经济的快速发展以及人民群众物质生活水平的日益提高，假日旅游经济蓬勃发展，居民出游率逐步上升，休闲旅游已成为大众重要的生活方式。2013 年广州市旅游业再创新高，全市接待游客 1.52 亿人次，同比增长 6.77%；旅游业总收入 2202.39 亿元，同比增长 15.24%。全年实现旅游业增加值 936.45 亿元，同比增长 15.24%，占广州市 GDP 和第三产业比重分别达 6.07% 和 9.4%，进一步发挥出旅游业对社会经济发展的支撑作用。作为新的经济增长点，旅游业的快速发展为商贸业的持续繁荣带来了源源不断的强大购买力。

3. 加快转型升级的迫切需要

作为广州市面积最小的老城区，越秀区可承载产业发展的空间不足，制约了产业规模的扩大和高端企业的入驻。此外，与其他城区相比，越秀区面临交通拥堵、基础设施老化等更多城市化发展的瓶颈和难题，传统城市发展模式积累的深层次矛盾和体制性障碍日益凸显。因此，越秀区肩负着更为严峻迫切的转型升级重任。为加快经济发展方式的转变，推动区域经济进入创新驱动、内生增长的发展轨道，走精明增长、品质提升之路，2012 年越秀区《关于全面推进新型城市化发展的决定》，提出推动文化与经济融合发展的工作任务和目标，发挥文化引领和助兴百业的重要作用，推动文商旅互促发展。

三　越秀区文商旅融合存在的主要问题和困难

（一）广府文化影响力有限，商业价值开发不足

广府文化在岭南文化三大民系中地位最突出，但在学术研究和影响力等方

面，却远不如潮汕文化和客家文化。众多外地游客对于广府文化毫无了解甚至从未听说，即便本地年轻人，对于它丰富的文化内涵和价值也知之甚少。在广府文化的商业价值开发方面，因大部分文化宣传项目和活动主要依靠政府投入进行运作，未能充分发挥市场的作用，吸引多元主体共同参与，以致这些宣传项目尚未取得明显的经济效益。此外，当前文化市场中能代表广府文化特色、传达广府文化内涵的文化产品还相对匮乏，旅游产品开发也稍显滞后，游客难以买到有纪念价值和意义的广府文化旅游商品。

（二）特色商圈历史文化功能开发不足

如今标志性商圈、特色商业街已经成为展示城市形象、塑造城市个性的一张名片、一个品牌，蕴涵着丰富文化的商圈（街）往往能从千篇一律的购物、娱乐、零售等常规定位中脱颖而出，成为整个城市的亮点和特色。因此，近些年，国内外主流商圈纷纷追溯历史，努力挖掘和放大商圈历史文化内涵，提升商圈的文化品位，打造商圈的核心竞争优势。反观越秀，区内虽有北京路、一德路、农林下路、流花—矿泉等特色商圈，但各商圈对于历史文化内涵的挖掘和宣传却一直未取得实质性进展。其中尤为可惜的便是北京路商圈，作为"广州六大名片"之一，北京路商圈历史古迹丰富，但是开发利用力度极为有限，商圈业态主要以服装、鞋类等常规性中低端购物业态为主，缺乏地域特色，在知名度、美誉度和经济效益方面同国际知名商业街相比还有较大差距。

（三）老字号的保护和复兴力度有限

作为历史的亲历者和见证者，老字号不仅代表着卓越的品质、广泛的认同和良好的信誉，还因其历史悠久而积淀了深厚的文化底蕴，浓缩了地域文化精华。因此对于外地游客而言，老字号总是有着强烈的吸引力，成为他们感受当地历史文化的重要途径和载体，就像去北京就会想到去全聚德吃烤鸭，去东来顺涮羊肉，购买同仁堂的中药材、瑞蚨祥的布匹、内联升的鞋等。广州两千多年的建城历史也成就了一批享誉全国的老字号品牌，如广州酒家、莲香楼、陶陶居等，但更多的老字号则在市场经济的浪潮中逐渐衰弱，直至消失，一些历史老店如老电影院、老照相馆等则被现代企业所替代，这对于来广州寻根仿古的游客来说难免是一种遗憾。

（四）未形成文商旅融合发展的推动合力

在现行的行政管理体制下，文商旅三大产业分属于文化部门、商贸部门、旅游部门管理，各个部门独立运作，围绕各自的工作职能和职责开展工作，因此在缺乏全区的统一布局和统筹指导下，难以有效整合资源，发挥集体智慧，形成推动文商旅融合发展的整体合力。

四　越秀区推进文商旅融合发展的主要措施

围绕上述问题与困难，近年来，越秀区坚持文化引领、加强统筹规划，加大创新力度，加快推动文商旅融合发展，形成了独特的文商旅融合"越秀模式"，为加快推进新型城市化建设开创了有效路径、搭建了优质平台。

（一）加强组织领导，突破体制机制障碍

一是成立"越秀区文化体制改革与文化产业发展领导小组"，改变越秀区文化产业发展力量分散、缺乏统筹的局面，加强对越秀区文化体制改革和文化产业发展的组织领导和统筹协调，形成上下联动、高效互动的工作推进合力。二是强化"区文化发展咨询委员会"的咨政服务功能，为推进北京路文化核心区建设积极出谋划策，并将文商旅融合发展作为文化发展咨询委员会长期研究的课题，对广府文化价值的挖掘、利用提出新的思路和建议。三是建立市、区联动机制，区内各相关单位积极争取市相关部门给予更多的支持，从重点文化建设项目、文化活动安排、文化产业政策、文化发展用地等方面争取更多的资源。

（二）大力推进北京路文化核心区建设

北京路文化核心区，集聚古今、多元文化元素，全国罕见，且地处中心城区，交通便利、配套完善，具备打造成文商旅融合发展平台的良好基础和条

件，发展潜力巨大。自2012年以来，为认真贯彻落实市委、市政府关于全面推进新型城市化的决策部署，越秀区围绕"优化提升"都会区的总体要求，立足区域特色，坚持文化引领，积极谋划推进北京路文化核心区建设。

1. 积极研究编制规划

围绕北京路文化核心区的发展战略构想，对北京路周边地区的文物古迹、市政设施、居住和商业环境、交通网络等方面进行了调查研究，研究编制《北京路文化核心区规划》，提出以功能提升再造为切入点，充分挖掘利用"广府文化源地""千年商都核心"的文化资源和现有优势，通过文化引领、空间优化、产业提升、文商融合、环境美化、项目带动，将北京路文化核心区打造成为集民间金融、版权交易、时尚展贸、商务服务、文化旅游于一体的广州文化复兴区、服务功能集聚区、优化提升示范区，实现"现代服务业高端发展、历史文化特质鲜明、城市功能多元复合、创新要素高度集聚"。目前，该规划尚未审议通过，仍在抓紧修改完善当中。

2. 大力推动项目建设

以南越王宫署遗址申报世界文化遗产为契机，加快推动省非遗中心暨大小马站书院街、南粤先贤馆、宗教文化区等重点项目建设，力争将平台内3.2平方公里的起步区申报建设成为开放式的国家4A级风景区，擦亮"北京路"名片。以文化创意和版权交易作为发展文化产业的切入点，规划建设文德路文化街，集聚起步区文商旅融合新业态，申建国家版权贸易基地。加大对核心区市政市容和公建配套的规划、建设、管理力度，保护、活化好历史建筑和历史街区，创新城市更新路径，实现人居与营商的和谐共享。推动东园广场、二沙音乐岛、大沙头夜游码头等重点片区的规划建设。出台扶持主导产业发展、鼓励优势传统产业转型升级的政策，同步推进广州健康医疗中心建设、黄花岗科技园扩容和流花商圈提质等功能区发展。

3. 争取市层面的支持

一是积极向市委、市政府申请批准将北京路文化核心区纳入广州"2+3+9"战略性发展平台统一部署、全力推进。经过两年不懈的努力，北京路文化核心区在市委十届五次全会上被确认为广州市战略性重大发展平台，标志着越秀区新型城市化建设迈上了新的发展台阶。二是申请成立广州市北京路文化核心区管委会，按照北京路文化核心区总体规划，对产业发展、综合服务、社会管理实现统一审批、统筹建设、统一管理。三是在土地出让和财政扶持、市属物业下放统一管理、核心区环境改造等方面争取市层面更多的政策支持。

（三）多措并举擦亮"广府文化源地"品牌

1. 加强对广府文化的研究、宣传和推广

广府文化是岭南地区覆盖范围最广、特色最鲜明、影响最大的区域文化。近年来，越秀区深入挖掘广府文化内涵，努力擦亮"广府文化源地"招牌，提升广府文化的知名度和影响力。一是组织广府庙会、广府文化旅游嘉年华、迎春花市等广府文化活动，策划开展唱广府、讲广府、画广府、游广府等广府文化系列宣传活动，通过丰富多样的节目大力宣传广府文化。二是联合广州大学、市社会科学院建立"广府文化研究推广基地"，打造集研究宣传、人才培养、艺术创作、市场开发和学术交流等功能于一体的广府文化综合推广平台。三是推进广佛肇三地广府文化交流和互动，加强和港澳地区及国外友好城市的文化交流，更广泛地宣传和推广广府文化，打响广府文化品牌。

2. 大力实施文化遗产保护和开发工程

一是积极稳妥推进历史文化街区的保护传承与更新改造。建立并不断完善文物资源数据库，制定区属文物保护单位专项保护规划，分类引导历史文化街区更新改造，加大对文化遗产的保护力度。二是进一步加强非物质文化遗产的保护和传承。建立健全非物质文化遗产名录体系和文物资源数据库，争取将更多项目纳入市级、省级、国家级非物质文化遗产名录。设立非物质文化遗产展示中心和传习所，作为传承人展示和传授技艺的基地，努力将越秀打造成广府非物质文化遗产展示之窗。三是改造提升传统工艺制作水平，丰富文化旅游产品种类，加大商业开发力度，扩展传统工艺产品的经济价值及广府文化品牌的商业价值，推出内容丰富、形式新颖的文博类书刊和文化宣传品，提升越秀文化遗产的认知度和影响力。

3. 促进广府文化与相关产业融合发展

有效整合越秀区历史文化资源，充分发挥文化产业的独特优势，将深厚的文化底蕴、丰富的文化资源融入总部经济、文化创意产业、旅游业、会展业等相关产业的发展中，大力推动城区文化资源优势向现实生产力转化，使其成为越秀加快转变经济发展方式的内在驱动。一是充分发挥"两大产业园区""三大特色产业群""四大高端产业功能区"的带动辐射作用，有效利用华语动漫金龙奖、中国流花国际服装节、中国国际漫画节等平台的宣传积聚效应，通过优化市场配置、强化政策推动和完善优质服务，推动文化创意产业快速发展。二是发挥拥有丰厚历史资源和众多文化场馆的优势，积极搭建文博产业发展平台，调动社会力量参与博物馆建设和管理，重点打造一批主题博物馆、行业博物馆、艺术博物馆等微型博物馆（展览室），促进文博事业和文博产业的融合发展。三是利用广府文化、近现代革命文化、商贸文化等多元文化元素高度集聚的优势，将越秀打造成为集历史文化旅游、商贸、艺术欣赏、休闲娱乐、美食度假于一体的国际旅游目的地。

（四）挖掘人文历史资源，打造特色商街

通过挖掘利用历史人文资源、明确整体功能定位、改造完善配套设施等措施，打造一批各具特色、品质高端，体现广府文化特色的千年商都街区和特色商圈，提升商业影响力和文化内涵。

1. 推进老字号一条街项目的落地及建设工作

为进一步提升老字号企业的品牌影响力，传承和彰显广府文化，2013年3月至12月期间，越秀区组织开展了广州老字号一条街的首期建设工作。一是大力招商引资。首期以北京路北段（省财政厅—中山五路口）为主，逐步引导私房转营，增加老字号入驻载体，重点引进具有广府文化内涵和岭南特色的食品、工艺品等企业，成功吸引包括宝生园、皇上皇、王老吉等16家知名品牌入驻。二是优化环境整饰。对沿线建筑外立面及灯光、绿化进行升级改造，还原骑楼建筑历史风貌，提升商业街整体形象；规范户外招牌设置，凸显企业经营特色。三是强化后续建设。研究实施北京路北段全天候步行化管理，营造良好购物环境；鼓励进驻企业建设微型博物馆，展示老字号企业文化；与南方日报社合作建设老字号一条街主题文化画廊，结合2013年全面开放的南越王宫博物馆，复现广州城市记忆。

2. 以东方文德广场为核心带动文德路商圈转型升级

一是打造高端文化产业集聚地。东方文德广场占地15000平方米，是整体由68000平方米的艺术家公寓、25000平方米的文化产业写字楼、30000平方米的商业中心和800多个车位的停车场组成的文化艺术交易中心。作为目前国内规模最大的文化专业市场，它将古典与现代元素相融合，集展示、交流、鉴定、拍卖、交易为一体。该项目的开业，令文德路商圈的营商面积增加1倍以上，商圈规模快速扩容，集聚效应更为突出，推动文德路"广府文化一条街"进入一个全新的发展时期，推动广府文化产业的全面升级。二是研究策划复建"文化第一街"。打通连接北京路、文德路的景观节点——孙中山文献馆，将其建设成为开放性文化广场；对文德路的商铺招牌和广告将进行统一的规范和重新设置，并在中山路与文德路交界口，设立文德路文化街标志物——牌坊和文德路购物旅游指南图，与城隍庙的重修相呼应，凸显千年古城中轴文化的延续；按照"修旧如旧"的原则，恢复老字号三多轩、致美斋和孙中山图书文献馆的原有风貌，并以孙中山图书文献馆的建筑装饰风格为蓝本，贯穿于文化街的整饰工程。通过将文德路字画街的文化资源和广州市的旅游资源结合起来，使文德路建成为有历史感、有岭南文化特色的商业走廊和广州文化总部。

除此之外，越秀区正积极研究推进旅游服务一条街、大小马站暨省非物质文化遗产中心、昌兴街改造、东园近现代史文化广场等一批重点工程项目，以营造浓厚的文化氛围和历史气息。在推进民间金融街建设过程中，强化其文化旅游功能，深入挖掘长堤深厚的金融文化、岭南文化和广府文化资源，打造"金融文化旅游一条街"。通过特色商街、景点的打造，增强越秀区核心竞争力，提升其国际影响力和城市吸引力，为文商旅融合带动经济发展搭建更加广阔的平台。

B.19
加快海珠区现代商贸业发展的战略思考

李朝健*

摘　要：

　　近年来，海珠区加快产业转型升级，优化产业结构，转变经济增长方式。通过做大做强会展业，优化总部企业和项目，推进大型商业综合体建设，大力发展电子商务等措施，助推现代服务业的发展。未来，海珠区将以海珠生态城建设为契机，加大产业转型力度，全面建设国际展都，抓好总部项目服务，打造电子商务集聚区，推进商贸功能区建设，助力现代服务业再上一个新台阶。

关键词：

　　海珠区　产业转型　现代服务业

　　海珠区原来是一个老工业区、老城区和城乡结合区，近十多年来随着"退二进三"步伐的加快和广州建设国际商贸中心工作的推进，海珠区逐步转型为以现代服务业为主的中心城区，综合经济实力显著增强，产业结构不断优化。2013年完成地区生产总值1142.75亿元，相比5年前翻了一番。2013年海珠区三次产业结构为0.2∶14.6∶85.2，现代服务业占地区生产总值的53.7%，第三产业对经济增长的贡献率为90.4%，成为海珠区经济和税收增长的主力。

一　海珠区现代服务业发展的成效与不足

　　（一）会展和总部经济引领作用明显，但会展配套不足，总部集聚效应还有待提升

　　琶洲地区2013年全年举办展会201场，展览面积808万平方米，同比分

---

　　* 李朝健，广州市海珠区经贸局。

别增长 11.7%、6.17%。广交会、广州国际照明展规模居同行业第一，中国广州国际家具博览会、中国（广州）国际建筑装饰博览会、广州国际美容美发美妆博览会规模为亚洲同行业展会之首。近年来在会展经济带动效应的影响下，中国对外贸易中心、广州地铁、保利地产、广东钢铁集团、广东韶钢等重点企业相继落户琶洲。南丰国际会展中心、南丰汇环球展贸中心、保利世贸中心三期已投入使用，认定保利国际广场等 10 个项目为区重点企业载体，税收亿元楼宇增至 4 家。目前海珠区共有重点企业 105 家，上缴税收占全区税收总额的 41%。

不足之处主要表现在：展览项目国际化程度偏低，品牌展不足且展会结构上形成断层。根据国际会展联盟（UFI）对认证展览的统计，2012 年除广交会外，其余品牌展面积为 182.4 万平方米，仅占总展览面积 22%。广交会则是超大展会，一期展览面积已占总展览面积 14%，规模和影响力远远高于其他展会，展会结构出现断层现象。此外，"搭车展"和重复展现象也冲击展览市场，造成无序竞争。总部集聚方面，海珠区可利用的土地资源缺乏，"三旧"改造资源未能完全转化为招商资源，以致总部项目建设缓慢，琶洲 13 个拍地建设的总部项目中只有 7 个启动建设。硬件较好、交通便利和氛围成熟的高端写字楼欠缺，且分布不均，主要集中在新港路沿线。

（二）商贸业发展迅速，但商业网点分布不均

近年来，海珠区以发展现代商贸业为战略导向，着力打造会展配套商圈、广州塔时尚文化商圈、江南西购物商圈、中大纺织商圈、珠江后航道滨水休闲商圈等五大区级商圈和"10 分钟"幸福生活圈，引进和培育了广百新一城、广东苏宁云商等商贸龙头企业，引领高端商贸业的发展。乐峰广场、海珠新都荟等一批大型商业综合体项目投入使用，富力海珠城、江南新地（二期）、君豪国际商业城、绿地滨江汇、合生广场等一批项目加快建设。2013 年海珠区商品销售总额 3620.93 亿元，增长 36.3%；社会消费品零售总额 731.31 亿元，增长 15.2%，增速在全市十二个区中位居前列。商贸业成为第三产业发展的重要驱动力。

但发展的同时，也存在商业网点布局不均衡、商业综合体数量偏少等问

题。目前海珠区大型超市等高端商贸业主要集中分布在人口居住较为密集的西北部，东部较少。除西部广百新一城、乐峰广场、燕汇广场，中部丽影广场，南部海珠新都荟等商业广场外，东部地区大型商业综合体还处于空白，而东部地区是会展总部功能区，由于消费配套场所不足导致参加广交会等展会的来宾流失到外区消费。

（三）大力发展电子商务，为现代服务业注入新活力，但电商产业仍有待优化和提升

南中轴电子商务大道经精心打造已初具规模，目前龙腾18（一期）和南华西园区的招商工作已全部完成，广一和洋湾1601园区的改造和招商工作正同步进行。南中轴电子商务大道成为重点扶持的电子商务集聚区，获得市专项扶持资金。电商企业量增质提，新引进凯撒（中国）、人文网等知名电子商务企业40多家，广东天猫智囊团和腾讯公司微信研发团队也相继落户海珠区，5家企业被评为2013～2014年度省级电子商务示范企业，相比2012年增加4家。以广新交易会、广贸天下网、买布卖布网为代表的一批B2B电子商务交易平台快速发展，年度交易额逐年提升。广州汇美服装有限公司旗下品牌"茵曼"服饰在2013年"双十一"当天销售额达1.2亿元，问鼎淘宝女装销售冠军，汇美公司2013年网络零售额超过8亿元，同比增长295.2%。

海珠区电子商务发展起步较晚，相应配套的扶持方案虽已出台，集聚区功能初显，但目前电子商务对经济贡献比例仍较小。此外，电商园区改造提升进展缓慢。广一国际电子商务产业园、洋湾1601电子商务时尚岛两大园区的升级改造工程进度迟缓，影响招商进度。电商政策仍需进一步落实和完善，电商服务中心等机构的服务功能还未能充分发挥，电商产业发展的软环境还有待拓展。

二 多管齐下促转型升级，助推现代服务业快速发展

海珠区按照上级的部署，结合区情实际，加快转型升级，转变经济增长方式。以产业转型为基础、会展和总部经济为引领、电子商务为加速器，"三箭齐发"打好转型升级攻坚战，力促现代服务业快速发展。

（一）夯实基础，以产业转型促城区转型

近年来，海珠区把握"退二进三"和"三旧"改造契机，改变老工业区的面貌，以转变经济增长方式为中心，优化提升海珠区产业层次、发展质量和竞争力。一是转型促动，企业生产地变总部办公地。全方位服务企业，鼓励企业搬迁后把总部或管理、研发等总部职能留在海珠区。中交集团迁移生产环节后建设中交集团南方总部基地，建设规模约 40 万平方米，正建设总部大厦、工程大厦、采购中心和研发中心，并把下属的多个设计、研发企业集中迁入办公。珠江啤酒集团计划部分啤酒产能转移到南沙新基地后，原厂区作为企业总部进行自主开发，拟把广州总部打造成为包括珠啤文化精品展示区、啤酒文化集中体验区、遗迹绿廊、创意办公室及珠啤研发总部区、啤酒产业配套服务区五大区域在内的珠江啤酒琶醍国际文化中心。二是主题驱动，企业老厂房变创意集散地。坚持"修旧如旧"原则，大力引导发展创意产业。原广州纺织机械厂以服饰、时尚文化为主题，改造建设为广州 T. I. T 纺织服装创意园，项目一期的品牌创意展示区、品牌设计中心、创意工作区、服装展示发布区已投入营业，签约进驻和办公的商户 60 多家，知名企业腾讯公司的微信研发中心已入驻运营。T. I. T 项目先后被列入市重点建设项目、市重点建设创意产业基地和省小企业创业基地。原广州港集团太古仓货运码头以城市滨水休闲空间为主题，改造建设为太古仓码头创意产业园，打造成以服装、时尚产品设计及配套电子商务为核心，集展贸、游艇、电影、餐饮等业态于一体的新型创意园区，其中国际葡萄酒采购中心、品牌展示库、电影库、游艇俱乐部、南粤嘉宴大酒楼等业态已对外营业。原珠江电影制片厂区以影视、音乐为主题，改造为珠影文化创意产业园，现第一期 A 工程（旧厂房改造）已动工，将建成集创意办公、文化展示和休闲娱乐三大功能的创意园区，珠江电影制片有限公司、EMI 百代唱片公司已确定进驻，项目被纳入省现代产业 500 强。三是优势带动，企业旧建筑变商贸新高地。善用毗邻消费市场的区位优势，因势利导谋划发展高端商贸业。原广州橡胶十一厂搬迁后，引导原址建设总建筑面积达 15 万平方米的乐峰广场。截至目前，广场已进驻的知名品牌包括吉之岛、飞扬影城、inditex 集团三大品牌（Zara，Pull & Bear，Stradivarius）、屈臣氏、三星电子、

新兴家喻、百胜餐饮等，涵盖超市、服饰、餐饮、珠宝、娱乐、家居等丰富的商贸业态。引导广东省机械进口股份有限公司原仓库改造建成集购物、餐饮、体闲为一体的大型社区购物中心燕汇广场，经营面积4万平方米。引导广州市万宝冰箱有限公司部分旧厂房改造成2.5万平方米金海马家居广场。另外，绿地集团在原精细化工厂地块开发建设集办公、休闲购物等功能于一体的滨江办公商业综合体绿地滨江汇，建筑面积达6万平方米。广百集团拟在原广州市商业储运公司大干围工业仓储地块开发建设集商业、休闲、文化、办公于一体的大型商贸型综合项目广百海港城。五羊本田摩托（广州）有限公司整合原厂区地块，打造集办公商务、信息咨询、社区配套为一体的联合交易园区，通过发展大宗现货商品集合竞价电子交易，形成多品类的大宗商品和权益类商品的"广州价格"，广州交易所集团及其下属产权交易所、物流交易所、碳排放交易所等机构拟入驻园区，首批不锈钢、棉纱交易品种上市，项目入选省现代产业500强、认定为市中小企业创业示范基地和省小企业创业基地。

（二）强化抓手，以会展经济和总部项目为引领

1. 着眼全局，聚焦产业链，凸显会展的集聚力和辐射力

首先是强化会展政策的扶持功能，为会展企业申报扶持资金，发动企业申报会展示范企业，落实扶持会展业发展的奖励政策，对新迁入、新注册的会展企业进行资金奖励。同时，及时跟进会展产业配套，强化产业链的延伸功能。高起点建设琶洲会展产业孵化基地，全国首家会展主题园区琶洲会展产业孵化基地（启盛园区）已正式启动，首期投入使用面积2.3万平方米，开园以来已有46家企业签约，包括广州振威国际展览有限公司、广州巴斯特展览公司、广州华威展览工程有限公司等行业内知名企业。园区还将与广州琶洲会展经济促进会联手合作，逐步建设"基础服务中心""品牌传播中心""金融服务中心""人才培训中心"等服务平台，进一步整合会展行业资源，为入驻园区的企业提供优质的一条龙服务。

2. 狠抓服务，紧盯项目，推动总部经济稳定发展

一是落实服务总部企业的政策。出台一系列扶持企业的优惠政策，并指导和帮助总部企业用足、用活、用好各级部门给予的优惠政策，2013年共有33

家重点企业关键人才获得资金奖励。同时，举办政策宣讲会，邀请属地企业、相关职能部门和海珠区的街道参加会议，引导各单位详细了解政策、全面熟悉流程，以便更好、更快、更高效地服务企业。二是保障并提升服务质量。成立区重点企业（项目）服务工作联席会议办公室，下设 4 个总部企业服务工作组，各工作组制定和实施本工作组具体服务细则，加快政务审批手续，缩短办事时限，实现受理提速、审批提速、解决问题提速。2013 年以来，为赫基国际大厦、广州市地下铁道总公司指挥中心、广州良业大厦、宝钢大厦等项目协调处理收地、国土规划、拆迁补偿、建设施工等多个问题。建设总部企业管家系统，以重点骨干企业为重点，完善企业联系制度，同时跟踪企业经营发展状况数据，定期综合汇总相关信息，提供全程"保姆式"服务。

（三）提质加速，以电子商务为发展新引擎

1. 构筑电商产业发展政策体系

出台促进电子商务发展的实施方案，推出以税收优惠和奖励为主的扶持措施。先后出台了《广州市海珠区扶持电子商务发展实施方案（试行）》《海珠区电子商务产业园园区认定办法》《海珠区电子商务示范企业评价办法》等一系列配套文件，构建电子商务产业发展政策体系，为电商产业的发展营造良好的政策环境。

2. 打造电商产业发展支撑体系

先后与广东商学院签订共建电子商务培训学院的框架协议，为电商企业提供人才培训服务；与广东网络营销研究会签署电子商务产业发展研究合作协议，帮助传统企业、中小企业开展电商业务；与广东中大创业投资管理有限公司签署为中小电子商务企业提供资金扶持和股权融资服务的合作协议，并与相关企业共建电子商务公共服务平台。发动南华西园区建设专门为入园企业服务的人才公寓。经过一年的时间，海珠区的政策、人才、资金、供应链保障、综合服务和信息引擎服务等六大电子商务支撑体系已初具雏形。

3. 营造浓厚的产业发展氛围

2013 年，海珠区先后举办了"海珠区电商政策宣讲会""广州市南中轴电子商务大道政策宣讲暨电商企业融资实操大会""广州南中轴电子商务大道推

介会暨广东天猫智囊团成立大会"等多场大型活动,对海珠区的电商政策进行了详细解读、对南中轴电子商务大道的各个园区进行了详细介绍。同时,海珠区先后举办了代运营交流会、化妆品电商交流会、微营销专场交流会、科技创业与风投交流会等10余场电商企业之间的交流、分享活动,电商发展的氛围日渐浓厚。

三 进一步加快海珠现代服务业发展的思考

(一)塑造品牌效应,规范有序做大做强会展业

充分发挥琶洲地区丰富的展馆资源优势,进一步贯彻落实加快会展经济发展的扶持政策,扶持一批经营规模大、竞争力强的会展企业,培育一批有潜力的中小型会展企业,鼓励推动本地会展与国际博览会嫁接合作,提高国际知名度。引导会展企业向规模化、专业化、品牌化发展。鼓励和引导展馆申报 UFI 认证,提高品牌质量。协调市、区相关职能部门的力量和资源,统筹联动抓好会展业的规划布局和产业引导,探索建设穗港澳会展合作试验区,成立琶洲会展服务中心,建设会展产业孵化基地二期,申报全国会展产业知名品牌创建示范区。为企业建立信息共享平台和交流合作桥梁,协调办展企业,消除展览同质化和"搭便车"现象,从而实现有序竞争。

(二)完善服务配套,促进总部经济发展壮大

一方面以海珠生态城建设为契机,借助生态城绿色、生态、低碳的发展模式,强化水环境的整治,加强万亩果林保护,加大环境污染监管与整治力度。同时,完善城市基础设施和生态环境建设,构建便利通达的市政路网,完善相应的商务配套,为继续引进和培养总部企业营造良好的营商环境。另一方面,加强总部载体的建设。继续打造琶洲总部经济聚集区,集中建设和改造一批高级写字楼,吸引国际贸易、采购、展览等行业总部企业进驻,逐步将琶洲地区打造成特色鲜明的总部经济平台。再者,加大产业置换力度。鼓励具备条件的旧工业小区、旧厂区、旧仓库升级改造为科技产业园区或创意产业基地,鼓励

生产环节外迁工业企业将管理、结算、物流、销售总部迁入总部基地或综合科工贸园区，鼓励工业楼宇通过改造、整饰转为高级写字楼。

（三）以发展现代服务业为导向，完善各类商圈建设

继续完善会展配套商圈、广州塔时尚文化商圈、江南西购物商圈、中大纺织商圈、珠江后航道滨水休闲商圈等五大区级商圈，引进和培育一批商贸品牌企业，引领商贸零售业的发展。继续推进富力海珠城、江南新地二期、南天国际酒店用品采购中心、君豪国际商业城、绿地滨江汇、合生广场等大型商业项目的建设和招商工作。助力中大商圈的展贸化建设，加快商圈电子化发展。引导企业向"公司＋展贸"经营模式转变，结合商事登记制度，宣传和督促经营规模较大的经营户转变企业组织形式，逐步从个体户向公司化模式转变。支持和引导专业市场发展电子商务平台，推广线上交易模式，拓宽交易渠道，将传统交易市场升级改造为综合服务型展贸市场。

（四）优化环境强化招商，打造电商产业发展高速路

一是推动产业园区提质扩容。以腾讯微信总部落户为契机，推动规划建设琶洲国际电子商务总部中心区。巩固南中轴电商大道，加快广一和洋湾1601园区建设，优化调整南华西园区业态。二是优化电商产业发展环境。落实电商发展政策的扶持措施，并根据电商产业的发展阶段和企业的实际需要，完善电商政策体系。充分发挥战略合作单位的优势，开拓电商服务中心的服务功能，协助企业开展跨境电子商务。组织专题招商活动和形式多样的企业交流活动，继续营造浓厚的产业发展氛围。三是加大招商引资工作力度。充分发挥电商扶持政策、专业化招商奖励方案的引导作用，加强与省电商协会、省网商协会、市电商协会等组织和中国移动、中国联通、中国电信等电信服务商的沟通，充分利用其品牌优势和客户资源优势，引进更多的优质电商企业。

B.20

以专业市场升级　促进荔湾区商贸业转型

邓寿生　刘特健　莫　澜*

摘　要：

荔湾区专业市场有 230 多个，约占全市的 1/3。在产业结构调整、经济转型升级的大环境下，荔湾区被选定为广州市专业市场转型升级试验区。荔湾区实施了"134"战略，即"一套政策、三条路径、四个依托"，在现代展贸、价格指数、电子商务、品牌培育等方面重点突破，引领市场转型升级科学化、高端化、信息化、规范化，促进荔湾商贸转型，取得了较好效果。

关键词：

专业市场　转型升级　减量提质

广东专业市场起步于 20 世纪 80 年代初，并在之后的二三十年有了突飞猛进的发展。专业市场较好地适应了居民的消费需求，解决了一大批乡镇企业产品销售难问题，带动了相关产业的发展。"建设一处市场，带动一片产业，活跃一区经济，富裕一片群众"是广东改革实践对专业市场作用的高度概括。广州市作为省会城市，因为独有的商贸地位，造就了现今特别发达的专业市场。据统计，至 2013 年广州市共有专业市场 700 多个（不含农贸市场、肉菜市场），荔湾区专业市场约占全市的 1/3。2012 年 10 月，市委万庆良书记召开全市"三个重大突破"现场工作会议时，选定荔湾区作为全市专业市场转型升级试验区。荔湾区积极摸索市场转型升级路径，以政策为引导、以市场为主

---

* 邓寿生、刘特健、莫澜，广州市荔湾区经贸局。

体，在现代展贸、价格指数、电子商务、品牌培育等方面积极摸索，努力推进专业市场转型升级工作，取得了较好效果。

一 荔湾区专业市场存在的主要问题

荔湾区专业市场以广东"制造大省"为依托，凭借广州商贸业在泛珠三角的影响力与辐射力，不断发展壮大。据统计，到2013年底，荔湾区有专业市场230多个，市场总经营面积超过350万平方米，市场从业人员约10万人。年交易额亿元以上市场24个，2013年完成交易额超过500亿元。医药、水产、鞋业、服装、茶叶、花卉等专业市场在全省、全国乃至国际同类市场中具有较大影响力，发挥价格标杆作用。荔湾区专业市场按传统模式发展已经30多年，随着改革开放的深入、网络信息化的发展、物流网络的形成，城市发展提出新的要求，专业市场存在的问题逐渐显现出来，如市场软硬件设施与功能配套不完善、影响周边交通与安全、影响城区形象，与不断出现的现代展贸型市场相比竞争劣势明显。

（一）市场"量多质低"

荔湾区专业市场小型市场占较大比例，营业面积在2000平方米以下的专业市场有80个，占市场总数1/3。按照《广州市工业消费品专业市场转型升级评价办法（试行）》的分类标准，营业面积3万平方米以下的批发市场属于小型专业批发市场，荔湾区有217个，占全区专业市场的九成以上。因此，荔湾区专业市场规模与数量反差明显。

（二）市场集聚度高，但"各自为政"

荔湾区专业市场最显著的特点是集聚度高。芳村茶叶市场园区以南方茶叶市场为中心，集聚了18个茶叶市场，形成了较有影响力的"芳村茶叶市场园区"。站西鞋城集聚了"步云天地商贸城"等13个鞋业市场，形成了闻名国内外的广东国际鞋业采购中心。在荔湾区市场集群还有不少，如中山八路童装市场群（8个童装市场）、南岸路建材市场群（8个建材市场）、西堤二马路电子市场群（13个电子市场）、十三行服装批发市场群（21个服装市场）。但是，除"站西鞋城"部分市场开办者共同发起成立股份有限公司外，其他市场群内的专业市场都是"各自为政"。集聚度高，从侧面反映出市场重复建设严重，专业市场之间互相争抢客源进行恶性竞争，忽视市场规划等软件建设。市场重复建设导致商品分散，市场信息集聚优势弱化。

（三）市场体量大，但缺乏功能分区

现代展贸型专业市场，对硬件设备设施要求较高。条件完善的专业市场，应当具备专业交易区、中央展示区、企业办公区、公共物流服务、中转物流节点、配套服务区等。荔湾区现有的各专业市场群在占地面积和建筑面积上体量较大，如芳村茶叶市场园区18个茶叶市场占地面积23.3万平方米，建筑面积14.5万平方米，但没有从整体上规划功能分区，物流服务夹杂在交易区，人流物流混杂；欠缺配套服务区，配套服务依赖分散在周边社区的银行网点、低级酒店等。中山八路童装市场群、南岸路建材市场群、西堤二马路电子市场群等都缺乏现代物流、电子商务、国际贸易、金融服务以及住宿、餐饮、娱乐等服务功能配套。

二　荔湾区专业市场转型升级路径

（一）"1套政策"规范引导

在市经济贸易委员会的指导下，先后制定了《荔湾区专业市场转型升级试验区工作方案》《荔湾区专业市场转型升级规划方案》《荔湾区专业市场转型升级标准》《荔湾区推进专业市场转型升级的实施意见》《传统专业市场转型升级工作落实方案》《荔湾区商品交易市场经营秩序评价指标体系建设方案》等政策文件，规范引领专业市场转型升级工作。

（二）"3条路径"分类推进

一是升级改造。运用电子商务、现代物流等先进手段，对8个硬件好、经

营效益佳的市场实施升级改造，提升市场经营管理水平。二是淘汰减量。遵循市场规律与政府规划相结合，引导 24 个经营条件差、效益低、群众投诉多的市场转营。三是秩序整治。强化政府监管，创新社会治理，对 15 个管理不善、周边环境差的市场进行重点整治，有效减少市场对周边城区的影响。

（三）"4 个依托"重点突破

一是依托现代展贸打造"示范市场"。按照"三大系统、八大功能"要求，积极引导专业市场往现代展贸型市场转变。2013 年，荔湾区步云天地、广州花卉科技园被认定为广州市示范专业市场。二是依托电子商务打造"空中市场"。积极引导专业市场自建网站，协助市场对接专业电子商务平台。目前，荔湾区各专业市场已经基本完成"空中网络"构建，建成了"站西鞋城网""医点通网""华林国际网""茶商网"等网站。三是依托价格指数打造"标杆市场"。荔湾区"广东塑料指数""黄沙水产价格指数"被纳入"广东价格指数平台"，南方茶叶市场是国家"菜篮子工程"信息报价茶叶类唯一价格信息提供单位。四是依托品牌培育打造"品牌市场"。协助站西鞋城商户，积极申报注册商标，目前站西鞋城已有注册品牌 700 多个。"品牌"战略是荔湾区打造"品牌市场"的重要途径。

三　荔湾区专业市场转型升级主要做法

（一）借鉴经验，引市场升级科学化

一是调研荔湾区重点专业市场。专业市场转型升级工作领导小组会同王先庆教授等专家，重点调研了清平中药材市场、十三行服装市场群、芳村茶叶市场园区、站西鞋业批发市场园区、黄沙水产品交易市场等专业市场（园区），深入掌握市场现况。二是考察学习浙江省重点专业市场转型升级经验。浙江省义乌小商品城、绍兴轻纺城、海宁皮革城等三大专业市场，在"城型"市场建设、冠以"中国"字号打响品牌、运用上市公司制度强化资本运作、商旅结合、"城"与"市"互动促进发展等专业市场转型升级方面，值得荔湾区学

习借鉴。2013 年 7 月初，荔湾区组织专业市场转型升级工作领导小组部分成员赴浙江省重点专业市场考察，考察后形成的调研报告，在广州市重点内部刊物《决策与咨询》刊登。三是编制了《荔湾区专业市场转型升级规划方案》等文件。在调查研究基础上，结合荔湾区实际情况，借力中山大学、暨南大学、广东商学院等专家团队，编制了《荔湾区专业市场转型升级规划方案》《荔湾区专业市场转型升级标准》《荔湾区商品交易市场经营秩序评价指标体系建设方案》等文件，指导专业市场转型升级工作。

（二）龙头示范，引市场升级高端化

一是抓示范市场建设。根据市经济贸易委员会关于申报广州市示范市场的要求，荔湾区组织多个代表性市场申报，最后评定的广州市 15 个示范市场中，荔湾区有步云天地、广州花卉科技园入选。二是抓站西鞋城建设广东鞋业国际采购中心。站西鞋城 2012 年被列为广东商品国际采购中心重点培育对象。2013 年，荔湾区协调站西鞋城园区市场组建了广东站西鞋业有限公司。10 月 23 日，"站西鞋城广东鞋业国际采购中心公共展示·服务中心"正式启动，开通了官方微博和微信平台，引进奇码科技公司运营广东鞋业国际采购中心官方网站，组团参加"广交会"等大型展会，提高了站西鞋城知名度。2014 年 2 月，站西鞋城被省经信委评定为广东鞋业国际采购中心。三是抓现代展贸型市场建设。积极推进财富天地广场、广州世贸服装城等现代展贸型市场建设。财富天地广场 2013 年 8 月 14 日开业，建筑面积约 26 万平方米，有 2500 多个铺位、2600 个停车位。广州世贸服装城于 10 月 9 日开业，建筑面积 28 万平方米，承办了"荔湾区时尚创意服装文化节"，引进了海宁皮革城和 Lily 等多个知名品牌。现代展贸型市场，为荔湾区专业市场转型升级树立了标杆。

（三）应用电商，引市场升级信息化

一是引进酷有拿货网、瑞驰科技等与专业市场合作。协调衣联网与十三行电子商务公司合作开发网络商城。二是推进专业市场建设电子商务平台。中山八路童装市场群、长堤路数码城等专业市场积极与奇码科技公司合作，建立专业市场官方网站。三是推进原有专业市场电商平台发展。站西鞋城积极建设广东鞋业

国际采购中心电子商务平台；苏锐科技不断创新平台；医点通商城有效提升国览医械城电子商务；茶商网、玉器街等专业市场电商平台不断改版升级；广州国萃花卉物流电子交易平台投入运营，国萃花卉科技园、花卉博览园等32个企业先后"触电"；广州国际茶叶交易中心增加了大宗茶叶现货交易平台交易模式，在现有减价式应价交易和挂牌交易模式基础上增加了现货交易模式。

（四）加强监管，引市场升级规范化

一是推进专业市场两建工作。以黄沙水产市场、广州国际茶叶交易中心、步云天地鞋城、国览医疗器械城等专业市场为"两建"重点，加大整治力度。如站前街推进"两建"试点，促进市场转型升级，推进市场持证率从45%上升到92%，达到月营业额2万元税收起征点的商户增加1800多户，每月增加国税110多万元；共吸引100个省级以上著名商标和3000多个知名品牌入驻，2013年向国家商标局申报自主品牌8件，同比增长23%。二是加强专业市场税收监管工作。区国税局对专业市场开办者及场内经营者开展税法宣传工作，通过完善专业市场信誉分类管理办法，更新细化评定标准，加大对专业市场场内经营者的税收监管，全区专业市场同比新增双定户2万多户。三是规范专业市场经营管理公司注册。结合"商事登记改革"工作，对专业市场经营管理公司注册进行严格把关。市工商荔湾分局以市场转换登记为契机，两次组织全区专业市场开办者召开培训会议，派发市场转换企业登记工作指引600多份。已办理转换登记的市场206个，引导24个低端、粗放型市场转营。四是加强清平中药材市场整治。区综治办和区食品药品监管局牵头，对清平中药材市场进行专项整治，立案查处40宗，抽检中药材150批次，现场查扣违法药品一批，涉案金额500多万元。公安机关立案5宗、刑拘4人、批捕5人、追逃2人。

四　荔湾区专业市场转型升级下一步工作思路

按照《广州市推动专业批发市场转型升级的实施意见》的要求，一是发挥市场主体的作用，建立现代企业主体，与金融、电子商务企业合作，积极延

伸市场内金融、信息等增值服务，实现金融信息全程服务，变"现金"交易地为资金结算地。二是剥离市场物流业务，将交易、展示功能与仓储、运输功能分离，腾出空间，建立生产性服务总部地。着重开展金融、检验检测、研发设计、营销推广、国际贸易等市场活动，实现仓储物流配套外迁，变"现场"提货地为企业总部地。三是发挥市场价格在产业业态调整过程中的引导作用，逐步形成电子商务、现代分销、国际展贸等与国家中心城市、广州市都会区产业定位相适应的业态模式，实现产业业态科学调整，变"现货"选购地为时尚体验地。四是积极开展市场宣传和品牌推广，建立行业产品研发设计、品牌推广公共服务平台，实现区域品牌自主培育，变小商品集散地为品牌孵化地。

（一）加快培育转型升级新标杆

引导省、市国有企业物业从国有资产保值增值的角度出发，带头推进专业市场转型升级。争取市在荔湾区选取几个体量大、基础条件好、市场开办者升级意愿强的市场，全面推进转型升级，打造转型升级标杆市场。

（二）发挥市场在资源配置上的决定作用

按类别对专业市场集群进行整合，探索"股权分配、市场重组"模式，建设"大市场大园区"，形成"一类市场即一个市场"格局。发挥规划引领作用，对不符合做批发市场的地段进行整体规划调整，引导市场自主转型升级。引导市场与国际、国内大型采购商和行业联盟合作，采用电子商务、现代分销方式等，加快市场向购物中心、商业街、展贸体验等业态转型。

（三）引导低端市场转营高端业态

对现有业态低端、原地升级有困难的专业市场进行搬迁或关闭，原用地不再作为批发市场用地，而是通过改造建设大型零售商业网点或商业楼宇。

（四）强化落实政府监管职责

严格落实政府职责，开展"五类车"、消防、违法建设、违法用地、"六乱"等专项整治工作，构建良好市场经营环境。

以现代商贸业发展助推花都区
现代服务业跨越式发展

张文隆　徐有涛　陈旭宾*

摘　要：

2013年花都区商贸业经济总体发展情况良好，在国内外市场的不利影响下，花都区消费品市场增长态势有所放缓。花都区委、区政府认真贯彻落实省、市相继出台的推进新型城市化发展以及建设国际商贸中心等一系列政策措施，商贸业发展将围绕新城区中轴线和"一线两圈"（地铁沿线、空港商圈、广州北站商圈），引进一批高端服务业项目，推动会展副中心的建设，逐步形成科学合理的商贸业布局规划。未来，花都区将充分利用区位、交通、产业等优势，积极抓好有关稳增长、促转型的各项政策措施的组织实施，千方百计引导和培育市场，努力抓好一批对花都区商贸业乃至整体经济发展有明显拉动作用的商贸、物流业项目，对强化国家中心城市新城区建设、推进新型城市化发展、建设国际商贸中心具有重要的意义。

关键词：

国际商贸中心　中轴线　一线两圈

根据《中共广州市委、广州市人民政府关于全面推进新型城市化发展的决定》，广州市委、市政府提出建设国际商贸中心的发展战略。对于作为广州市经济和社会发展重要组成部分的花都区，加快建设国际商贸中心意义十分重

---

* 张文隆、徐有涛、陈旭宾，广州市花都区经贸局。

大。当前，花都区经济和社会发展进入新的历史时期，花都区紧紧围绕新型城市化发展和建设国际商贸中心两大中心工作，抓好现代服务业发展，取得了较好的成绩。

一 花都作为广州市建设国际商贸中心 重要组成部分的有利条件

花都经过多年的发展，现已基本具备作为广州副中心的城市服务功能，作为广州市建设国际商贸中心主要组成部分的基本条件正在形成。

（一）综合经济实力大大增强

近年来，在汽车、空港、皮具皮革、珠宝等支柱产业的引领带动下，花都区经济取得长足的发展，成为广州市经济发展较快的区域之一。初步统计，2013年，花都区的生产总值893亿元，比2012年增长12%；规模以上工业总产值1902亿元，比2012年增长12%；地方财政收入66亿元，比2012年增长12%。商贸业也呈现较快的增长势头，总量规模成倍增长。2013年，花都区社会消费品零售总额338亿元，比2012年增长14%，是2006年3.1倍；第三产业增加值占GDP比重从2006年27.7%到2013年增加到34.5%，增加6.8个百分点。总的来说，花都经济实力在广州市社会经济发展中的地位和作用不断增强，省和市已将花都确定为先进制造业和临空产业基地，对花都现代服务业发展布局带来重大发展机遇。

（二）产业基础雄厚

花都产业经济重点发展汽车制造、机车维修、空港物流、电子音响设备、光电子、皮革皮具、金银珠宝，已经获得"中国汽车零部件产业基地""中国皮具之都""中华珠宝之都""中国音响之都"等称号。其中，以东风日产乘用车公司龙头企业为依托，逐步形成了较为完整的汽车产业链。目前基地已落户汽车及零部件企业共181家，投资总额近220亿元，投资3000万美元以上的企业共13家，世界500强企业参与投资的项目有15个。2013年，汽车产业实现工业总产值 1257 亿元，同比增长 13%。未来花都将打造成为珠三角的先进制造业基地、亚洲一流航空物流业基地、生态休闲旅游之区。

（三）商贸流通业得到较快发展

花都区消费市场规模明显扩大，商贸流通网络体系进一步完善，现代物流方式发展较快，各种新兴业态迅速成长。

1. 商贸业基础网点设施进一步完善

到 2013 年，花都区各类商贸业网点 3.9 万个。其中，各类批发市场 26 个，营业面积 3000 平方米以上的大中型商业网点 47 个，肉菜（农贸）和农副产品批发市场 58 个，经营面积 1000 平方米以上的酒店（酒家）127 个。此外，花都区从 2006 年开始在全区开展"万村千乡"市场工程，在全区 8 个镇（街）188 条行政村建成了 196 个镇村两级农家店，建设了一批经营网络化、商品配送化、管理规范化的农村商业网点。商贸业基础设施的逐步完善，既促进了商贸业和经济的发展，又方便了群众的生产和生活。

2. 商品流通现代化水平不断提高

花都区加大招商选资力度，积极引进国内外知名商贸流通企业，如广百百货、摩登百货、华润万家、大润发、国美电器、苏宁电器等知名企业成功入驻。不仅引入了流通领域的竞争机制，带来先进的销售理念和专业的现代化管理技能，也转变了城乡居民的消费观念，提高了居民的消费档次，有效推动了花都流通现代化建设，初步构建了以百货、商超、专门店、便利店等多个业态和各类市场为支撑的城市流通体系。

3. 现代物流产业体系逐步形成

花都借助新白云国际机场坐户花都的区位优势，大力发展空港、汽车、皮革皮具产业物流，重视抓好专业批发市场转型升级，电子商务、物流信息技术应用得到进一步提升，逐步向现代产业物流园区发展。2013 年，已有规模以上物流企业 215 家，较 2006 年增加 98 家，一批国际性、大规模、有实力的现代物流企业，如联邦快递亚太转运中心、富力国际空港综合物流中心等项目先后落户。拜尔冷链物流中心填补了广州冷链配送业务的空白，正通物流有限公司承担了周边地区大型超市的果蔬产品配送，狮岭皮革皮具批发市场集聚区被省经信委正式授予"广东皮具原辅料国际采购中心"的荣誉称号。此外，积极筹建东风华南备件物流中心、粤港澳汽车贸易园等项目，进一步完善汽车产业链，促进汽车产业发展。

4. 商贸旅游业联动发展

花都区注重将商贸业和旅游业等相关产业联动发展，充分依靠广州大都市辐射以及花都区优越的生态环境，整合市场资源，大力发展集购物、旅游、餐饮、娱乐、休闲等多功能于一体的商贸旅游项目，如九龙湖休闲度假集聚区、芙蓉度假村、王子山森林公园、喜立登饮食风情街、石头记矿物园、花都湖等项目。正在筹建万达旅游文化城等大型商贸旅游项目，有效地吸引了广州市及珠三角地区消费群体，促进了市场繁荣和兴旺，成为新的经济增长点。

（四）独特的区位优势及交通优势

花都素称"省城之屏障，南北粤咽喉"，拥有国内罕有的水、陆、空立体交通网络。中国三大枢纽机场之一的广州新国际机场坐落花都；广州火车北站设在花都，京广铁路、武广快速铁路客运专线均在花都设有车站；区内还有105、106、107 三条国道和京珠、机场、广清、街北、广州北二环等五条高速公路穿境而过；国家二类口岸花都港，可供千吨货船直达香港、澳门；地铁9号线已动工，将于2015 年开通。今后，还将有广州北三环、城际列车专线连接花都与广州中心城区及珠江三角洲其他地区。

（五）中央、省、市对商贸业发展的重视和支持

《珠江三角洲地区改革发展规划纲要（2009－2020 年）》明确将广州的城市发展定位确定为"国家中心城市"。广州结合本身的实际，进一步提出以加快建设国际商贸中心的发展战略为导向，明确了商贸业在广州城市经济中的核心"引擎"地位和主导功能定位，必将使全市商贸物流业迎来一轮大的发展热潮。花都区委、区政府紧紧抓住广州打造国际商贸中心的契机，以构建与国家中心城市副中心、国际空港经济中心相适应的现代商贸物流产业体系为目标，以国际化、高端化和现代化为导向，打造广州国际商贸中心北部重要增长

极，强化集聚辐射功能，引进新兴业态业种，发展现代流通方式，优化市场布局和产业结构，完善服务功能，提升商贸物流业竞争力。

二 花都发展国际商贸中心的制约因素

虽然花都商贸流通业取得较快发展，但是其现状与广州中心城区建设国际商贸中心还有不小的差距，在发展的过程中面临一些新的制约因素和问题的挑战。

（一）总部经济和商贸龙头实力偏弱，商业竞争力和辐射力不足

花都区商贸业增长建设较快，由于原来商贸业基础较差，引进总部经济所需的配套条件、营销环境、政策扶持等方面的吸引力比广州市中心城区要差得多，因此落户的总部经济商贸企业数量屈指可数。据统计，2013年规模以上商贸企业数量251个，仅为番禺区的50%左右，在一定程度上影响商贸业的经济总量。此外，花都区商业布局不尽合理，主要表现在大型、较现代的商业网点主要集中在中心城区，城乡结合部和新兴居民小区商业发展相对滞后。未来亟须培养一批具有核心竞争力、国内外双向开拓的商贸龙头企业，由此带动商贸业经济向高起点、高效率、高辐射力方向发展。

（二）商业国际化程度不高，商业网点服务功能和档次仍比较低

花都在流通领域，无论是包装、商品，还是物流、采购、服务等都还缺乏真正与国内先进水平以及国际接轨的标准体系。一是引进和代理国际品牌较少。目前零售市场上，国际商品所占比重依然较小，即使在外资大卖场中销售的90%以上还是中国本土产品。二是批发市场尚未充分开放。目前花都专业批发市场建设基本上仍以本土企业为主，"引进来"和"走出去"的能力都不强，无论是对外投资还是吸引外部投资都十分有限。三是缺乏国际化的商业服务规范和服务标准。

（三）商贸业结构升级缓慢，战略性新型商贸业态相对不足

花都区在商业新业态、新业制、新模式的普及推广方面落后。一是商业连

锁率低，在 10 区 2 市中排名中下游。二是电子商务平台和电子商务应用近两年来才开始出现，基础相当薄弱，绝大多数皮革皮具以及其他传统行业的企业仍采用"现场、现货、现钱"的模式进行交易。三是在商业模式的创新方面，与杭州等先进地区相比相对滞后，必然对其他产业以及国际商贸中心的建设产生负面影响。

（四）商贸业与其他产业联动力仍显不足

花都商贸业尚未对物流、信息、软件、金融、旅游、文化、休闲、娱乐等形成明显的联动效应。一是支柱产业与物流业的联动发展不足，花都专业批发市场不少，但与之相配套的城市配送业发展却明显滞后。例如狮岭的皮革皮具产业尤其缺乏一个与批发市场以及产业发展相匹配的配送型物流基地，使之难于满足现代商贸业和新型商业业态发展的需求。二是商贸对旅游业的拉动作用十分有限。目前，花都对旅游与商贸业的有机整合仍显不足，呈现旅游、购物关联度不足，没有在网点设置、宣传推介、开拓市场等方面有机统一、相互促进。

三 加快建设国际商贸中心的对策思考

《中共广州市委广州市人民政府关于建设国际商贸中心的实施意见》从战略发展的角度指出，花都区是广州市建设国际商贸中心的重要组成部分，在新的历史时期和新的发展条件下，应围绕"国际空港门户、高端产业基地、幸福宜居新城"的发展目标，以科学发展观为统领，推进新型城市化发展，构建与广州市加快国际商贸中心的发展战略要求相吻合，与广州国际大都市、与国际空港经济新城区相配套，与花都区经济与社会发展战略相适应的现代商贸业流通产业体系，使花都成为宜业、宜居、生态良好、空气洁净、充满活力的现代文明大都市。为实现上述目标，拟采取以下措施。

（一）建立多元化、多层次的现代化市场体系，提升国际商贸中心的实力

着眼于大市场、大流通、大贸易的总体格局，逐步建立起以要素市场为重

点、商品市场为基础，各类市场协调发展的多元化、多层次的现代化市场体系。

1. 按照花都副中心发展规划以及新城市中轴线、"一线两圈"的发展规划，积极推进商业集聚区建设

花都城市发展重新定位，确定出新城市中轴线 CBD、广州北部 TBD 空港 ABD 规划设计方案，启动三个板块的开发建设，以率先启动城市中轴线 4200 亩建设为切入点，推进花都副中心建设迈出新步伐。为此，花都商贸业发展要按新的城市功能定位，整合资源，使三个板块成为经济发展的重要引擎，成为集商务、会展、金融、信息以及餐饮娱乐休闲等功能于一体的现代商业集聚区。

2. 全面提升零售商业水平档次

以提升现代都市商业功能、构建"广州购物天堂北部中心"为目标，加快地铁沿线、空港商圈和广州北站商圈的零售网点建设；以万达旅游文化城项目为带动，着力构建凤凰广场、骏壹万邦商业中心、欧尚商业广场、中恒国际商业城等大型高端商业网点，结合社区、镇、村商业服务网点的建设。优化购物、餐饮、休闲、娱乐、旅游等多功能配套的消费体系，推动业态创新和交易方式创新，继续推广连锁经营，大力增强聚集辐射功能，全面提升零售业的现代化和高端化水平。

3. 加快电子商务产业发展

根据省、市关于加快电子商务发展的相关文件精神，一要加快培育花都电子商务产业园区，吸引外地电子商务龙头企业落户；二要抓好实施《花都区电子商务产业发展扶持办法》，在政策措施上引导、培育电子商务的发展；三要加强对跨境电子商务的研究，指导花都工商企业积极开展境外电子商务，大力开拓国际市场；四要加强对花都电子商务商会、协会的指导、协调，引导中介组织开展有利于电子商务发展的活动；五要争取省、市对花都电子商务的政策扶持，尽可能将电子商务应用效益好的企业（项目）申报省、市资金扶持。

4. 大力发展会展业

按照市政府有关在花都规划建设广州市会展业副中心的指示，紧紧抓住加快国际空港经济区建设的契机，围绕建设"广州空港商务会展中心"的目标，加快空港商务会展功能区的规划建设。未来抓紧对花都区会展业发展规划选址进行论证，加强迎宾路综合主轴的商务会展功能培育，开展用地前期相关手续，制定较倾斜的支持政策，尽快改变花都区商务会展业基础薄弱的状况，实现跨越式发展。

5. 构建现代国际采购平台

以打造"广州国际采购中心北部重要增长极"为目标，创新发展批发贸易业，扩大国际商流的规模。一是加快广东皮革原辅料国际采购中心等国际采购平台建设，为现代批发贸易商家提供良好的集聚发展平台，并积极引导相关批发市场向平台集聚发展；二是切实加大批发市场的转型升级力度，促使传统型批发市场向"现代展贸中心和采购配送中心"转型；三是大力发展珠宝、光电子、化妆品、汽车零部件等大宗商品的国际采购平台建设，开拓国内外市场，促进工商业互动发展。

6. 做大做强空港物流，带动各类物流业一体化全面发展

以构建"国际空港物流中心"为目标，积极推动现代物流业一体化全面发展。一是加快空港物流园区和空港保税功能区的建设，积极引进普洛斯等重点项目，以形成强劲的龙头带动效应；二是着力打造狮岭公路、铁路和皮革皮具产业综合物流园区并进一步做大增强汽车产业物流，促进空港、公路、铁路和产业物流一体化发展；三是加强现代城乡商业物流配送体系建设，降低物流中间环节成本。

7. 全面优化提升住宿餐饮业

以打造"广州国际美食之都北部增长极"、加快建设"食在广州－国际美食之都"为目标，花都区编制了《广州市花都区餐饮服务业发展规划（2011－2020 年)》，以大力发展特色和高端品牌店为抓手，明确提出要加快喜立登饮食风情街以及若干美食主要聚集区的发展，以品牌大型企业为骨干带动，逐步开发多功能服务网络，擦亮"食在广州、精彩花都"的餐饮文化品牌。

（二）推动商贸结构调整与创新，大力扶持现代新型商贸业态的发展

花都区一是应积极致力于推动业态创新和交易方式创新，加大推广连锁经营、电子商务等现代流通方式创新和实施，加速产品研发、生产、销售等各个环节的高效实现，促进产业转型升级。二是支持具备条件的大型专业市场向展贸中心乃至更高级的商品交易所转型，发展电子商务，积极拓展远程交易。三是顺应体验经济和社会消费转型升级趋势，重点发展融购物、饮食、旅游、文化、娱乐、休闲、住宿等功能于一体的大型商业综合体。

（三）深化对外开放，大力提高商贸中心的国际化水平

花都商贸业在引进利用外资方面已取得了重大成效，但商贸国际化仍有不足。为真正实现成为国际商贸中心的发展目标，今后要做好以下几方面，一是积极引进国际商品和品牌，大力提高国际商品及品牌丰富度。二是双向开放，大力培育本土商贸流通企业的跨区、跨市、跨省经营能力，积极鼓励优势企业"走出去"，大力提高商贸活动的辐射力。三是加快发展经贸合作，培育出口企业和产品核心竞争力，加快加工贸易企业转型升级，支持机电、高新技术产品以及自主创新、自有品牌出口，巩固欧美市场、开拓新兴市场。

（四）强化商贸关联效应，增强对整体经济发展的带动作用

从国际经验看，商、文、旅、展相结合是国际商贸中心建设发展的必由之路，也是商贸业带动旅游、文化、会展产业发展的有效途径。花都应积极推动商旅结合，使高级购物设施、特色商业街和国际商品品牌店成为旅游活动的重要依托项目，使商业创意项目成为旅游业发展的重要动力。

（五）制定相关扶持政策，重点培育龙头企业

要加大对商贸业发展的政策扶持力度，按照市政府对项目资金扶持配套的有关要求，努力在区财政预算中安排专项资金用于扶持符合产业政策、对花都经济发展有明显促进作用的商贸业项目。

大 事 记

Major Events

B.22

2013 年广州商贸业发展大事记

肖泽军　孙保平 整理*

一月

1月6日　广州市经济贸易委员会组织番禺区、花都区、增城市经贸和规划部门等单位召开座谈会，研究三个会展副中心的产业发展重点与空间布局。

1月10日　广州市荔湾区专业市场转型升级试验区工作动员大会召开，市委常委、副市长张骥出席会议并讲话。

1月10日　广州市经济贸易委员会组织市科信局、金融服务（工作）办公室、发展和改革委员会、国有资产监管委员会和市建筑集团等单位，研究广州新城电子商务平台建设总体方案。

1月18日　由广州市经济贸易委员会组织，广州工业名优产品展销中心

---

* 肖泽军，广州市经济贸易委员会综合处；孙保平，广州市商业总会副会长。

和广州壳牌石油化工有限公司共同参与的广货推广活动在广州市新闻中心召开活动启动新闻发布会。发布会后，广州工业名优产品展销中心和广州壳牌石油化工有限公司举行了广货联合推广战略框架协议签约仪式。

1 月 18 日　由澳门贸易投资促进局与广州市贸易促进委员会共同举办、中国国际贸易促进委员会广州市委员会协办的"2013 年穗澳贸促机构、商协会联席会议暨行业对接洽谈会"暨"2013 澳门·广州名品展"在广州隆重开幕。

1 月 24 日　圣地狮岭（国际）皮革皮具城被中国皮具协会认定为五星级专业市场。

1 月 28 日　广州市经济贸易委员会王旭东主任在市政府综合楼 803 会议室会见湖南省湘西土家族苗族自治州经信委张来林主任一行，双方就加强两地经贸合作交流、共建产业转移工业园、健全沟通协调机制等方面进行了深入交流。

1 月 29 日　《市经济贸易委员会关于印发广州市专业批发市场转型升级评价办法的通知》（穗经贸［2013］2 号）印发实施。

二月

2 月 7 日　广东省委副书记、省长朱小丹，广东省委常委、广州市委书记万庆良到乐购中山六路店视察广州市节前市场供应情况。

2 月 22 日　《市经济贸易委员会关于印发广州市电子商务示范企业评价试行办法的通知》（穗经贸［2013］3 号）印发实施。

2 月 25 日　2013 年广州市工商业经济工作会议在市政府礼堂召开，欧阳卫民副市长主持会议，广州市经济贸易委员会王旭东主任全面总结 2012 年广州工商业经济发展情况并部署 2013 年工作，陈建华市长出席会议并讲话。

三月

3 月 4 日　广州商业总会主办的 2013 广州商界新春大会隆重举行，大会发布了"2012 广州商业（零售）30 强"排行榜。

3 月 6 日　广州市经济贸易委员会召集有关区（县级市）经贸部门、广州商业总会、广州连锁经营协会及各大百货企业代表召开广州市百货业分等定级工作会议，研究部署达标、金鼎百货店的评审推荐工作。

3 月 6 日　广州市经济贸易委员会组织召开广州市百货业分等定级综合评审会，对广州市申报的金鼎、达标百货店开展评审和社会公示，在 17 家百货店复评的基础上，新增推荐 9 家达标店，1 家金鼎店。

3 月 13 日　国内首个会展业孵化专业园区——琶洲会展产业孵化基地（启盛园区）举行启动仪式。

3 月 18 日　全球首家浆纸交易综合服务平台——广东浆纸交易所在广州市经济技术开发区正式运营。

3 月 19 日　广百股份有限公司天河中怡店礼仪服务台被国家商务部和共青团中央授予"商贸系统 2011－2012 年度全国青年文明号"。

3 月 19~21 日　广东省委常委、广州市委书记万庆良先后调研立白集团、海印集团、香雪制药公司等 10 家民营企业，推介广州投资环境，开展"敲门"招商，鼓励民营企业扎根广州、做大做强。

3 月 21 日　广东省老字号工作委员会在广州召开首批"广东老字号"授牌大会，广州友谊集团、越秀区锦泉眼镜店被认定为首批"广东老字号"；此外，已获得商务部认定的中华老字号企业，如致美斋酱园、泮塘食品公司、李占记钟表公司、皇上皇集团、新以泰体育用品公司、健民医药公司、趣香食品公司、北园酒家、莲香楼、广州酒家集团、王老吉药业、宝生园、陶陶居饮食公司、泮溪酒家等，也同时被认定为首批"广东老字号"。

3 月 24 日　广州市经济贸易委员会支持指导世界中国烹饪联合会在广州举办第十三届中国饭店论坛。广州市 20 多家餐饮企业入选第十三届中国饭店金马奖餐饮百佳企业并上台领奖，进一步打响"食在广州"品牌。

3 月 28 日　"新广州·新商机"2013 年重大项目投资推介会在广州白云国际会议中心隆重举行，共推介项目 50 个，投资额约 3269 亿元，涵盖现代服务业、战略性新兴产业、先进制造业、基础设施、科教文卫等领域。

3 月 28 日　"新广州·新商机"系列活动之一广州民营企业投资推介暨专责服务对接会在白云国际会议中心穗城厅举行，广州市经济贸易委员会举行了对重点民营企业专责服务工作启动仪式，全市 41 家重点民营企业作为第一批专责服务的对象分别与对口的专责联络小组进行了现场对接交流。

四月

4 月 10 日　国家人力资源和社会保障部、中国轻工业联合会、中华全国手工业合作总社联合举办的全国轻工行业先进集体、劳动模范和先进工作者表彰大会在南京举行，广州轻工工贸集团获评"全国轻工行业先进集体"。

4 月 15 日 ~ 5 月 5 日　第 113 届广交会于中国进出口商品交易会展馆举行。本次交易会展位总数 59531 个，境内外参展企业 24746 家，其中有 38 个国家和地区的 562 家企业参展；20 万境内外采购商到会采购。

4 月 16 日　国家商务部电子商务和信息化司张佩东副司长调研广州电子商务企业——唯品会、梦芭莎。

4 月 23 日　广州市经济贸易委员会指导广州市餐饮业五大协会联合主办的"食在广州·金羊奖"颁奖盛典在天河区中森食博汇隆重举办。

4 月 26 日　广东省委常委、广州市委万庆良书记在广州市"三个重大突破"劳动竞赛活动上，向新大新北京路店等单位授予"工人先锋号"旗帜。

4 月 28 日　广州电子商务行业协会揭牌仪式暨第一次会员代表大会在市政府礼堂举行，陈建华市长出席会议并为协会揭牌。

4 月 28 日　广州市经济贸易委员会组织的"食在广州·购乐无限——2013 广州美食购物嘉年华"活动启动仪式在白云万达广场举行。

五月

5 月 9 日　国家商务部电子商务和信息化司李晋奇司长在广州开展电子商务发展及国家级电子商务示范基地建设工作情况专题调研。

5 月 9 日　广州专业市场商会举行第三届第一次会员大会，会议选举产生了新一届广州专业市场商会会长、理事会成员、监事，海印集团邵建明董事长当选第三届广州专业市场商会会长。

5月11日 由广东省经济和信息化委员会主办、广州市经济贸易委员会协办、广百集团承办的"2013年全省消费促进月暨春夏消费促进月"活动在广百天河中怡店正式启动。

5月16日 广州市人民政府正式公布第四批市级非物质文化遗产目录，广州酒家集团的"粤菜烹饪技艺"和"沙湾水牛奶传统小食制作技艺"项目成功入选。

5月16日 广州商业总会在府前大厦举办"微信营销攻略"专题讲座，吸引了100多名商贸流通企业负责人及营销人员参加。

5月23日 广州市委常委、副市长陈志英到荔湾区开展电子商务发展专题调研，充分肯定了广州市电子商务发展成效，并要求总结推广经验，推动电子商务持续快速发展。

5月27~29日 2013年广州国际眼镜展览会在保利世贸博览馆举行。

5月29日 广州国际鞋类、皮革制成品展览会暨第二十三届广州国际鞋类、皮革及工业设备展览会在琶洲馆开幕。

5月29~30日 中国超市采购联盟的20家商超代表到新华南鞋城、站西鞋城步云天地、十三行服装市场等进行参观采购。

5月31日 由广州市经济贸易委员会和广州股权交易中心共同举办的广州民企"成长之翼"股融通工程仪式在广州启动。此次股融通工程旨在推动民营企业直接融资和间接融资的无缝链接，打通民营企业发展融资瓶颈。

六月

6月5日 广州市委常委、副市长陈志英到黄埔区调研状元谷电子商务产业园、亚马逊广州运营中心，并要求加强电子商务规划引导，进一步做强做大做优电子商务产业。

6月10日 由广州光谷与大照明全媒体共同举办的首届"中国广州光谷LED照明采购节"在广州光谷盛大开幕。

6月17日 海印集团举行"中共广州海印实业集团有限公司委员会、纪律检查委员会"成立揭牌仪式，海印集团由此成为广州市首家成立党委、纪委的商贸民营企业。

6 月 18 日　广州市财政局与广州市国资委举行广州市融资担保中心有限责任公司移交广州越秀集团有限公司暨开业仪式，标志着广州唯一可全面开展各项担保业务的国有融资担保公司正式诞生。

6 月 18～19 日　国家商务部流通司调研广州城市共同配送试点工作情况，实地考察了南方物流、嘉诚国际物流、状元谷国家级示范电子商务园区。

6 月 19 日　广东省连锁经营协会发布"2012 年度广东连锁 50 强"，广百股份位列第九名，并迈入广东连锁"百亿俱乐部"。

6 月 21 日　广州民间金融街（二期）举行开业仪式，并启动广州民间金融指数发布平台，广东省委常委、广州市委书记万庆良出席活动并为重点项目授牌。

6 月 21 日　广州酒家集团在第二届中国饭店文化节上荣获由中国饭店协会颁发的"中国月饼第一家""中国金牌月饼"和"国际饭店业优秀品牌奖"称号。

6 月 28 日　广州市长陈建华率领党政代表团出席首届中国喀什·广州商品交易会开幕式暨"广州新城"一期开业仪式。

七月

7 月 3 日　在广东省半导体照明产业联合创新中心、广东省半导体光源产业协会、香港应用科学研究院、台湾光电半导体产业协会联合主办的"2013 年 LED 行业年度风云榜颁奖盛典暨粤港台 LED 产业协同创新高峰论坛"上，广州光谷被评为"中国 LED 行业十大产业示范优秀奖"。

7 月 3 日　广州市民政局举行社会组织评估颁牌仪式，广州商业总会、广州地区酒店行业协会获颁 5A 等级，广州连锁经营协会获颁 4A 等级。

7 月 4 日　广州市民政局发布关于广州市市本级具备承接政府职能转移和购买服务资质的社会组织目录（第一批）的公示，广州商业总会、广州专业市场商会、广州连锁经营协会、广州服装行业协会等商贸业社会组织纳入首批目录。

7 月 4 日　广州市委常委、副市长陈志英到广州市越秀区调研专业市场转型升级和"老字号"街区建设。

7 月 5 日　广州市委常委、副市长陈志英调研广州市荔湾区专业市场，要求市、区联动，试点带动，总结经验，推动专业市场转型升级。

7月16日 《财富》中文版发布了2013年中国上市公司500强排行榜，广百股份位列第497名，成为广州首家连续四年跻身中国500强的百货零售企业。

7月18日 广东省委常委、广州市委书记万庆良到南方石化等挂点服务企业调研，并召开座谈会，协调解决企业发展过程中存在困难，鼓励企业做大做强。

7月19日 广州市经济贸易委员会在广州大厦组织召开《广州市餐饮产业发展和空间布局规划》专家评审会，专家组一致同意通过评审该规划。

7月22日 《2013胡润品牌榜》在北京发布，共有200个最有价值的中国品牌上榜，珠江啤酒成功入围，位列中国最具价值酒类品牌20强。

7月23日 广州市委常委、副市长陈志英到炳胜餐饮等挂点服务企业调研，协调解决企业困难，鼓励企业扎根广州，做大做强。

7月30日 广百集团2012社会责任报告正式发布，获得社会各界好评。

八月

8月1日 广州商业总会、广州连锁经营协会、广州电器维修行业协会等10家协会开展"优质服务进社区"便民活动，拉开了2013年广州商业服务业优质服务活动的序幕。

8月1日 广东"百家商会山区行"新闻发布会暨启动仪式在广州大厦举行。

8月6日 广州市经济贸易委员会公示广州市第一批8家示范专业市场名单：广州白马服装市场、圣地·狮岭（国际）皮革皮具城、广州白云世界皮具贸易中心、步云天地鞋业城、广东海印缤缤广场、广州国际商品展贸城广州光谷、广州五洲城国际建材中心、广州华南（国际）鞋业展贸中心。

8月8日 广州市委常委、副市长陈志英调研广州市珠宝产业并召开座谈会，专题研究推进国家级珠宝玉石交易所组建工作。

8月8日 广州市委常委、副市长陈志英到番禺区信基沙溪酒家用品城、海珠区南天酒店用品市场调研。

8月10~12日 2013广州国际服装节暨广州时装周在中国进出口商品交

易会琶洲展馆举行。

8 月 12 日 《广州市大型零售商业网点发展规划（2011－2020 年)》经广州市政府十四届第七十九次常务会议审议通过，并于 12 月正式印发实施。

8 月 14～15 日 国家商务部流通业发展司到广东林安物流集团和广州华新物流中心实地调研并召开专题座谈会。

8 月 15 日 广州市经济贸易委员会联动荔湾、越秀等区经济贸易部门到广州酒家、新光百货、广百百货、王府井百货等窗口行业检查创建全国文明城市迎国检工作。

8 月 16 日 以"中国梦·流花站·国际时尚新起点"为主题的"2013 中国流花国际服装节暨广东时装周"在东方宾馆开幕。

8 月 16 日 广州市委常委、副市长陈志英率市经济贸易委员会等部门开展大型商贸企业安全检查。

8 月 20 日 《广州商贸业发展报告（2013)》新闻发布会在广州商业总会召开。

8 月 25 日 第二十一届广州博览会在中国进出口商品交易会琶洲展馆 A 区开幕，现场签约 29 项经贸合作项目，总金额 153 亿元。

8 月 28 日 "转型升级·香港博览"在广州开幕，香港特别行政区财政司司长曾俊华、广东省人大常委会副主任陈小川出席开幕式，200 多家港商会聚广州推广香港服务。

8 月 29 日 第八届广州（国际）时尚发型化妆形象设计职工技能竞赛在金沙洲新城市广场举行。

8 月 31 日 中国企业联合会、中国企业家联合会联合发布 2013 中国服务业企业 500 强榜单，广百集团列第 204 位，岭南集团列第 205 位，唯品会列第 355 位，友谊集团列第 365 位，广之旅列第 425 位。

九月

9 月 6 日 番禺区政府召开番禺大道五星商旅带规划成果专家咨询会。

9 月 11 日 广东省委常委、广州市委书记万庆良考察广州商业总会、广州物流与供应链协会等社会组织，并召开座谈会，听取企业关于加强行业协会建设以及推进新型城市化、加快发展促转型的意见。

9月11～17日 广州市第四届广府文化节在广州文化公园举行。

9月16日 第四届中国广州国际低碳环保产品和技术展览会在广州保利世贸展览馆举行。

9月18日 广州市经济贸易委员会公示第二批七家示范专业市场名单：广州美博城，海印摄影城，新塘牛仔城，广州眼镜城，广州花卉科技园，广东天健家具（五金馆），红棉服装城。

9月24日 海关总署同意广州提出的B2C一般出口（邮件/快件）、B2B2C保税出口、B2B一般出口等三类业务进行跨境贸易电子商务服务试点，广州由此成为华南地区第一个"国家电子商务示范城市跨境贸易电子商务服务试点城市"。

9月26日 广州国际眼镜展首次亮相"2013法国巴黎国际光学眼镜展展览会"。

9月28日 2013年广州国际购物节暨中法文化艺术节于正佳广场开幕，广州市委常委、副市长陈志英出席启动仪式并致辞。

9月29日 天河路商圈发展国际论坛在广州万豪酒店举行。

9月30日 广州市经济贸易委员会到天河区调研广州市拉卡拉网络科技有限公司、广州远信网络科技发展有限公司、广东益街坊电子商务有限公司等电子商务企业发展情况。

十月

10月7日 广东省委常委、常务副省长徐少华出席在喀什广州新城举办的"广东企业新疆喀什地区劳务专场招聘会"，并参观广百家居馆。

10月9日 "2013广东（荔湾）服装设计文化节"开幕。

10月10日 《广州市经济贸易委员会关于印发广州市餐饮业转型升级示范企业（门店）认定管理办法（试行）的通知》（穗经〔2013〕13号）印发实施。

10月12日 国家商务部发布公告（2013年第66号），唯品会、梦芭莎、

中经汇通、环球市场、中国汽车用品网等 5 家广州企业被认定为 2013～2014
年度国家电子商务示范企业，数量居全国城市前列、广东省第一。

10 月 15 日至 11 月 4 日　第 114 届中国进出口商品交易会分三期（每期 5
天）在广州举行，本届交易会展区展位 58651 个，比上届增加 20 个，参展企
业 23975 家。

10 月 23 日　广东站西鞋业有限公司举行"站西鞋城广东鞋业国际采购中
心公共展示服务中心"启动仪式。

10 月 25 日　国务院副总理汪洋在中南海主持召开全国部分城市物流工作
座谈会，广州市长陈建华参加会议，并作了题为"探索物流发展新模式提升
中心城市辐射力"的重点汇报，针对目前管理体制、物流用地等方面的困难
和问题提出相关政策建议。广州副市长陈志英，广州市经济贸易委员会主任王
旭东陪同参加会议。

10 月 31 日　广州市经济贸易委员会组织召开广州市新业态发展专家研讨
会，探讨新业态的内涵、特征、发展趋势以及广州发展新业态的对策措施。

10 月 31 日　广州市委常委、副市长陈志英主持召开座谈会，就加快推进
广州市专业批发市场转型升级，听取行业协会专家学者、企业代表的意见和建
议，积极研究市场转型升级的思路与举措。

十一月

11 月 5 日　国家商务部主办的电子商务创新发展应用座谈会在广州举行，
商务部电子商务司、部分省市商务主管部门、国家电子商务示范基地及国家电
子商务示范企业的代表参加了会议。

11 月 7 日　《广州市经济贸易委员会关于印发广州市百货业转型升级示
范企业门店认定管理办法（试行）的通知》（穗经〔2013〕15 号）印发实施。

11 月 8 日　2013 中国国际绿色创新技术产品展在广交会展馆隆重开幕。
广州市经济贸易委员会组织广州珠峰能源科技有限公司、广州绿由工业弃置物
回收处理有限公司等企业参展和参观。

11 月 8 日　"时尚派对·梦幻旅程——广百之夜"在广百北京路店华丽

上演，创出 4001.86 万元的销售佳绩，成为 2013 年以来门店促销活动单日销售新高。

11 月 15 日 广百集团被广东省企业联合会、广东省企业家协会联合授予"2013 年度广东省企业文化示范基地"。

11 月 22 日 广州市经济贸易委员会组织开展国家钻级酒家评审工作，全市共新评 10 家国家级酒家，包括白金五钻 1 家、五钻 8 家、四钻 1 家。

11 月 26 日 广州商业总会在东方宾馆举行四届一次会员大会暨第四届理事会就职典礼，广州商业总会第三届理事会会长荀振英连任第四届理事会会长。

11 月 28 日 白云机场"国际 1 号货站"正式启用，建筑面积 4.3 万平方米，出口货物组板仓 6 座，库区建筑面积 3.2 万平方米，设计年处理能力达 52 万吨，标志着白云机场"功能完善、辐射全球"的世界级航空枢纽建设再添新引擎。

11 月 29 日 2013 广州国际美食节在番禺大道美食广场中心会场举行启动仪式，广州市委常委、宣传部长甘新，中国烹饪协会副会长李亚光等出席活动。

11 月 30 日 广州电子商务行业协会联合南方人才市场在广州大学城举行"梦想起航—首届华南电商高校专场招聘会"。

11 月 30 日 天河路商圈首家奥特莱斯——友谊 OUTLETS 购物中心盛大开业，成为广州天河路核心商圈首家奥特莱斯折扣店，经营超 150 个国内外一、二线穿戴类品牌，友谊网乐购 OUTLETS 频道也实现同步上线经营。

十二月

12 月 3 日 广州市经济贸易委员会与南沙区政府在南沙大酒店联合举办"新南沙·新商机——南沙新区商业推介会"。

12 月 3~5 日 由中国国际贸易促进委员会广州市委员会主办的首届"广州名品·世界巡展"在阿联酋迪拜举办。本次活动采取"展中展"的形式举办，与"中东（迪拜）中国家居品牌博览会"同期举行。

12 月 6 日 2013 广州国际设计周在琶洲保利世贸展馆举行。

12 月 10 日 琶洲论坛暨 2013 会展人年会在广州南丰朗豪酒店举行，广州市经济贸易委员会出席活动并为琶洲会展服务中心揭牌。

12 月 14 ~ 15 日 广百北京路店举办 2013 年"冬日浓情 VIP 尊享日"大型促销，门店两天共实现销售 3817.9 万元。

12 月 16 日 广东塑料交易所总部大楼——广州圆大厦正式投入使用，总建筑面积约 10.5 万平方米。

12 月 17 日 中国首个省级政府搭建的大型区域性物流公共平台——南方现代物流公共信息平台正式上线运作。

12 月 18 日 广州市委常委、副市长陈志英主持召开会议，研究讨论《广州市关于推动专业批发市场转型升级的实施意见（稿）》。

12 月 25 日 广州越秀租赁有限公司、广汽融资租赁有限公司、量通租赁有限公司、立根融资租赁有限公司等 9 家企业联合发起成立了广州融资租赁产业联盟。

12 月 25 日 摩登百货网上商城"摩登网"（www.imopark.com）隆重上线。

12 月 25 日 2013 广东（国际）电子商务大会在琶洲保利世贸会议中心举行，广州市经济贸易委员会组织唯品会、梦芭莎、林安物流、环球市场、茵曼等一批知名电商企业参会。

12 月 27 日 广州市现代物流业发展工作会议在广州市府礼堂召开，广州市委常委、副市长陈志英主持会议，广州市经济贸易委员会主任王旭东传达了全国物流工作座谈会、商贸物流工作会议精神，并介绍了广州市产业物流发展情况和下一步工作思路，陈建华市长出席会议并讲话。

12 月 28 日 "广州老字号一条街启市仪式暨第二届广州老字号、广州十大手信推广周"活动在北京路北段举行。

12 月 31 日 广州市社会工作委员会公示了第一批枢纽型社会组织名单，广州商业总会、广州地区饮食行业协会和广州地区酒店行业协会榜上有名。

附 录

Appendix

B.23

2008～2013 年广州商贸业发展指标

肖泽军 整理

表1 2008～2013 年广州市国民经济发展主要指标

类别　　　　年份	2008	2009	2010	2011	2012	2013
地区生产总值(亿元)	8287	9138	10748	12423	13551	15420
第一产业增加值(亿元)	169	172	189	205	214	229
第二产业增加值(亿元)	3228	3405	4002	4577	4721	5227
第三产业增加值(亿元)	4890	5561	6557	7642	8617	9964
第三产业对地区生产总值的贡献率(%)	64.5	68.1	61.5	60.9	64.3	70.6
固定资产投资总额(亿元)	2106	2660	326	3412	3758	4455
社会消费品零售总额(亿元)	3187	3616	4476	5243	5977	6883
人均生产总值(元)	81941	89082	87458	97588	105909	120516
城市居民家庭人均可支配收入(元)	25317	27610	30658	34438	38054	42049
农村居民家庭人均纯收入(元)	9828	11067	12676	14818	16788	18887

资料来源:《广州统计年鉴》(2009～2013 年);《广州市 2013 年国民经济和社会发展统计公报》。

表 2   2008～2013 年广州市商业发展主要指标

类别 \ 年份	2008	2009	2010	2011	2012	2013
商业增加值(亿元)	1183	1387	1659	1937	2281	2705
商业增加值占 GDP 比重(%)	14.27	15.18	15.44	15.59	16.83	17.54
商品销售总额(亿元)	14955	15142	21204	26936	31800	41335
商业税收(亿元)	239	232	290	336	360	398
批发和零售业零售额(亿元)	2795	3157	3884	4545	5169	5986
住宿和餐饮业零售额(亿元)	392	459	593	699	809	897
金融机构本外币各项存款余额(亿元)	16929	20944	23954	26461	30187	33838
金融机构本外币各项贷款余额(亿元)	11080	13852	16284	17733	19937	22016
国家级酒家(家)	45	52	52	60	68	77

说明：表中的商业增加值指标是指批发和零售业、住宿餐饮业。

资料来源：《广州统计年鉴》(2008～2013 年)；《广州市 2013 年国民经济和社会发展统计公报》。

表 3   2008～2013 年广州市会展业发展主要指标

单位：万平方米，个

类别 \ 年份	2008	2009	2010	2011	2012	2013
全市主要展览馆可展览面积	60.82	56.07	53.77	62.05	76.44	—
重点场馆累计展览面积	369.03	562.32	626.90	734.37	828.97	831.75
10 万平方米以上大型展会	7	9	8	10	13	16
广交会展馆举办展览面积	285	441	471	542	639	—

说明：a. 全市主要展览馆可展览面积（万平方米）为市统计局统计的、全市期末拥有主要会展场馆面积数；b. 重点场馆展览面积包括中国进出口商品交易会展馆、保利世贸博览馆、广州白云国际会议中心、东方宾馆等约 20 个展馆及宾馆酒店的展览面积；c. 广交会展馆举办展览面积使用市统计局统计的口径。

表 4   2008～2013 年广州市物流业发展主要指标

类别 \ 年份	2008	2009	2010	2011	2012	2013
全社会货运量(亿吨)	4.96	5.25	5.74	6.49	7.60	8.93
公路货运量(亿吨)	3.31	3.70	3.97	4.54	5.27	5.91
港口货运吞吐量(亿吨)	3.70	3.75	4.25	4.48	4.51	4.73
集装箱吞吐量(万标箱)	1172.45	1131.38	1270.26	1442.11	1474.36	1550.45
交通运输、仓储和邮政业增加值(亿元)	754.86	784.94	746.29	832.01	991.23	996.25
交通运输、仓储和邮政业增加值占 GDP 比重(%)	9.19	8.61	7.04	6.76	7.31	6.46

资料来源：《广州统计年鉴》(2009～2013 年)；《广州市 2013 年国民经济和社会发展统计公报》。

表5　2008～2013年广州市对外经济贸易发展主要指标

单位：亿美元

类　　别　　年份	2008	2009	2010	2011	2012	2013
商品进出口总值	818.73	766.85	1037.68	1161.68	1171.31	1188.88
商品进口总值	389.47	392.82	553.89	596.94	582.19	560.82
商品出口总值	429.26	374.03	483.79	564.74	589.12	628.06
合同外资金额	60.45	38.86	50.59	68.38	68.02	71.14
实际使用外资金额	37.74	38.75	40.81	43.76	45.75	48.04

资料来源：《广州统计年鉴》（2009～2013年）；《广州市2013年国民经济和社会发展统计公报》。

表6　2008～2013年广州市旅游业发展主要指标

类　　别　　年份	2008	2009	2010	2011	2012	2013
旅游业总收入（亿元）	837.71	994.04	1254.61	1630.80	1911.09	2202.39
旅游外汇收入（亿美元）	31.30	36.24	46.89	48.53	51.45	51.69
旅游业增加值（亿元）	356.19	422.66	533.46	693.26	812.59	936.45
接待过夜旅游者（万人次）	3528.74	3975.53	4506.38	4594.85	4809.57	5041.92
入境游旅游者（万人次）	612.48	689.41	814.80	778.69	792.21	768.20
境内旅游者（万人次）	2916.26	328.12	3691.58	3816.16	4017.36	4273.72

资料来源：《广州统计年鉴》（2009～2013年）；《广州市2013年国民经济和社会发展统计公报》。

权威报告　热点资讯　海量资源

当代中国与世界发展的高端智库平台

皮书数据库　www.pishu.com.cn

　　皮书数据库是专业的人文社会科学综合学术资源总库，以大型连续性图书——皮书系列为基础，整合国内外相关资讯构建而成。该数据库包含七大子库，涵盖两百多个主题，囊括了近十几年间中国与世界经济社会发展报告，覆盖经济、社会、政治、文化、教育、国际问题等多个领域。

　　皮书数据库以篇章为基本单位，方便用户对皮书内容的阅读需求。用户可进行全文检索，也可对文献题目、内容提要、作者名称、作者单位、关键字等基本信息进行检索，还可对检索到的篇章再作二次筛选，进行在线阅读或下载阅读。智能多维度导航，可使用户根据自己熟知的分类标准进行分类导航筛选，使查找和检索更高效、便捷。

　　权威的研究报告、独特的调研数据、前沿的热点资讯，皮书数据库已发展成为国内最具影响力的关于中国与世界现实问题研究的成果库和资讯库。

皮书俱乐部会员服务指南

1. 谁能成为皮书俱乐部成员？

- 皮书作者自动成为俱乐部会员
- 购买了皮书产品（纸质皮书、电子书）的个人用户

2. 会员可以享受的增值服务

- 加入皮书俱乐部，免费获赠该纸质图书的电子书
- 免费获赠皮书数据库100元充值卡
- 免费定期获赠皮书电子期刊
- 优先参与各类皮书学术活动
- 优先享受皮书产品的最新优惠

> 社会科学文献出版社
> SOCIAL SCIENCES ACADEMIC PRESS (CHINA)　皮书系列
> 卡号：2094140675134618
> 密码：

3. 如何享受增值服务？

（1）加入皮书俱乐部，获赠该书的电子书

　　第1步 登录我社官网（www.ssap.com.cn），注册账号；

　　第2步 登录并进入"会员中心"—"皮书俱乐部"，提交加入皮书俱乐部申请；

　　第3步 审核通过后，自动进入俱乐部服务环节，填写相关购书信息即可自动兑换相应电子书。

（2）免费获赠皮书数据库100元充值卡

　　100元充值卡只能在皮书数据库中充值和使用

　　第1步 刮开附赠充值的涂层（左下）；

　　第2步 登录皮书数据库网站（www.pishu.com.cn），注册账号；

　　第3步 登录并进入"会员中心"—"在线充值"—"充值卡充值"，充值成功后即可使用。

4. 声明

　　解释权归社会科学文献出版社所有

皮书俱乐部会员可享受社会科学文献出版社其他相关免费增值服务，有任何疑问，均可与我们联系
联系电话：010-59367227　企业QQ：800045692　邮箱：pishuclub@ssap.cn
欢迎登录社会科学文献出版社官网（www.ssap.com.cn）和中国皮书网（www.pishu.cn）了解更多信息

法 律 声 明

　　"皮书系列"（含蓝皮书、绿皮书、黄皮书）由社会科学文献出版社最早使用并对外推广，现已成为中国图书市场上流行的品牌，是社会科学文献出版社的品牌图书。社会科学文献出版社拥有该系列图书的专有出版权和网络传播权，其 LOGO（ ）与"经济蓝皮书"、"社会蓝皮书"等皮书名称已在中华人民共和国工商行政管理总局商标局登记注册，社会科学文献出版社合法拥有其商标专用权。

　　未经社会科学文献出版社的授权和许可，任何复制、模仿或以其他方式侵害"皮书系列"和 LOGO（ ）、"经济蓝皮书"、"社会蓝皮书"等皮书名称商标专用权的行为均属于侵权行为，社会科学文献出版社将采取法律手段追究其法律责任，维护合法权益。

　　欢迎社会各界人士对侵犯社会科学文献出版社上述权利的违法行为进行举报。电话：010-59367121，电子邮箱：fawubu@ ssap. cn。

社会科学文献出版社